인도경제 개혁의 그림자

저자 찬드라세카·고쉬
역자 박종수·김영화

비즈프레스

한국어판에 부치는 서 문

한국어판의 원본이 되었던 「실패한 시장(The Market that Failed)」 2판이 출간된 지 벌써 4년이 지났다. 지난 4년간 많은 상황 변화가 있었다. 인도는 2003/04~2006/07년간 범세계적으로 외국자본 유입의 우선적 고려 대상이 되어왔다. 2007/08년에는 외국자본 유입에서 역전 현상이 나타나기 시작했다. 미국의 서브프라임 모기지(sub-prime mortgage)사태는 부분적으로 이러한 현상을 부추겼던 요인이라고 할 수 있다.

2002/03~2007/08년 기간 중의 인도 경제에 관해서 저자들이 예측하지 못했던 중요한 변화는, 동 기간 중 경험한 9%에 달하는 경제성장률이었다. 지난 5년 간 계속된 9%의 성장은 인도의 새로운 성장 신화를 대변해준다. 경제성장 요인은, 투자율 및 저축률의 급속한 증가에서 찾을 수 있다. 1999/2000~2002/03년의 4년간 평균 국내투자율은 24.6%였지만, 2003/04년 28.2%, 2006/07년 35.9%로 크게 증가했다. 2003/04년 수준보다 무려 40% 이상 증가한 셈이다.

경제성장률의 급격한 증가를 설명하기 위해서는 지난 5년간 경험한 투자율의 증가 요인이 무엇인지를 파악해야 한다. 수출은 종종 최근 인도 경제성장의 주요 요인으로 강조된다. 재화와 서비스 수출의 달러 가치가 지속적으로 높아졌기 때문이다. 수출품의 달러 가치가 2000년 이후 계속 증가했던 현상은 예외적인 것임을 지적해 둘 필요가 있다. 투자와 성장률이 최근의 수출 수준보다 훨씬 낮은 시기에도, 수출은 증가했다. 외국시장에 의해 제공되는 성장 동력은 재화와 서비스 수출의 총 가치에 의해 결정되는 것이 아니라 순 수출, 즉 수출과 수입의 차이에 의해서 결정된다. 지난 10년간 인도의 순 수출은 계속 마이너스였다. 수출은 최근에 들어와서 크게 늘어났으며, 성장률도 함께 증가했다. 루피(Rupee)화의 대 달러화 가치가 상승함에 따라 수출되는 재화와 서비스의 달러 가치를 루피로 환산할 경우, 더욱 낮은 수준으로 계산된다. 요컨대 수출은 인도의 경제성장에 그다지 큰 영향을 미치지 않았다고 볼 수 있다.

민간부문에서 수출수요는 투자에 대한 인센티브를 제공했으며, 이러한 투자는 소득에 대한 승수효과를 유발했다. 결국 국내수요가 경제성장의 더욱 중요한 요인이었다고 볼 수 있다. 그렇다면, 투자는 국내수요의 원천이 되었는가? 일반적으로 자발적투자의 증가는 유효수요와 소득의 창출을 통해, 추가적인 투자와 성장을 유발한다. 일반적으로 정부투자는 대부분 자발적투자로 구성된다. 반면 민간투자는 기존 수요와 잠재적 수요가 이윤 전망을 가져다 줄 때에만 비로소 실현된다.

1950년대 말~1960년대 초 기간 중, 인도의 제조업 성장은 제2차 및 3차 경제개발 5개년계획을 통해 수행된 대규모 공공투자에 의해 주도되었다. 이와는 달리 최근의 공공투자 증가 속도는 매우 느린 편이다. 전체 자본형성 중 공공부문의 비중은 2001/02년 29%에서, 2005/06년 22.5%로 하락했다. 반면 민간기업 부문의 비중은 2001/02년 22.5%에서, 2005/06년 40.0%로 증가했다.

민간 기업투자에 대한 유인을 제공하는 요소는 국내 소비수요이다. 소비수요는 현재 성장국면의 특색이라고 할 수 있는 투자율의 급격한 증가를 유발했다. 여기서 주목할 점은 공공 및 민간 소비지출이 최근에 들어와 더욱 빠르게 증가했다는 사실이다. 소비 주도형 성장과정을 이해하기 위해서는 다음과 같은 세 가지 특성을 주목할 필요가 있다.

첫째, 최근의 경제성장은 국내저축률의 증가를 수반했다. 저축할 수 있는 잉여자금을 가진 사람들의 소득이 증가하고 있음을 의미한다. 이러한 현상은 소득불평등의 증가를 수반하며, 소비패턴에도 중요한 영향을 미친다. 소득불평등의 증가는 정부로 하여금 직접세를 부과하는 데 도움을 줄 수 있다. GDP대비 조세 비율을 높이고 정부의 소비지출 증가를 유도할 수 있다.

둘째, 주정부의 보조금 삭감으로부터 초래되는 개인 소비지출 증가, 건강 관련 지출 증가, 휴대폰이나 이동통신과 같은 상품이나 서비스 구매 확대 등의 요인으로 말미암아 소득수준이 낮은 그룹 사이에도 일정한 형태의 민간 금융이 기반이 된 소비지출 확산이 진행되고 있다.

셋째, 저소득층에서 나타나는 소비 증가는 금융자유화로 인한 소액신용대출 확산에 의해 가속화된다. 신용대출에 필요한 소득 증빙자료 기준 완화 및 면제조치 등으로 인해서 대출이 훨씬 용이해졌다. 주택건설이 활발해졌으며 소비수요가 급증했다.

이러한 특성들은 인도 경제의 성장 패턴에서도 확인할 수 있다. 최근의 경제성장 과정에서 두드러진 측면은 서비스 부문의 주도적 위치이다. 서비스 부문은 근본적으로 자기증식적 특성을 나타내고 있다. 무역, 호텔, 레스토랑, 수송 및 보관, 통신, 금융 및 보험, 부동산 등을 포함하는 서비스 부문은, 2002/03~2006/07년 기간 중 GDP 성장의 60%에 달한다. 실물부문으로서 상품생산 영역에 포함되는 농업 및 제조업의 비중은, 동 기간 중 GDP 성장의 10.75% 및 11.03%를 차지하고 있다. 이 두 부문은 건설(10.38%), 통신(10.46%), 은행 및 보험(8.3%), 부동산(7.71%)에 비해 증가폭이 그렇게 크지 않다. 요컨대 민간 서비스 부문은 상품생산 부문에 비해 훨씬 빠르게 성장했음을 알 수 있다.

경제성장이 신용대출 지원을 통한 소비지출 증가에 의해 유발되었다는 점, 서비스 부문이 주도하고 있다는 점 등은 인도 경제성장의 지속가능성에 관한 중요한 함의를 제시하고 있다. 만약 세계적 요인 또는 국내적 요인에 의해 금융정책의 패턴이 변화하게 된다면, 소비 및 건설경비 지출의 증가 속도는 느려질 것이며 소득 성장도 감퇴될 것이다. GDP 중가에 커다란 영향을 미쳤던 금융 붐 및 부동산경기도 사그라질 것이다. 서비스 부문의 피드백 효과를 감안하면, 경제성장의 감퇴는 매우 크게 나타날 것이다. 무릇 빈곤 국가에서 상품생산 부문을 간과한 성장은 그 뿌리가 매우 취약하다. 바로 이러한 점은 지난 5년간 인도의 경제성장 과정을 평가할 때 반드시 고려해야 한다.

본서의 2판에서는 1990년대 말 인도 경제의 하강국면으로부터, 이와 같은 차원의 경제성장을 예측하지 못했다. 동 기간 중 국내경제의 주요 성장요인이었던 외국자본 유입 증가는, 1980년대의 성장 요인에 관한 분석과 동일한 맥락에서 파악할 수 있다. 외환 접근 용이성은 인도의 재정적자 해소 및 경기회복에 큰 도움을 주었다. 해외차입을 통해 공공지출을 유지할 수 있었으며 국내 물가상승을 막기 위한 수입품 도입을 위해 외국자본을 사용했다.

2003/04년 이후의 경제성장은 국내 유동성을 증가시킨 해외자본 유입에 의해 주도되었다. 해외자본 유입으로 말미암아 소액신용대출을 통한 민간 소비지출 붐이 형성되었다. 특히 주택투자 및 소비자지출에서 이러한 현상이 두드러졌다. 이윤인플레이션을 수반하면서 저축과 투자가 동시에 증가하는 성장 사이클이 나타났다.

여기서 지적해 둘 것은 1980년대 및 1990년대와 마찬가지로 최근의 성장국면도 불균등한 성장과정이며, 기반이 매우 취약하다는 점이다. 취약성의 근거로서 다음 네 가지 점을 들 수 있다. 첫째, 농업 부문은 오랫동안 무시되어 왔으며 전체적인 위기를 맞고 있다. 도시 중심의 성장은 임금재 부문에서 수요 · 공급의 불균형을 야기하고 있다. 곡물가격 상승은 수입 증가에 의해 완화될 수 없었다. 세계 곡물가격 역시 인상되고 있으며, 곡물수출 통제를 강화하고 있기 때문이다.

둘째, 경제개방은 인도 정부로 하여금 세계적인 인플레이션으로부터 국가경제를 보호할 수 있는 정책 여지를 좁혔다. 석유에서 철강에 이르는 상품의 글로벌화에 따라 비용인상 인플레이션이 발생했다. 요컨대 낮은 물가수준 및 높은 성장을 유지하는 국가의 능력이 본질적으로 훼손되었으며, 경제성장에 대한 위협요인이 되고 있다.

셋째, 국제수지의 취약성을 나타내는 징후가 많이 발생하고 있다. 대외적 역량의 기초는 수입에 대한 수출 초과보다는, 외국 금융자본의 초과 유입에 의해 좌우된다. 인도 경제의 만성적인 문제였던 국제수지 적자는, 과거와는 달리 정부의 근본적인 문제로 대두되지는 않았다. 과도할 정도의 외환보유고 증가로 인한 결과이다. 2008년 현재, 인도는 세계 제4위의 외환보유국이다. 3,100억 달러에 달하는 초과하는 엄청난 규모의 외환을 보유하고 있다. 이제 외환보유고의 부족보다는 과잉의 문제가 대두되는 국면이다. 국내 경제성장을 제약했던 외환 부족의 시기와는 매우 대조적이다. 인도의 경제자유화가 국가의 대외적 위상을 강화시켰다는 주장은 바로 이러한 측면을 염두에 두고 있다고 볼 수 있다.

여기서 유념해야 할 점은, 외환보유고 증가가 인도의 무역수지 및 무역외수지 흑자로 인한 결과가 아니라는 점이다. 수출을 통한 대규모 외환보유고 증가를 경험하고 있는 중국과는 매우 대조적이다. 인도의 외환보유고 축적은 주로 외국인 주식투자나 부채의 형태로 유입된 외국자본이 경상수지 적자를 초과함으로써 발생했다. 이에 따라, 정부 당국은 자연히 외국 금융기관의 눈치를 보지 않을 수 없게 되었다.

인도에서 이러한 외환 사정이 지속된다면, 현재의 인플레이션을 관리하는 최선의 방법은 완전한 수입개방이라는 주장이 제기되고 있다. 이 주장은 다음과 같은 두 가지 측면에서 비판의 여지가 있다. 첫째, 수입증가에 의해 야기되는 국내 생산활동 및 고용에 미치는 잠재적인 해악을 무시하고 있다. 둘째, 국제수지면에서 발생하고 있는 불안정한 경향을 간과하고 있다.

최근 외환보유고의 증가와 더불어, 경상수지 적자가 점점 늘어나고 있는 점을 주목할 필요가 있다. 인도는 1990년대 대부분의 기간에 걸쳐, 경상수지 흑자를 기록해왔다. 해외파견 노동자 송금 및 소프트웨어 수출 호조에 힘입어 무역수지 적자가 충분히 메워질 수 있었다. 그러나 최근 무역불균형의 현저한 증대로 말미암아 경상수지 적자가 발생했다. 지난 2년간 거의 매분기마다 경상수지 적자를 기록했다. 특히 2007년 4월 이후, 무역외수지 흑자에도 불구하고 무역수지는 계속 악화되었다.

2007/08년 무역수지 적자는 900억 달러를 기록했다. 무역외수지 흑자는 증가했지만 무역수지 적자를 메우기에는 충분하지 못했다. 같은 해 경상수지 적자는 174억 달러를 기록했다. 경상수지 적자는 GDP대비 1.6%로 증가했으며, 무역수지 적자는 GDP대비 8.4%였다. 수입의 급속한 증가로 인한 결과이다. 2007/08년의 1년 동안 수출액(달러기준)은 24% 증가한 반면, 수입액은 30% 만큼 늘어났다. 수입액 급증의 원인은 원유가격의 상승으로 인한 것이다. 일부 비 석유관련제품 수입도 크게 증가했다. 2007/08년 4/4분기 원유 수입액은 전년도 동 분기 수입액보다 89% 만큼 늘어났으며, 비 석유관련제품 수입도 31% 증가했다.

무역수지 적자와는 대조적으로, 무역외수지는 지속적인 흑자를 기록하고 있다. 주로 다음 두 항목의 유입으로 인한 것이다. 첫째, 소프트웨어 서비스 수출대금으로서 기업업무외주(business process outsourcing, BPO)와 같은 IT관련 서비스를 포함한다. 둘째, 해외파견 노동자의 외화 송금으로서 민간부문 이전소득으로 포착되는 항목이다. 2007/08년에도 이러한 유입은 대규모로 유지되었다. 그러나 미래의 불투명한 전망에 대한 여러 가지 징후가 나타나고 있다. 소프트웨어 수출은 계속 활발한 편이지만, 미국을 비롯한 주요 시장에서 경기후퇴에 의한 영향을 받게 될 것으로 보인다. 한편 해외파견 노동자들의 송금 유입에 대한 전망은 복합적이다. 우선 미국으로부터의 송금 유입은 줄어들 것으로 보인다. 이와는 대조적으로, 원유 가격의 상승은 대부분의 인도 노동자들이 근무하는 원유 수출국인 서아시아 국가들에 대해 새로운 다이너미즘을 제공할 수 있다고 본다.

2007/08년 해외파견 노동자들의 송금 유입액은 430억 달러에 달했으며, 전년도 대비 47%의 증가세를 보이고 있다. 송금 유입은 일반적으로 두 부분으로 분류된다. 하나는 국내거주 가족에 대한 송금이고, 다른 하나는 비거주인도인(non-residence Indian, NRI) 예금 인출이다. 2007/08년 NRI 예금에서 유입과 유출은 거의 같은 규모였다. 하지만 NRI 예금 중 늘어나는 인출 비중은 인도에서 사용되기 보다는 본국(거주지)으로 송금되었다. 전체 인출액 중 본국 송금 비율은 2006/07년 15%에서, 2007/08년 35%로 증가했다.

한편 무역외수지에 관한, 두개의 부정적인 요소를 분석해 볼 가치가 있다. 우선 투자소득은 적자를 보이고 있다. 투자소득의 유입과 유출은 2007/08년 크게 늘었다. 투자소득 유입의 증가 현상은, 최근 주목을 받고 있는 해외진출 인도기업들이 국제수지 면에서 제자리를 찾았다는 것을 의미하는 것은 아니다. 해외투자로부터 얻은 소득을, 재투자한 규모는 투자소득 유입액의 단지 일부에 불과하기 때문이다. 유입액의 대부분은 해외에서 보유하고 있는 외환보유액의 이자수입으로서 전체 유입액의 73%에 달하며, 현재 100억 달러를 초과하고 있다.

해외상업차관(external commercial borrowing, ECB)에 대한 이자지급은 2007/08년 투자소득 중, 가장 큰 비중을 차지하는 자본유출 항목이다. 420억 달러로서, 전년도보다 250%가 증가한 규모이다. 해외상업차관에 대한 규제가 완화되면서 인도기업에 의한 차입이 크게 늘었다. 이러한 차입증가는 세계이자율의 상승과 성장의 감퇴로 인해 상환에 어려움을 가중시키고 있다. 인도에서 활동하는 해외 다국적기업에 의한 지분 및 이윤 회수는 33억 달러에 달하고 있다.

또 다른 중요한 유출 통로는 영업서비스 분야이다. 본 계정은 최근까지만 해도 흑자를 유지하다가 2007년 중반에 적자로 바뀌었다. 영업서비스 부문에서도 특히 영업 및 관리 컨설턴트, 건축, 공학 및 기타 기술서비스 분야에서 적자를 보이고 있다. 최근의 경상수지 추세에 대해 우려가 제기되고 있다. 경상수지 추세가 자본계정의 취약성 징후와 결합하고 단기 자본이동에 따라 좌우되는 경우, 국가의 외환보유고를 그 나라의 경제력을 대변할 수 있는 지표로 취급할 수 없다. 국제수지 문제는 경제성장의 하락을 촉발할 수 있다.

경제 취약성의 또 다른 지표로서 신용대출의 확대현상을 지적할 수 있다. 신용대출의 확대는 최근의 경제성장을 주도하고 있지만, 동시에 이와 같은 성장과정을 전복시킬 수 있다. 2008년 8월 인도중앙은행(Reserve Bank of India, RBI)은 분기별 통화정책 보고서를 통해 일부 은행에서 제공하는 신용대출의 과도한 팽창에 대한 우려를 표명하고 있다. 중앙은행은 '전체적인 조직적 안정성'을 강조하면서 민간은행으로 하여금 가계 신용대출의 질을 고려한 영업 전략을 세울 것을 촉구하고 있다. 매우 올바른 지적이다.

RBI 부총재를 역임하고 자본계정 자유화에 관한 두개의 위원회를 이끌었던 타라포르(S. S. Tarapore)는 은행 위험관리에 관한 세미나(2007.10.16)를 통해, "인도는 국내에서 형성된 요인에 의한 서브프라임 위기(sub-prime crisis)를 겪을 것"이라는 경고를 한 바 있다. 타라포르의 경고는 오늘날에도 여전히 유효하다. 굳이 미국의 경험을 들지 않더라도, 금융위기 도래를 암시하는 국내 신용시장의 세 가지 경향을 근거로 제시할 수 있다.

첫째, 지난 3~4년 동안 급속히 증가한 소액신용대출의 확대이다. 비식품분야 전체 은행 신용대출은 2005/06~2007/08년 기간 중 각각 38%, 40%, 28%씩 증가했다. 과거 기준에 비춰볼 때 매우 높은 수준이며, 신용대출에 대한 민간은행의 개방적 태도를 보여주고 있다. 이러한 신용대출의 증가는 중앙은행에서 축적된 외환자산 증가로 인한 과잉 유동성 및 방만한 통화정책의 결과라고 볼 수 있다. 유동성 및 신용의 팽창은 금융부문 개혁정책의 결과이다. 외국인 투자자에 의한 주식투자 및 인도기업에 의한 외국으로부터의 상업차관 규제 완화에 의해 중앙은행의 외환보유고가 급증했다. 외국자본 유입 증대에 따른 루피화 가치의 상승을 막기 위해서 중앙은행은 외환 매입을 계속했다. 이와 같은 중앙은행의 불태화정책(不胎化政策)에는 엄연한 한계가 존재한다. 결국 유동성 확대는 계속되었고, 민간은행의 신용대출이 크게 늘어났다.

둘째, 민간은행 소액신용대출 비중의 급격한 증가이다. 소액신용대출은 2005년 3월 말 256,348천만 루피에서, 2007년 3월말 455,503천만 루피로 증가했다. 2005/06년에는 41%, 2006/07년에는 27%의 증가를 보이고 있다. 2007년 3월30일 현재, 주택대출 224,481천만 루피, 신용카드 대부 18,317천만 루피, 자동차 할부금융 82,562천만 루피, 내구소비재 할부금융 7,296천만 루피, 기타 개인 신용대출 155,204천만 루피를 기록하고 있다. 전체적인 소액신용대출액은 비 식품부문 은행 대출액의 25%를 초과하고 있다.

소액신용대출의 증가는 정부의 경제개혁정책과 깊은 연관을 맺고 있다. 금융자유화는 저축자들에 대한 투자 선택의 범위를 넓혔다. 민간은행에 대한 예금비율 규제가 완화됨에 따라, 각 은행들은 서로 많은 예금을 유치하고자 높은 이자를 제시하게 되었다. 보다 수익성이 높은 대출을 늘리기 위해 금융상품을 다양화하기 시작했다. 이러한 움직임은 결국 높은 위험을 수반하는 소액신용대출 관련 금융상품의 확산으로 귀결되었다.

신용카드 결제가 밀리게 되면 돌려막기가 성행하고, 주택담보가 증가하기 마련이다. 자동차, 내구소비재에 대한 할부금융 대출은 본질적으로 매우 높은 위험을 지니고 있다. 만약 채무불이행 사태가 발생하게 되면, 미국의 서브프라임 위기에서 나타난 것과 마찬가지로 담보물의 가치는 하락하고 금융권의 엄청난 손실이 야기될 것이다. 인도에서 대부분의 소액신용대출은 신용이 불확실한 사람들에게 제공되는 서브프라임 수준임을 감안할 때, 채무불이행 사태가 도래할 가능성은 지극히 높다. 비록 신용상태가 양호한 대출자의 경우에도, 대부분 불안정한 직업에 종사하고 있다. 따라서 장차 고용 상황이 악화될 경우, 전체적인 위험성은 커지게 될 것이다.

셋째, 인도 금융부문도 모든 종류의 소액신용대출 채권을 증권화하고 판매함으로써 위험을 분산하고 있다. 정부는 신용 파생상품의 확산을 허용하는 결정을 유보하고 있지만, 증권화를 통한 위험분산은 활발하게 진행되고 있다. 미국의 경험에서 볼 수 있듯이, 이렇게 되면 신용관리가 허술해지고 금융위험은 최초의 소액신용대출 범주를 벗어나게 된다. 한 연구에 의하면 2006/07년 신용평가기관에 의해 증권화된 소액신용대출 총액은 500억 루피에 달하고 있으며, 기타 개인 신용대출액도 200억 루피로 측정되었다. 이와 같은 상황을 고려해보면 과잉 서브프라임에 노출될 위험성이 매우 크다고 할 수 있다. 타라포르(S. S. Tarapore)의 주장에 따르면 2007년 11월 현재, 약 4,000억 루피의 소액신용대출액이 서브 프라임급의 신용 상태이며 채무불이행 사태는 은행의 위기로 이어질 가능성이 높다.

이러한 현상은 선진국 금융혁신 기법의 모방에 따른 위험 증가라고 볼 수 있다. 인도의 경제개방에 따라 은행 조직의 위험이 증가한 대표적인 분야로서 부동산시장 · 자본시장 · 상품시장의 세 가지 시장을 들 수 있다. 2007년 말 지정상업은행(scheduled commercial banks)의 신용대출 중, 이들 세 시장에 대한 대출 비중은 전체 대출액의 20.4%(부동산시장 18.7%, 자본시장 1.5%, 상품시장 0.1%)에 달했다. 하지만 이와 같은 수치들은 민간은행들의 실제 위험수준을 제대로 나타내고 있지 않다. 신규 설립된 민간은행의 경우, 부동산 및 자본시장에 대한 대출 비중은 전체 대출액의 각각 32.3% 및 2.2%로 추계되고 있으며, 외국계 은행의 경우도 각각 26.3% 및 2.4%로 나타나고 있다. 일반적으로 외국계 은행들은 높은 리스크를 가진 부문에서 발생하는 금융위험을 흡수할 수 있는 자금을 가지고 있겠지만, 신규 민간은행의 경우 글로벌 트러스트 은행(Global Trust Bank) 사례에서 보듯이 적절한 위험회피 수단을 갖추고 있지 않다. 신규 민간은행들의 금융혁신 기법이 다이내믹하고 새로운 것으로 보일지 모르지만 대부분의 경우, 높은 이윤을 얻기 위해 높은 리스크를 취하는 잘못된 시도라고 볼 수 있다.

인도의 금융기관들은 세계시장에서도 이와 같은 위험을 안고 있다. 2007년 10월 인도 은행들은 미국의 서브프라임 사태로 인해 20억 달러의 손실을 보았다. 이것은 궁극적으로 중앙은행에 손실을 입혔다. 인도 민간은행의 주도자격인 ICICI은행은 2008년 1월 31일 현재, 외국 신용선물 및 고정소득자산에 대한 투자로 인해 2억6,430만 달러의 손실이 발생했다고 발표했다. SBI(State Bank of India), 바로다 은행(Bank of Baroda), BOI(Bank of India)등도 손실 위험에 노출된 것으로 파악된다. 만약 이와 같은 위험이 국제시장에 만연되면, 인도 국내시장에 더욱 큰 타격을 줄 것이다.

세계경제 환경은 급격하게 변화하고 있으며, 물가와 이자율은 높은 상태를 지속하고 있다. 경제성장 속도도 느려질 것으로 예상된다. 세계경제의 후퇴는 인도의 수출에 악영향을 미칠 것이다. 제조업 분야는 이미 후퇴의 징후를 보이고 있다. 대부분의 민간은행들은 분기별로, 이윤의 감소 및 손실 액수 등을 밝히기 시작했다. 요컨대 경기침체는 개인의 채무불이행 위험을 높이는 중요한 요인이라고 할 수 있다. 인도 정부는 최근 미국에서 경험한 심각한 경기후퇴 현상이 도래하기 전에 적절한 방안을 강구해야 한다. 경제자유화 정책 자체를 재고할 필요도 있다. 은행조직 붕괴와 같은 사태가 발생하기 이전에 필요한 조치를 취하는 것이 옳다.

본서가 출간된 2004년 이후, 인도 경제가 많이 변화한 것은 사실이다. 그러나 최근 경제성장을 주도하는 지속적 요인들은 매우 취약하다. 인도의 정책결정자들은 높은 성장률과 거대한 외국자본 유입에 도취된 나머지, 이와 같은 취약요인들을 간과하고 있다.

2008년 8월

C. P. Chandrasekhar

Jayati Ghosh

역자서문

이 책은 C.P.Chandrasekhar, Jayati Ghosh, *The Market that Failed: Neoliberal Economic Reforms in India,* 2nd Edition, LeftWord Books, New Delhi, 2004의 완역본이다.

1991년 라오(N. Rao) 수상의 '신 경제정책(New Economic Policy)' 발표 이후, 지속적으로 추진된 경제개혁 정책은 인도의 경제 사회에 엄청난 지각 변동을 일으키고 있다. 연간 2~3%의 힌두성장률(Hindu growth rate)의 덫에 갇혔던 인도의 경제성장도, 이제는 아득한 과거의 일이 되었다.

인도 경제의 눈부신 발전은, 사람들의 눈을 밝은 쪽으로만 향하게 한다. 빚더미에 눌려 농약을 마시는 농민들이 한해에 수 백 명이 넘는데도, 경제는 번창하고 있다고 주장한다. 실업문제는 날로 심각해지는데도 경제성장률은 놀라운 속도로 증가하고 있다고 강변한다. 농촌주민의 75%가 하루 2,400칼로리도 섭취하지 못하고 있는데도, 인도는 경제대국으로 부상하고 있다고 자랑한다.

1991년 이후의 인도의 집권당은 총선 때마다 여지없이 패배하곤 했다. 세계인들의 눈에 '빛나는 인디아(shining India)'가, 인도의 위정자들과 소수 부유층의 눈에는 더욱 '빛났던 인디아'가, 정작 농촌의 가난한 백성들을 비춰주는 빛은 아니었기 때문이다.

저자들은 이 책을 통해서 1991년 신자유주의적 개혁정책 이후 전개된 인도의 경제발전 과정을 다각적으로 검토하면서, "시장은 실패했다(The market failed)"고 결론을 내리고 있다. 아울러 인도의 깊은 내부로 들어가서, 경제의 본질적 구조를 분석하고 발전의 동학을 제시하고 있다. 독자들은 이 책을 읽으면서, 저자들만이 가지고 있는 유니크한 관점들을 천천히 음미해 보기 바란다.

독자들의 이해를 돕기 위해 몇몇 개념들에 대해서는 해당 페이지에 역주를 붙였다. 저자들과의 빈번한 교신을 통해 원본의 애매한 표현들을 일일이 확인해서 바로잡았다. 우둔한 번역으로 인해, 혹은 쓸데없는 역주로 인해 저자들의 혼이 가려지지 않았을까 두렵다. 아무런 조건 없이 본서의 번역권을 넘겨주고, 바쁜 중에도 언제나 친절하게 답변을 해준 저자들의 우정에 다시 한 번 고마움을 보낸다. 어려운 출판 사정에도 불구하고 책의 편집에서 출판까지 모든 과정을 세심하게 처리해준 비즈프레스 추일재 사장과 편집담당자에게 깊은 감사를 드린다. 이 책을 사랑하는 가족에게 바친다.

2008년 8월

박종수 · 김영화

저자서문

이 책은 1990년대 초 이래 인도의 신자유주의 경제개혁 프로그램(neo-liberal economic reform programme)의 의미를 평가하는데 주요 목적을 두고 있다. 이러한 경제개혁 정책의 뿌리는 1990년대보다 훨씬 이전에서 찾을 수 있다. 그러나 인도 정부가 1991년 7월, 명시적으로 채택한 개혁 프로그램은 매우 강력한 경제자유화 정책의 시작임과 동시에 국가경제 개입 패턴의 명백한 변화라고 이해할 수 있다. 1991년 이후의 전반적 상황을 돌아보면서 경제개혁 과정의 논리 및 실제 성과를 관찰한다. 아울러 이러한 변화의 정치경제학을 평가하고, 미래에 대한 전망을 제시한다.

물론 1991년 경제개혁은 세계적인 정책 추세에 발맞춘 것이지만, 인도에서 일정한 역사적 중요성을 가지는 사건이었다. 제2차 세계대전 이후 수십 년간 혼합경제(mixed economy)체제를 유지해 온 인도의 경험은 매우 독특한 것이었다. 다당제 민주주의(multi-party democracy), 경제적 의사결정에서 민간부문에 대한 정부의 주도적 역할, 경제성장 촉진을 위한 국가 개입의 기본적 요소, 성장 이익에 대한 보다 나은 분배의 실현 등이 공존해왔던 점은 인도만이 가졌던 특징이라고 볼 수 있다. 인도의 경험은 많은 학자들의 지대한 관심을 모았으며, 동 기간 중 수립되었던 개발계획에 관한 수많은 문헌들에 대해 경험적 기초를 제공했다.

국내 경제에 대한 국가 통제를 유지하고자 했던 인도의 경제 전략은 시작부터 많은 반대에 부닥쳤다. 국제자본, 선진 자본주의국가의 정부 및 선진국들의 이익을 위해서 세운 다자간 기구(multilateral institution)등이 주요 반대 세력이었다. 통제적 정부정책을 통한 구조변화 및 경제정책으로 인해 손실을 입게 될지도 모르는 주요 이익집단들도 이 정책에 반대했다.

신자유주의 개혁은 비현실적 가정에서만 존재할 수 있는 그럴듯한 이론적 기반을 제시하고 있다. 국민의 지지를 얻는 국가개입주의 정책의 성공적 수행을 위해 '정부의 실패(failure of state)'를 이용하고 있다. 신자유주의 개혁정책이 성장과 재분배(growth and redistribution)를 위한 최선의 대안이라고 주장하고 있다.

그러나 1980년대 및 90년대의 자유화 정책은 1960년대 및 70년대의 경제 정체에서 벗어나기 위한 정부의 고육책이며, 국제자본 및 관련 주체들에 대한 협조 및 양보를 수반하는 유화정책에 기반을 두고 있다. 이 책에서는 1991년 이후 10년 이상 지속해 온, 신자유주의 개혁정책의 결과에 대해 조사한다. 인도의 경제개혁은 추상적 시장주의(metaphysical marketism)에 기초하고 있다. 지속적 성장에도 실패했을 뿐만 아니라, 고용·빈곤 극복·소득분배 등의 측면에서 오히려 악화된 결과를 초래했다.

이 책에서 전개하는 대부분의 논의는 수많은 동료들과의 토론 및 연구에 기초하고 있다. 1980년대 초 IMF 신용 지원의 수용 여부에 대한 논쟁을 계기로, 인도에서는 신자유주의 개혁에 대한 다양한 비판적 연구결과가 축적되었다.

토론에 참여했던 많은 사람들의 이름을 일일이 거명하지는 않겠지만, 그들은 인도 경제 분석의 비판적 전통에서 면면히 살아 숨 쉬고 있다. 이들 연구자들에게 진 빚은 무척 크다. 그 중에서도 우리들과 함께 연구하고 이 책의 내용에 대해 많은 의견을 제시해 준 몇몇 분들에 대해서는 밝히고 싶다. 특히 Prabat Patnaik 교수는 강의와 저술, 공동연구, 코멘트

등을 통해서 이 책의 내용과 특징에 매우 큰 영향을 미쳤다. Abhijit Sen, Praveen Jha, Utsa Patnaik 교수도 이 책에 많은 기여를 했다.

이 책의 내용들은 대학원 과정에서 수년간 논의해왔다. 학생들의 코멘트와 반응은 무척 도움이 되었다. 이외에도, Amiya Bagchi, Walden Bello, Terry Byres, Sudhanva Deshpande, Smita Gupta, Thomas Isaac, Prakash Karat, Susshil Khanna, Aditi Mehta, Ashok Mitra, Ro Naastepad, N. Ram, V. K. Ramachandran, Pronab Sen, Servaas Storm, Jomo Sundaram, Madhura Swaminathan, George Waardenburg, Sitaram Yechury 등에게 감사드린다. 이 책의 모든 내용이 저자들의 책임은 물론이다.

C. P. Chandrasekhar

Jayati Ghosh

목 차

01

신자유주의 개혁의 배경

01

신자유주의 개혁의 배경

신자유주의 개혁의 지지자이건 비판자이건 간에 공통적인 점은 인도에서 1960년대 말~70년대 개발 정체현상을 야기했던 요인에 대한 분석을 논의의 시발점으로 삼는다는 것이다. 이 시기는 독립 후 약 15년 동안(1947~1962)의 경제 실적에 비해 그 성장의 속도가 현저하게 약화된 기간이었다. 이러한 경제후퇴는 우연한 것도 아니며 외생적으로 결정된 것도 아니었다. 1950년대 인도 정부가 내세운 사회주의적 슬로건의 이면을 살펴보면, 조직의 잠재력을 구조적으로 제약했던 독립 이후 인도 경제발전 정책의 여러 가지 특징들이 존재하고 있음을 알 수 있다.

토지개혁을 통해 '토지를 경작자에게(land to tiller)' 돌려주고 경제력 집중을 억제하겠다고 했지만, 독립 이후 토지를 몰수하거나 조정하는 일은 거의 없었다. 소득 불평등을 완화시키지도 못했다. 가장 나쁜 형태의 부재지주(absentee landlordism)는 사라졌지만, 대부분의 인도 농촌에서 토지독점 현상은 여전하다. 일부 독점적 관행은 없어졌지만 산업부문의 자본집중 경향에도 실질적인 변화는 없었다. 오히려 인도의 독점자본가들은 정부의 개입을 그들의 독점적 지위를 확대·강화하는 수단으로 이용했다.

소득 불평등 현상이 지속되면서 대량소비상품(mass consumption goods) 시장의 확대가 곤란해졌다. 민간부문 고용증대 및 소득 증가도 한계에 부딪쳤다. 농민들은 불완전한 소작제도 하에서 생산된 소출의 단지 일부분만을 취할 수 있었다. 투자를 위한 수단이나 인센티브는 존재하지 않았다. 인도 대다수 국민이 거주하고 있는 농촌에서, 국내수요를 자극하기위해 소득 및 생산성을 증가시켜 나간다는 정책은 매우 제한적일 수밖에 없었다.

급진적 토지개혁을 통한 재분배 조치의 결여는 국내시장, 특히 제조업 상품시장을 매우 협소한 상태로 만들었다. 농업 생산량도 식민지 시기보다는 증가했지만, 여전히 잠재적 수준 이하에 머물렀다. 농업 생산량 증가의 이익은 대부분 '지주 출신 자본가(landlords-turned-capitalist)' 및 경제적 지위가 향상된 일부 부농(rich peasant)에 귀속되었다. 공업부문 성장도 수요를 창출할 수 있는 충분한 일자리를 만들어 내지 못했다.

이러한 상황에서 시장을 확대하기 위해서는 정부지출(state spending)을 지속적으로 늘려나가는 것이 중요하다. 정부지출은 국민경제 전체적인 동학 중에서도 중요한 요소이기 때문이다. 정부는 '동아시아형 중상주의적 전략(East-Asian style of mercantilist strategy)'[1]을 구사할 정도로 국내 산업자본가들을 주도할만한 위치에 있지도 못했다. 국내 시장의 자율적 팽창은 소득분배의 불평등에 의해 제약되지만, 성장에 대한 자극은 내부적이어야 한다.

1) 성공적인 동아시아 국가 경제에서 채택했던 전략은, 대량소비용 공업제품의 국제시장 진출 기반조성을 위해 민간투자와 생산을 값싼 노동력 동원과 정책금융을 통해 지원하는 조치를 포함한다.

독립 초기, 경제성장의 기본적 동인은 국가 그 자체로부터 비롯되었다. 정부는 보호무역을 강화하고 국내시장에서 수입품을 몰아냄으로써 제조업자들에게 대규모 시장을 제공했다. 경상지출 및 자본지출 증가를 통해서 시장 확대를 지향하고, 주요한 사회기반시설 부문에 투자함으로써 국내 자본가를 지원했다. 공업개발은행(industrial development banks)의 설립을 통해 민간투자 금융과 가계저축을 연결시켰다.

독립 이후 15년 정도의 기간은 어느 정도 성과를 거두었다. 공업성장률은 국제적 기준에서 보더라도 높은 성과였다. 다양한 산업 기반을 조성했으며 주요 인프라 건설을 위해 공공부문도 확대했다. 공업 원료나 자본재의 경우, 이를 수입할 수 있는 외환보유고가 있었음에도 불구하고 허용하지 않았다(Chakravarty 1987).

1960년대 중반에 이르자, 수입대체정책에 의한 자극책도 효력이 없어졌다. 경제성장을 위해 계속적 자극을 줄 수 있는 정부의 능력도, 적절한 자원 동원이 곤란해짐에 따라 서서히 약화되었다. 1960년대 말 이후 70년대까지 만성적 정체 현상이 계속되었다.[2)]

1950년대 확립되었던 개입주의 정책은 사회적 안정성(social stability)과 경제적 활력(economic viability)을 상실하게 하는 심각한 내부적인 모순을 가졌다. 이러한 사회적 기반에서, 변화된 국제경제 환경에 적극적인 대응을 할 수 없게 되었다. 국제자본시장의 발전과 민간자본 유출입은 기존 외환규제정책과의 긴장을 가중시켰다. 변화하는 외부 환경과 가중되는 국내 정책 간 대립의 상호작용은, 신자유주의 경제

---

2) 이에 대해서는 Bhagwati & Desai(1970)의 설득력 있는 신고전파적 비판과 Bagchi(1971)의 반 비판이 있다.

개혁을 지향하는 상황으로 이어졌다. 투기자본이 몰고 온 1990~1991년 경제 위기는 '경제개혁'에 의한 즉각적 처방을 유발했다. 이러한 상황이 오기까지는 기본적 내부 모순과 구조적 특성이 존재했다.

1950년대 성립된 인도의 경제정책은 '자유를 위한 투쟁(freedom struggle)'에 그 역사적 뿌리를 두고 있다. 경제는 독립 이전의 '중심부 자본(metropolitan capital)' 및 '중심부 상품(metropolitan commodity)'에 의해 지배되었다. '자유'란 중심부 지배로부터의 자유를 의미한다. 자유를 위해서 국가가 사회간접자본 건설, 경제의 생산적 기반 강화 및 확대, 새로운 금융기관 설립, 경제활동 규제 및 조정 역할을 주도적으로 맡았다. 일부 논자들은 이러한 조치가 사회주의로 이전하는 수단이었다고 주장하고 있지만, 자본주의 그 자체의 건설을 위해서도 필요한 역할이었다. '국가자본주의(state capitalism)'와 '국가개입(state intervention)'은 '독립적인 인도자본주의 발전'을 위한 필수적 도구였다. 식민지 경제를 장악했던 중심부 자본을 추방하기 위해서도 필요한 조치였다.

인도에는 국가자본주의 목적과 부합되지 않는 세 가지 복합적인 모순이 존재한다.[3] 첫째, 과거 경제정책에서 인도 정부는 장기적으로 양립할 수 없는 두 가지 역할을 동시에 충족시켜야만 했다. 국내시장 확대를 위해 국가경비 지출, 특히 투자지출을 계속 늘려야 했다. 아울러 국고(national exchequer)를 통해 대규모 이전지출을 유지해야 했다. 이러한 이전지출은 주로 자본가 계층을 위한 것이었다. 정부는 다양한 측면에서 국내자본가 계급의 원시적 축적(primary accumulation)을 위한 중요한 수단을 제공했다. 물론 이러한 원시적 축적을 위한

3) 이 논의는 Patnaik and Chandrasekhar(1995)에 따른다.

다른 직접적 방법들(농경지로부터 소작 추방, 삼림 등과 같은 국공유 자원 사용에 대한 사용금지 조치 등)이 있었다. 국고는 전반적으로 만연한 조세 포탈의 증가, 각종 보조금이나 이전지출, 부당이득을 노리는 계약 및 조달 정책 등으로 야기되는 손실을 메우는 주요 수단이었다.

서로 다른 두 가지 역할의 모순은 정부의 조세수입 계정에서 드러난다. 1970년대 말까지 흑자를 보이던 정부재정은 간접세 의존도 증가 및 관리가격 상승에도 불구하고, 적자로 돌아섰다. 재정적자는 증가했다. 생산적 투자의 증가로 인한 결과라기보다는, 공공저축(public saving)[4]의 감소를 반영하는 현상이다.

재정위기(fiscal crisis)의 심화가 가지는 의미는 명백하다. 국가는 정부투자를 줄일 수도 있으며, 혹은 차입을 늘림으로써 재정적자를 유지할 수도 있다. 1960년대 중반 ~ 1970년대 까지는 주로 정부투자를 감축하는 수단이 채택되었다. 1980년대 초부터는 차입 증가를 통해 재정적자를 유지하는 정책을 사용했다. 정부의 차입(government borrowing)은 곧 공채(public debt)의 증가를 의미하며, 이는 경제정책의 변화 압력을 가중시켰다. 이유는 간단하다. 정부에 의한 해외차입은 정부의 부채가 늘어남에 따라서, 상업차관(commercial loans)에 접근하는 것이 어렵기 때문에 점점 제한될 수밖에 없다. 또 그것에 붙는 부대조건들로 인해서 경제개방 압력이 거세지기 마련이다.

국내 차입(domestic borrowing)도 인플레이션 메커니즘을 통해서 이러한 압력을 받을 수 있다. 국내 차입을 통한 정부지출이 산출량의 확대를 가져온다해도, 이것은 다시 애로요인이 된다. 인도 경제는 국제기준으로 보아도 인플레에 대한 내성이 약하다. 대부분의 노동자들

4) (역주)정부의 조세수입에서 재정지출, 즉 정부구매와 이전지출을 공제한 금액.

이 물가연동임금을 받지 못할 뿐 아니라, 물가인상에 반대하는 중산층의 정치적 목소리가 크기 때문이다. 민주정치의 틀 안에서, 물가상승은 사회적 불안의 주요 요인이 된다. 한편 물가를 잡기위해 공공지출을 줄인다면, 경제성장률이 저하된다. 이번에는 자본가 및 중간계층으로부터의 정책 변화 요구에 직면하게 된다. 경제적 동력(economic dynamism)과 정치적 정당성(political legitimacy)을 결합하고자 하는 노력은 정부를 딜레마에 빠지게 했다.

인도 국가자본주의가 가지고 있는 두 번째 모순은, 국가가 자본가들로 하여금 지속적 성장을 창출할 수 있도록 유도하는 최소한의 규제 수단조차 가지고 있지 않다는 점이다. 토지 및 조세관련 법률의 무시, 기타 경제시스템의 기능에 대해 영향을 줄 수 있는 법률의 무시는 인도 자본가들의 원시적 축적을 위한 중요한 수단이 되었다. 이러한 집합적 원칙의 부재는 네루 스타일의 개입주의를 넘어서는 다른 종류의 국가개입, 이를테면 일본이나 한국이 취할 수 있었던 국가개입과 같은 활력있는 정책 대안의 채택을 불가능하게 만들었다. 동아시아에서 국가 개입은 국가와 자본간의 긴밀한 협력관계에 기반을 두고 있다. 자본가 사이에 매우 엄격한 규칙의 준수를 수반한다. 그러나 인도의 자본가 계급에게는 그와 비슷한 정도의 규율이 적용되거나 먹혀들지 않았다. 자본가를 위한 대안적 정부지원 정책은 수행되지 못했다. 통제정책 대신에 시행할 수 있었던 대안은 단지 규제완화(deregulation) 및 자유화(liberalization)에 국한되었다.

인도 국가자본주의가 가지고 있는 세 번째 모순은 인도의 사회·문화적 환경에 뿌리를 두고 있다. 중심부 자본주의는 지속적인 상품혁신, 시장진출 및 새로운 생활양식 창출을 통한 신상품개발을 그 주요 특징으로 한다. 그러나 인도는 공산품 시장이 초기부터 제한되어 있었다. 소수 사회계층의 구매력 증가는, 소비재 시장에 대한 수요 증가의 원천이 된다. 이러한 소수 집단들은 다른 개도국에서와 마찬가지로 중심부의 소비패턴이나 생활양식을 모방하게 된다. 따라서 국내 상품만으로 만족하지 못하고, 국내의 자원과 기술로서는 생산할 수 없는 중심부의 신상품에 대한 수요가 계속 늘어나게 된다.

결국 국내생산 가능성과 국내수요 패턴 간의 불균형이 야기된다. 소비재에 대한 추가적 수요는 주로 부유층으로부터 나오기 때문이다. 이러한 수요는 수입통제에 의해 어느 정도 억제된다. 정부규제는 필연적으로 밀수 등에 의한 불법수입의 증가를 가져오게 된다. 중심부 경제의 끊임없는 신상품 개발혁신으로 말미암아 불균형은 더욱 심화된다. 이러한 추세는 사회의 부유층을 중심으로 국내 생산 및 수입통제 해제 압력을 행사하게끔 한다. 무역수지 악화와 국내 생산부문 활력에 악영향을 주는 것에는 아랑곳하지 않는다. 이러한 '국제적 전시효과(international demonstration effect)'는 중심부 자본이 개도국 시장개방을 위해 사용하는 강력한 수단이다. 인도도 예외는 아니다.

이러한 세 가지 모순점은 인도 경제에 어떤 영향을 미쳤는가? 무릇 제조업생산성장률(rate of growth of manufacturing production)의 변화는 생산적축적가능성(possibility of productive accumulation)의 지표라고 할 수 있다. 1951~1965년 제조업 산출성장률은 연간 7.8%였다. 그러나 1965~1970년에는 3.3%로 하락했으며, 1970년대에는 약간 상승해서 4% 수준을 유지했다. 1980년대 중반까지 제조업 성장률은 연간 5.7%로 상승했으며, 1980년대 중 후반 이후에는 더욱 상승해서 연평균 성장률 8.8%를 기록했다[5]. 결국 1950년대 초~60년대 중반의 15년간에 걸친 고도 산업성장 이후, 15년간은 제조업 성장률의 급격한 하락을 경험한 셈이다. 1980년대 초반, 성장률이 다소 회복되었지만 독립 후 15년에 비할 바는 아니었다. 인도 제조업이 다시 붐을 일으킨 것은 1980년대 중반 이후였다.

1960년대 중반 이후 15년은 '제조업 생산의 상대적 정체기'로 볼 수 있다. 공공투자(public investment)증가율도 하락했다. 이러한 하락은 자본의 원시적축적 과정에서, 정부가 국내시장 확대 역할을 제대로 수행하지 못했다는 것을 의미한다(Bharadwaj 1994; Chandra 1988). 이러한 무능성은 대량 소비재를 생산하는 기업뿐만 아니라 공공투자와 밀접한 관련을 가진 기업에 대해 타격을 입혔다. 공공투자의 부진은 민간경제활동에 대한 사회간접자본의 제약 부담까지 갖게 했다.[6)]

국내시장의 성장정체 하에서, 수출시장 진출은 산업 성장에 대한 새로운 자극을 줄 수 있으며 생산적 자본축적을 위한 새로운 기반을 제공할 수 있다. 수출시장은 주로 중심부자본주의에 의해 지배된다. 세계시장에 진입할 수 있었던 제3세계 산업국가들(일부 동아시아국가)은 전략적 지정학이나 또는 다른 이유들로 중심부 자본과의 특별한 관계에 기반을 두고 있었다. 이러한 관계는 외국자본에 접할 수 있는 기회를 주었으며, 어느 정도 개방된 시장 및 신기술에 접근할 수 있게 했다. 인도의 기업가에게는 수출시장을 개척하기 위해서 정부의 실질적인 지원 뿐 아니라, 기업가 자신의 많은 노력이 필요했다. 기

5) 연간 복리성장률은 Government of India, *Economic Survey* 및 Reserve Bank of India, *Report on Currency and Finance* 각 년도 참조.

6) 1960년대 중반 이후의 공업정체에 대한 많은 논문들이 Nayyar(1994)에 수록되어 있다.

업가들은 그러한 노력을 기울이지 않았다. 어떤 최소한의 규율도 받아들일 의지가 없었으며, 수출은 여전히 제한되었기 때문이다.

이러한 요소들이 1960년대 말~1970년대 경제발전 정체의 내재적 요인이라 할 수 있다. 재정적자를 통해 경비지출을 늘림으로써 성장을 촉진시키려는 정부 정책은 인플레이션 및 무역수지 적자를 야기했다. 두 가지 현상이 동시에 나타나기도 했다. 국가가 이러한 문제를 극복하는 것은 어느 정도 한계가 있었다. 이와 같은 특성이 여전히 지속되었음에도 불구하고, 1980년대 성장회복은 어떻게 이루어 졌을까? 이 문제는 2장에서 살펴보기로 하자.

02

1980년대의 경기회복

02

1980년대의 경기회복

1980년대에 들어오면서 경기가 회복되었다. GDP 성장이 가속화되고 제조업 분야의 발전이 두드러지게 나타났다. 이러한 경제 회복은 어떤 새로운 성장 자극의 원천이 생겨났기 때문은 아니다. 동 기간 중의 수출도 인도와 같은 대국 경제의 성장을 자극할 만한 규모는 아니었다. 대중 소비시장을 제약했던 요인들도 여전히 작용하고 있었다. 결국 과거와 같이, 성장의 자극은 정부부분에서 비롯되었다(Chakravarty 1987; Patnaik 1995).

다음과 같은 국가정책을 통해, 과거의 성장 정체로부터 빠져나올 수 있었다. 첫째, 정부지출 증가를 통한 재정 자극(fiscal stimulus). 둘째, 자본재 및 제조업 부품에 대한 수입자유화 조치(liberalization of imports). 셋째, 재정적자 및 경상수지 적자를 메우기 위한 정부의 해외 상업차관(external commercial borrowing) 증가이다.

첫째, 정부의 확장적 재정정책으로 인해 GDP 대비 재정적자(fiscal deficit)의 비중이 크게 증가했다. 1980년대 중반 이후 경상 GDP 대비 중앙 및 주 정부의 재정적자는 평균 9.5%를 기록했으며, 1990/91년에는 10.1%에 달했다.[1] 공공투자(public investment)비율의 증가로 인한 것이 아니라, 주로 정부저축(public saving)비율이 하락한 결과이다. 이러한 현상은 세입 적자의 증가로 반영되었다(1985/86~1989/90년 기간 중 GDP 대비 2.8%에서, 1990/91년에는 4.5%로 증가). 정부의 경상지출은 간접세 및 관리가격의 인상에도 불구하고 정부세입의 증가율을 앞지르고 있다. 재정적자 증가의 배후에는 몇 가지 특징적 요인이 존재한다. 우선 직접세(direct tax) 증대를 통한 과세 수단에 대한 정부의 거부이다. 과거의 재정적자, 특히 비료보조금 지출로 누적된 이자지급(interest payments) 경비가 계속 증가했다.[2] 거의 모든 분야에서 정부지출이 늘어났다. 특히 과거에 비해 상대적으로 많은 경비가 농촌지역에 투입되었다. 도시 및 농촌지역에서 경제활동에 대한 승수효과(multiplier effects)가 나타났다.

둘째, 자본재(capital goods) 및 부품(components)수입의 자유화이다. 가전제품이나 자동차를 비롯한 사치성 소비(luxury consumption)에 부응하기 위한 각종 상품에 소요되는 부품 및 자본재 수입이 자유화되었다. 일부 정부 관료들이 명시적으로 밝히고 있듯이, 이러한 자유화 조치는 다음과 같은 입장에서 비롯된 것이다. "사치재 수요자들은 전체 인구 중 아주 작은 비율을 차지하고 있지만, 절대적 숫자로 보면 매우 큰 규모이다. 따라서 이와 같은 전략을 통해 경제가 성장할 수 있다. 상위 계층의 후생 증가가 궁극적으로 빈곤계층에 대해서도 파급(trickle down)될 수 있기 때문이다."

1980년대 후반의 수입자유화 정책은 수출 노력을 수반하지 않았다. 수입자유화의 당면 목적은, 국내시장에서 사치재(luxury goods)를 보다

1) (역주) 인도의 회계년도는 당해년도 4월부터 이듬해 3월까지이다. 따라서 1990/91년이란 1990회계년도(1990.4~1991.3)를 의미한다.

2) 비료보조금 지출 증가의 근본적인 원인은, 비료생산공장 설립 시 지나치게 높은 자본비용이 소요되는 부적절한 기술을 채택했기 때문이다. 자세한 논의는 Dhar(1984) 참조.

많이 생산하는 것이었다. 수입자유화정책이 도입된 첫 해인 1985/86년에 국제수지 적자가 큰 폭으로 늘어났다. 경상수지 적자는 GDP의 2.26%까지 증가했다. 이후 적자는 최고조에 달했는데, 주로 원유 이외 항목의 대규모 수입증가에 기인하고 있다. 봄베이지역(Bombay High Oilfield) 유전 개발로 인해 1984/85~1988/89년 기간 중 원유 수입은 크게 줄었다. 1980년대 초 광물유(mineral oil) 및 관련제품 수입이 인도 전체 수입의 약 $^{1}/_{3}$을 차지했던 사실을 감안해 볼 때, 방만한 자본재 및 부품 수입이 없었더라면 무역적자의 절대 규모는 크게 줄었을 것이다.

같은 기간 중 해외 송금(remittance)유입은 줄어들었으며, 장기저리대부(soft loan)는 더욱 조달하기 어렵게 되었다. 이러한 배경에서 지속적으로 높은 수준의 무역적자 유지, 거대한 규모의 경상수지적자 충당 등의 부담은 더 이상 지탱할 수 없을 정도로 늘어났다. 1984/85 ~ 1988/89 기간 중 수입액 증가의 40% 이상이 부품을 포함한 기계 및 수송장비수입에 기인하고 있다(재수출상품은 제외). 이들 항목은 상위 소득 계층을 위한 다양한 상품 생산의 증가로 이어졌다(Chandra 1986, 1991).

셋째, 외국으로부터의 상업차관이 크게 증가했다. 여기에는 해외거주 인도인(non-residence Indians; NRIs)으로부터의 차관도 포함된다. 1980년대 중반 이후, 무역 및 경상수지 적자가 늘어나고 장기저리대부가 점점 줄어들면서 외국으로부터 상업차관이 증가하게 되었다. 부채 상환에 따른 대규모 경상수지적자를 야기했다. 결국 추가적인 차입이 불가피하게 되었다. 무릇 부채란 자기증식을 통해 빠르게 증가하는 경향을 가지고 있다. 과거의 부채를 갚기 위해 신규 채무를 계약하게 되면, 부대조건이 더욱 까다롭게 되고 상환기간(maturity period)은 줄어들게 된다. 결국 부채의 증가속도는 계속 빨라진다. 달러 표시 국가채무는 1980년 200억 달러에서 1990년 약 820억 달러로 거의 4배 가량 증가했다. 은행 및 민간부문에 대한 부채는, 동 기간 중 20억 달러 미만에서 220억 달러 이상으로 10배 이상 증가했다. 1990년 인도는 부채상환 지급을 위해 총 수출액의 $^1/_3$에 달하는 외환을 소진했다.[3)]

1960년대 말 ~ 1970년대 기간 중에 정체에 빠졌던 인도 경제를 회복시킬 수 있었던 것은 위의 3가지 정부정책이 결합한 결과라고 볼 수 있다. 여기서 다음과 같은 질문이 제기될 수 있다. "경제성장의 회복을 위해 마찬가지로 최선을 다했던 과거의 정부들은 왜 이와 같은 전략을 채택할 수 없었는가?" 질문에 답하기 위해서는 인도의 중기 성장전망(mid-term growth prospect)에 중요한 영향을 미쳤던 국제 사정의 변화를 고려할 필요가 있다. 가장 중요한 변화로서는 국제경제에서 금융자본 지배력의 증가 현상을 들 수 있다.

1970년대 초까지만 해도 민간 국제금융시스템은 개도국에 대한 금융잉여 유통(recycling finance surplus)과 관련해서, 제한적 역할에 머물렀다. 한국과 같은 일부 예외적 사례를 제외하면, 개도국에 대한 자본 흐름은 일반적으로 양자 간(bilateral) 또는 다자간(multilateral)채널을 통했다. 제1차 오일쇼크 직후, 이러한 흐름에 커다란 변화가 초래되었다. 대부분의 오일달러 잉여가 선진국에 의해 통제되는 국제은행조직에 예치됨에 따라, 민간금융기관이 잉여자금을 유통시키는 강력한 기관으로 변신했다. 그 세력은 막강하다. 선진국 및 개도국에서 민간

3) 이러한 외채증가는 10여년 전 라틴아메리카에서 발생했던 외채 급증 현상에 비해 속도나 범위 면에서 차이가 있지만, 인도의 국제수지 측면에서 볼 때 매우 심각한 수준이었다.

금융기관의 신용창출에 의해서 촉발된 소비지출은 원유 생산자들에게 더 많은 잉여자금을 제공했다. 이 돈은 다시 초국적 은행(transnational bank)으로 예치되고 더욱 많은 신용을 창출하게 된다. 1981년 까지 OPEC국가들이 축적한 금융 잉여는 물경 4,750억 달러에 달한다. 이 중 4,000억 달러가 선진 산업국가에 예치되었다.

중심부 국가 공업의 생산성 정체로 인해, 전후 공업 붐이 사그라졌다. 경기수축 과정은, 오일쇼크로 인한 긴축정책에 의해 가속화되고 있었다. 이러한 배경에서 금융의 영향력이 더욱 중요해졌다. 세계산출량 규모에 대한 국제은행 순대출액(net international bank loans)의 비율은 1964년 0.7%에서 1980년 8.0%, 1991년 16.3%로 증가했다. 세계무역량대비 국제은행 순대출액 비중은 1964년 7.5%에서 1980년 42.6%, 1991년 104.6%로 증가했다(World Bank, *World Debt Tables*, 각년도).

1970년대~80년대 기간 중, 두 가지 변화 요인이 국제유동성(international liquidity)의 증가를 초래했다. 첫째, 미국은 브레튼우즈(Bretton Woods)체제 하에서 거액의 국제적 부채를 짊어졌다. 베트남 전쟁을 비롯해서 세계 각국에 대한 정책 수행에서 비롯된 경비를 포함한다. 1970년대 유로통화시장(Euro-currency market)의 폭발은 이러한 현상을 반영해 준다. 유로통화시장은 2차 대전 직후 미국의 헤게모니에 기초한 달러에 대한 믿음에 의해 유지되어 왔다. 달러를 금으로 인식했던 것이다. 달러에 대한 국제적 믿음은 미국으로 하여금 국제적 지출에 대한 국가예산 제약을 무시하도록 만들었다. 그 결과 국제적 조직망을 가진 강력한 은행 및 금융기관이 출현하게 되었다. 이러한 금융기관의 세력은 미국의 국내 제조업 분야에 마이너스 영향을 미쳤다. 1970년대 중반 이후 지속된 미국의 무역적자 확대가 이를 대변해 준다.

둘째, 미국 제조업의 경쟁력 약화로 인해, 1970년 이후 기간 중 미국 달러화는 '유일하게 수용할 수 있는 기축통화(the only acceptable reserve currency)'의 지위를 일시적으로 상실했다. 그 결과 다른 통화에 대한 투기적 수요를 부추겼다. 이와 같은 투기적 수요는 이자율 차익 및 환율 변동에 민감하기 때문에 통화 및 국경 간 자본 흐름을 가속화시켰다. 1990년대 중반, 국제금융시장에서 외환의 1일 거래량이 하루 1조2천억 달러까지 늘어났다. 한 분기의 세계무역량에 버금가는 규모이다. 1980년대 초만 하더라도 미국 · 독일 · 일본에서 국내 및 해외 거주자 간 채권 및 증권거래 규모는 각국 GDP의 약 10%에 불과했다. 1993년에 이 수치는 미국 135%, 독일 170%, 일본 80%로 증가했다. 거래의 대부분은 상대적으로 상환기간이 짧은 채권으로 이루어졌다(Zevin 1993; Bello, Bullard and Malhotra 2000).

금융팽창 압력을 야기한 다른 실질적 요인들도 존재한다. 대부분의 선진국에서 경험하고 있는 인구구조 변화와 관련된 요인도 포함된다. 바야흐로 베이비 붐 세대가 은퇴를 대비해서, 개인저축을 중시하는 나이가 되었다. 이러한 경향은 연금과 관련된 제도적 구조변화에 의해 더욱 가속화되었다. 대부분의 산업국가에서 공공 및 민간부문 고용자들은 은퇴 후 계획된 소득보다 적게 적립하는 경향이 있으므로, 피고용자 자신의 저축이 더욱 많이 요구된다. 이렇게 되니, 저축으로부터 보다 많은 수익을 원하게 되고, 더욱 다양한 저축수단에 대한 수요가 늘어나게 되었다. 연금기금(pensions funds), 뮤추얼 펀드(mutual funds) 등이 더욱 중요한 상품으로 대두되었다.

선진국에서 금융자유화도 이와 같은 변화와 밀접한 연관을 맺고 있으며, 금융조직 내에서 이용 가능한 자금을 늘리고 있다. 첫째, 금융자유화는 신용창출 및 투자조성에 대한 은행 및 금융기관의 융통성을 높였다. 동시에 은행과는 달리 국가의 통제권 밖에 있는 헤지펀드(hedge fund)[4]와 같은 기관이 난립하게 되었다. 금융자유화는 '증권화(securitization)'의 공간을 제공했으며, 대부보다는 주식이나 채권의 형태를 가진 자본 유통(capital flow)을 조장했다. 금융혁신(financial innovation) 또는 스왑(swaps)[5], 옵션(options)[6], 선물(futures)[7]과 같이 금융시스템 하에서 사실상 자생적으로 만들어진 파생상품(derivatives)을 비

4) 'hedge'의 의미는 어떤 다른 거래에서 나타나는 효과와는 정반대의 효과를 초래하는 경향이 있는 상품, 통화 및 금융거래를 의미한다. 기관이 보유하고 있는 통화의 가치하락으로 인해 입을 수 있는 손실은 동일 화폐를 고정가격으로 미리 구입함으로써 커버될 수 있다. 선물과 옵션 계약은 상품과 증권거래에서 '헤지'에 사용된다. 비록 헤지펀드에 대한 단순한 정의는 존재하지 않지만, 보통 헤지펀드가 하는 일은 일정한 틀을 가지고 있다. 제한된 파트너십으로 구성되며, 종종 국경 너머로 활동이 이뤄지기 때문에 전반적으로 규제가 이뤄지지 않는다. 일반적으로 수익의 20%에 해당하는 과중한 수수료를 부과한다. 주로 부유층에 대해서만 개방되어 있으며, 상대적 수익보다는 절대적 수익을 거둘 수 있다는 전망을 제시한다. 지표를 향상시키기보다는 돈을 버는 일에만 집중할 뿐이다. 그렇다면 헤지펀드는 매우 공격적인 투자를 하는가? 많은 사람들은 그들을 투기자라기보다는 재정 거래자(arbitrageur)로 간주한다. 그들이 하는 일이란, 어떤 자산의 가격이 기본 가치 수준을 일시적으로 벗어난 경우를 찾아내서, 비싸다고 생각되는 경우는 매각하고, 싸다고 판단하는 경우에는 매입하는 것이다. 이론적으로 보면 이러한 과정을 통해 헤지펀드는 시장을 보다 효율적으로 만들 수 있다. 그러나 일부 헤지펀드들이 입는 엄청난 손실액을 보면, 재정거래(裁定去来, arbitrage)라는 말은 무모한 투기(reckless speculation)를 미화시키는 단어일지도 모른다('The Risk Business', *Economist*, London, 17 October, 1998).

5) 스왑(swap)이란 동일한 가치의 다른 증권을 구입하는 대신, 그 대가로 동일한 증권을 구매자에게 판매하는 거래이다. 구매자와 판매자 양측이 보유하고 있는 포트폴리오의 질에 대한 기대가치를 높이는 데 착안한 것이다.

6) 옵션(options)거래는 정해진 기간 내에 특정가격으로 금융자산이나 상품을 팔거나 살 수 있는 권리를 부여하는 거래이다. 옵션의 소유자는 옵션 권리를 행사하거나 포기할 수 있다. 자산이나 상품가격의 (예상)변화율에 대한 일종의 내기(bet)라고 볼 수 있다.

7) 선물(futures)계약은 계약의 권리자에게 미래의 특정한 날짜에 사전에 정한 가격(pre-specified price)으로 정해진 양의 상품이나 금융자산을 팔거나 살 수 있는 권리를 부여하는 계약이다. 상품이나 자산의 미래 가치(future value)를 어떻게 판단하는가에 대한 일종의 내기라고 볼 수 있다.

롯한 일련의 새로운 금융수단이 나타났다. 끝으로 금융자유화는 경쟁을 증가시키고 은행으로하여금 보다 높은 수익을 추구하도록 자극했다. 이제까지는 위험하다고 생각되었던 경제 지역에 투자하거나, 새로운 대부자금 수요자를 찾아 나서게 되었다.

국제유동성의 거대한 증가로 말미암아 은행 및 비은행 금융기관(non-bank financial institution)에서는 자본이동을 지속시킬 수 있는 대상을 찾느라 혈안이 되고 있다. 선진 산업국가에서는 소비자 신용(consumer credit) 및 주택금융(housing finance) 붐이 일어났다. 이러한 움직임이 사그라지면서 여러 개도국들이 글로벌 금융질서에서 '떠오르는 시장(emerging market)'으로 주목받기 시작했다. 외국의 자본이 대부 및 주식투자의 형태로 개도국에 유입되기 시작했다. 특히 국제 자본이동 및 국내통화의 외국통화 교환에 대한 규제를 철폐한 국가들에 대한 자본유입이 급속히 진행되었다.

개도국 정부의 입장에서 보면, 이러한 국제금융의 유입이 긍정적으로 보일 수 있다. 일부 국가에서는 경제위기 이후 발생한 적자를 메우기 위해 유동성이 필요한 경우도 있었다. 하지만 일부 개도국에서는 구조개혁을 기꺼이 받아들일 입장이 아닌 경우도 있다. 구조개혁의 결과, 국가가 보호해왔던 지주계층 및 산업자본의 이익이 손상될 수 있기 때문이다. 1960년대 인도 경제발전의 정체국면에서 대안적 경로를 취하지 않은 채, 과거의 노선을 답습했던 것도 이러한 맥락이었다. 이제는 새로운 상황이 구명줄을 제공하게된 것이다. 경제개방의 대안적 실험을 통해서 세계자본주의(world capitalism)에 통합되고, 세계체제 내에서 얻을 수 있는 최소한의 성장 과실에 희망을 걸게 되었다. 당시 인도의 경우도 마찬가지였다.

이러한 선택은 과거에는 존재하지 않았던 방법이다. 경제개발 원조만 가지고서는 경제개방 과정에서 초래되는 경상수지 적자 증가를 메울 수 없었기 때문이다. 결과적으로 야기되는 국제수지 악화는 자연히 성장 위축으로 연결되고, 나아가 국가주도형 디플레이션(state-led deflation)현상을 수반하게 된다. 국제금융에 대한 접근이 쉬어짐에 따라, 보다 큰 규모의 경상수지 적자 운영이 가능하게 되었다. 국가는 경제를 개방함으로써 중기적으로 수출증가를 촉발시킬 수 있다는 희망을 가지게 되었다. 정부 입장에서 볼 때, IMF와 같은 중앙집권적 다자간 금융기관에 비하면, 아무런 부대조건 없이 자율적 국제은행조직과 협상하는 것이 상대적으로 쉬웠기 때문에 더욱 매력적이었다. 자금이 풍부한 은행으로서는 어떻게든 돈을 빌려주는 것에만 몰두했다. 은행대부로 인해 야기된 높은 경상수지 적자가 더 이상 지속될 수 없다는 위험은 고려되지 않았다. 아무리 높은 경상수지 적자도 용인될 수 있었다. 중요한 것은 변화하는 국제금융시스템의 성격이었다. 지금까지는 이러한 개도국들에 대한 상업차관 규모는 상대적으로 작았다. 과거 국제금융조직에서는 유효한 선택이 되지 못했던 자유화 정책이, 갑자기 현실적이고 매력적인 선택 수단으로 대두되었다.

돈을 빌리려는 개도국과, 빌려주려는 은행 간의 이해관계가 일치됨으로써 적어도 몇몇 개도국에서 거의 15년간은 경상수지 적자가 경제성장의 제약 요인으로 작용하지 않았다. 이러한 시나리오는 이제 과거의 일이 되었다. 1970년대, 80년대는 물론 90년대까지도 개도국 정부는 줄줄이 국제 금융기관 대부를 통한 예산적자 조달에 기초한 개방형 성장전략(liberal growth strategies)을 채택해나갔다. 적어도 부분적으로는 국내 경제성장에 대한 무역자유화의 마이너스 효과를 완화시키는 데 기여했다. 사실상 동 기간 중 많은 개도국들은 괄목할만한 성장률을 기록했다. 국내정부지출을 조달하기 위해 과도하게 사용된 재정적자보다는, 자유화조치에 기인한 것이다. 국제은행조직의 무책임한 대출관행이 성행했다.[8)]

이러한 시각에서 보면 1980년대 인도 경제의 성장세 회복에 대한 설명이 훨씬 용이해진다. 인도 정부는 국제금융 지배력의 부상으로 용이하게 된 외환접근성을 이용하면서 대부를 통해 재정자극(fiscal stimulus)에 필요한 자금을 조달하는 방법을 사용했다. 하지만 정부지출 증가는 조세를 통한 자원동원 증가를 수반하지 않았다. 정부지출은 세입계정의 적자를 포함한 재정적자를 통해 충당되었다. 국가의 경비지출로 인한 수요자극은 수입자본재, 중간재 및 원료수입이 자유화된 품목 등에 대한 지원을 받은 국내산업의 활성화에 도움이 되었다. 국내상품의 수입집약도(import intensity)가 상승했다. 이러한 증가 추세에 대해 불충분한 외환접근으로 인한 제약은 존재하지 않았다. IMF를 비롯한 국제상업은행 및 NRIs로부터의 외환차입 증가 등이 수반되었기 때문이다. 특히 걸프(Gulf)지역의 인도 노동자들로부터 외화송금이 유입되어, 본국에 남아있는 가족들의 소비지출이 유지될 수 있었다. 국가적으로 유례없었던 외환 유입을 경험했다.

그럼에도 불구하고 인도의 GDP 중 외채가 차지하는 비중이 1980년대에 두 배로 증가했다. 1980년대 말 국제금융기관의 채권자들이 대부를 중단하기로 결정하자, 인도는 1990/91년 국제수지 위기상태로 내몰리게 되었다. 이러한 상황은 IMF 스타일의 안정화정책 및 구조조

8) 이에 관련된 논의는 Ghosh and Chandrasekhar(2001)에서 더욱 자세히 다루고 있다.

정전략을 추진하고자 하는 개혁주의자들에게 일정한 논거를 제공했다.

만약 1980년대의 재정적자가 국제수지에 관한 대규모 경상수지 적자를 수반하지 않았다면, 인플레이션 압력은 더욱 빠르게 증가했을 것이고 1980년대에 실제 경험한 수치보다 훨씬 높은 인플레가 진행되었을 것이다. 한편 수입자유화에 따라 경상수지 적자가 늘어난 대신 재정적자가 실제로 작은 규모였다면, 수입품은 국내 상품 경쟁력을 약화시키고 국내시장에 더욱 깊이 침투했을것이다. 재정적자가 작았다면 국내시장은 더욱 좁아졌을 것이기 때문이다. 공업화는 후퇴했을 것이고 공업성장률도 더욱 낮았을 것이다.

1980년대의 산업호황은 개방정책의 기본 모순을 호도할 수 있다. 80년대의 개방정책은 인도 경제에 화약고(power-keg)를 남겨두었다. 인도 경제는 거대한 규모의 외채와 단기부채 비율의 증가로 인해 통화투기(currency speculation) 및 국제투자자들의 신뢰위기(confidence crisis)에 대해 매우 취약하게 되었다. 이러한 유형의 취약성은 인도 경제에 나타난 완전히 새로운 현상이었다.

필수적으로 수반되는 국내경제의 유동성 증가는 갑작스런 인플레이션 상승에 극도로 취약하게 되었다. 이러한 현상은 1990/91년 기간중에 투기적 주식보유(speculative stock-holding)로 인한 인플레이션과 NRIs의 예금인출로 인한 국제수지위기 상황에서 적나라하게 나타났다. 1990/91년 경제위기는 실물경제의 불황이라기보다는, 주로 금융위기(financial crisis)였다고 할 수 있다.

1980년대의 경험으로부터 많은 교훈을 얻을 수 있다. 첫째, 비록 제한적 규모의 자유화조치에도 불구하고 인도 경제의 발전단계 및 특수성을 감안할 때, 경제성장은 수출 확대보다는 정부지출에 의한 재정자극에 의존한다는 사실이다. 둘째, 정부지출이 조세나 기타 추가적 자원 동원을 겨냥한 수단을 동반하지 않은 채, 부채를 통해 조달된다면 경제의 초과수요는 인플레이션이나 경상수지 적자의 형태로 유출되어 버릴 것이다. 셋째, 만약 인플레이션이 수입을 통해 억제되려면, 경상수지 적자를 메우기 위한 보다 많은 규모의 외채가 필요하게 된다. 넷째, 이러한 과정이 무역자유화와 양립하기 위해서는 경상수지 적자 규모 및 외채의 궁극적 수준이 더욱 높아지게 될 것이다. 상류계층 및 중산층 사이에는 외국상품이나 수입 집약도가 높은 국내 상품에 대한 대규모의 억업된 수요(pent-up demand)가 존재하기 때문이다.

IMF 및 관련 국제금융기관, 그리고 IMF 관점을 수용해 온 국내 개혁옹호자들은 이러한 복잡한 배경을 제대로 이해하지 못한 채 문제의 단편적인 측면만을 강조해왔다. 그들은 1990년대 경제위기를 세 가지 원인으로부터 도출했다. 첫째, 규제자로서 또는 민간부문의 창의성을 막는 경제활동 참여자로서 정부의 과도한 역할. 둘째, 과도한 정부지출 및 대규모 재정적자. 셋째, 인도의 수출신장을 가로막은 불충분한 자유화 개혁 등이다.

문제인식의 틀을 이렇게 짰기 때문에, 신자유주의 개혁 프로그램은 일부 선택된 분야에만 집중되었다. 재정적자의 축소를 기본적인 재정정책 과제로 삼았다. 무역자유화를 촉진하고, 수입쿼터 제한을 풀고, 관련 수입정책과 더불어 관세를 인하했다. 국내외 대규모 산업자본의 자유로운 운영에 대한 통제를 철폐했다. 산업부문에 여러 가지 직접적·간접적 세제혜택을 제공했으며, 정부의 세원(tax base)을 더욱 줄여나갔다. 외국인 투자자들이 인도를 세계시장을 향한 생산기지로 이용할 수 있도록, 많은 특혜를 제공했다. 국내외적으로 금융자유화를 강조했다. 이러한 계획의 전체적 내용은 3장에서 서술할 것이다.

03

신자유주의 개혁의 개요

03 신자유주의 개혁의 개요

1991년 채택된 신자유주의 개혁 추진 프로그램은 상호 연결된 두 개의 정책으로 이뤄져있다. 안정화정책(stabilization policy) 및 구조조정 정책(structural adjustment policy)이 그것이다. 첫째, 안정화정책은 국제수지 적자를 해소하기 위해 통화량을 감축하고, 초과수요(excessive demand)를 줄이는 것을 목표로 삼고 있다. 루피의 평가절하(devaluation) 및 수입규제를 통한 초기 단계의 수입억제는, 디플레이션 정책 기조로 대체되었다. 이를 통해 국내수요와 압솝션(absorption)[1]을 줄일 수 있다고 보았다. 안정화정책은 일시적 전략이라고 할 수 있다. 경제안정화 조치를 통해 국제투자자들의 신뢰를 회복하고, 외환접근성을 증가시킴으로써 높은 성장률을 달성한다는 루트를 상정하고 있기 때문이다.

---

1) (역주) 일정 기간 동안에 국민이 사용한 재화와 용역의 총량을 압솝션(absorption) 또는 총자원사용량이라 한다. GNP는 한 기간 중 국민 총생산량을 나타내는데 비해, 압솝션은 그 기간 중 국민이 사용한 모든 재화 및 용역(국산 및 외국산을 포함하여 국민이 한 기간 중 사용한 재화와 용역 전체)을 지칭한다. GNP와 압솝션 사이에 차이가 나는 이유는 대외거래에 있다. GNP에는 수출이 포함되지만 수입은 제외된다. 반면 압솝션에는 수입이 포함되어야 하지만 수출은 제외되어야 한다. 결국 압솝션(A)=GNP(Y)-수출(X)+수입(M)의 관계가 성립된다. 여기서 A-Y = M-X 이므로 압솝션이 GNP보다 많다는 것은 곧 국민들이 생산한 것보다 더 많은 재화와 용역을 사용했다는 것을 의미하며, 그 차액은 외환 보유의 감소, 해외로부터의 차입 또는 무상원조에 의해 채워지게 된다.

개념적으로 이러한 시점을, 개혁의 두 번째 단계인 구조조정정책으로 이행하는 시기로 본다. 과거의 관행대로 높은 수준의 정부지출을 유지하기 위해 외환을 사용하면 안 된다고 주장한다. 1991년 경제위기의 원인은 정부적자이기 때문에, 국가는 지출 삭감을 통해 적자를 줄이는 데 주력해야 한다는 것이다. 경제성장은 민간부문에 광범위한 기초를 두어야 하며 기업가의 야성적 혈기(animal spirits)를 통해 경제의 비교우위를 살릴 수 있다. 국제경쟁력이 창출되고, 수출은 경제성장을 위해 중요한 외부적 자극요인을 제공하게 된다. 이러한 환경에서는 외환에 대한 초과수요가 발생할 경우에도, 시장 환율의 자율적 조정에 의해 교정될 것으로 보았다.

신자유주의적 개혁정책의 핵심 목표가 이렇게 정해지면, 후속 정책은 명확해진다. 재정적자를 줄이기 위해서는 정부의 경제적 비중이 대폭 감축되어야 한다. 민간부문에 대한 새로운 사업영역 개방, 관료주의 및 과잉 고용관행 근절, 공기업에 대한 예산통제 강화 등이 수반된다.

국내 민간부문의 구조조정, 국제경쟁력 강화에 필요한 자본재·중간재 및 원료 제공, 나아가 민간부문을 국제경쟁의 최첨단에 가져가기 위해서는 수입 자유화가 필요하다고 보았다. 국내시장에 대한 규제완화를 통해 시장기능을 강화하고, 구조조정에 필요한 융통성을 부여했다. 생산자본이나 금융자본 등, 국제자본에 대해 보다 넓은 자유화 조치를 취함으로써 외국금융에 대한 접근성을 증가시켰다. 다국적 기업이 제공하는 향상된 기술 및 경영 관행, 국제시장에 대한 연결고리 등으로부터 도움을 얻을 수 있다고 보았다.

성장 동력으로서 민간부분이, 국가부문을 보다 적절하게 대체할 수 있도록 하기 위해서는 조세정책이 더욱 합리적이어야 하며, 조세부담이 낮아져야한다. 요컨대 조세가 저축 및 투자의 장애요인이 되어서는 안 된다고 보았다. 이러한 변수들은 1990년대에 걸쳐서 많은 정책변화를 초래했다. 질적으로 새로운 정책이 인도에 도입되었으며, 90년대 자유화시대에 눈에 띄는 특징을 부여했다.

국가의 역할 변화

재정적자의 감축은 신자유주의 개혁프로그램의 주요내용인 '안정화 및 구조조정'의 핵심 요소였다. GDP 중 재정적자 비중을 1990/91년의 8.3%에서 가능한 한 빠른 기간 내에 3~4% 수준으로 줄인다는 목표를 세웠다. 그러나 이러한 목표달성을 어렵게 만드는 두 가지 요인이 존재했다. 첫째, 1980년대에 들어와 공채상환 조건은 점차 까다롭게 되었다. 이자지급액은 1991/91년 당시, 중앙정부 세입지출의 $^{1}/_{3}$에 해당하는 규모였다. 금융자유화 조치는 정부지출 자금의 시장조달 비용을 더욱 상승시켰으며, 공채이자 지급액도 늘어나게 되었다. 둘째, 민간부문 저축 및 투자에 지장을 주지 않도록 조세정책을 운영했기 때문에 조세 증가보다는 주로 경비지출 감소를 통해 재정적자를 줄여나가는 조치를 취했다.

여기서 유념해야 할 것은, 이상과 같은 신자유주의 개혁정책들이 필수적으로 선택해야하는 전략은 아니라는 점이다. 궁극적으로 '사회의 어떤 그룹이 구조조정의 부담을 짊어져야 하는가'에 대한 정치적 선택에 따른 결정이었다. 신자유주의 개혁프로그램은 서민의 이익보다는 거대자본의 이익을 선택한 셈이다. 결국 서민들의 생산적 고용기회, 공공재 및 서비스에 대한 접근성은 악화되었다.

스스로 결정한 제약하에서 정부는 재정적자를 극복하기 위한 여러 가지 수단을 동원했다. 우선적으로 취한 조치는 이자지급 이외의 항목에 대한 경비지출, 특히 정부보조금 및 행정 경비의 삭감이었다. 이러한 방법들은 과도하고 비효율성을 내포하는 수단이었다. 삭감할 수 있다고 판단한 주요 지출항목은 정부보조금이었다. 자본적 경비(capital expenditure)는 사실상 더 많이 삭감되었다.

구조조정과 자유화

경제개혁의 일환으로 채택되는 구조조정정책의 주요 목적은 다음과 같다. ①생산설비 확장, 생산 및 가격에 대한 규제 완화 및 폐지, 관세지역 내 국내 및 외국 경제주체의 투자 및 운영 결정에서 시장지배원리 관철 ②국제경쟁 허용 및 국제적 상대가격 기준에 의한 경제주체 의사결정 ③국가개입이 필요한 시장실패 부문을 제외한 나머지 영역에서, 생산 및 교역에 대한 국가역할 축소 ④은행제도 규제 완화를 통한 금융자유화, 금융기관 및 금융수단의 확산, 외국금융기관의 국내 금융부문 진입허용 등이다. 앞에서 보았듯이 이러한 정책들은 "민간부문과 시장기능에 대한 자유화가 보다 효율적이고 역동적인 성과를 유도한다"는 믿음에 기초하고 있다. 이러한 정책 목표들은 서로 다른 부문에서 특별한 정책적 함의를 가지고 있다.

산업정책

개혁 이후 산업정책은 세 가지 주요 방향으로 진행되었다. 첫째 방향은, 생산설비에 관한 '유보 해제(de-reserving)' 및 '허가제도 폐지(de-licensing)'이다. 새로운 생산설비 건설이나, 기존 설비의 실질적 확장에 대한 허가 조건이 폐지되었다. 공공부문에 유보되었던 사업영역 제한도 없어졌다. 산업허가제도도 철폐되었다. 1997/98년 말 현재, 민간부문 진입이 제한되는 산업은 단지 9개 분야에 불과하다. 국내 민간투자자들은 중공업, 자동차 및 기타 부문을 포함해서, 과거에는 규제를 받았던 여러 분야 산업에서 자유로운 생산과 설비투자가 가능하게 되었다.

두 번째 방향의 산업개혁으로는 독점규제법(Monopolies and Restrictive Trade Practices Act ; MRTPA)조항의 완화이다. 대기업이나 재벌 산하기업의 확장 및 다각화 촉진을 겨냥하고 있다. 1991년 이전에는 일정 규모(1985년 현재, 10억 루피)이상의 자산을 가진 모든 기업 및 산하기업은 'MRTP 기업단위'로 분류되었으며 신규투자의 경우, 특별 허가가 요구되었다. 이제 MRTP 수정조례(MRTP Amendment Bill)를 통해 MRTP 자산액 규정에 관한 제한을 없앰으로써, 대기업에 대한 특별 규제를 철폐했다.

세 번째 방향의 산업자유화는 외국인투자 규제완화에 관한 내용이다. 51%까지의 주식투자 및 특정 우선순위 산업에 대한 외국기술협약에 대해, 자동승인(automatic approval)이 적용되고 사안별 허가(case by case approval)로부터 면제되었다.[2] 외환규제법(Foreign Exchange Regulation Act; FERA)도 개정되었다. 기업의 전체 지분 중, 외국인 지분이 40%를 초과하는 경우에는 인도 기업과 동일하게 취급하도록 규정했다. 우선순위산업(high priority industries)에서, NRIs 및 NRI 소유 외국기업의 경우 100%까지 지분이 허용되었다.

자본의 본국 이전이 크게 자유로워졌다. 외국 투자자들은 그들의 브랜드를 인도시장에서 사용할 수 있게 되었다. 새롭게 설립된 해외투자촉진위원회(Foreign Investment Promotion Committee)를 통해서, 외국인투자자들에 대한 사업승인을 처리했다. 사안별로 100% 지분보장을 허용했다. 특정분야에서는 51%를 초과하는 외국인 지분에 대해서 자동승인이 허용되었다. 제약산업(pharmaceutical industry)의 경우 100%까지 지분이 보장되었다. 외국기업을 포함해서 M&A에 대한 인센티브 및 일련의 금융우대 조치가 취해졌다.

각종 산업에서 국내외 투자자들에 대한 진입장벽은 실질적으로 낮아지거나 없어졌다. 산업부문에서 경쟁적 환경이 조성되었다. 시장경쟁은 보다 많은 효율적 투자를 유발하고 산업 성장을 가속화시킬 것으로 기대했다. 신자유주의 개혁정책으로부터 얻을 수 있는 이익은 공공투자 감축으로 인해 잃게 되는 경제 동력을 능가할 수 있으리라는 암묵적 가정이 깔려 있었다. 이러한 전략의 실제 효과는 5장에서 논의하기로 한다. 여기서 지적해둘 것은 수입이 주도한 소비 붐에 의한 초기의 호황국면 이후, 산업부문 성장률은 다시 하락했으며 1996년 중반 이후부터는 제조업 분야도 침체 상태에 빠지게 되었다는 점이다. 이러한 사실로부터 자유화 그 자체만으로는 투자 및 생산적 활

2) 특정 우선순위산업에서 자유로운 기술협약조건은 다음과 같다. 기술사용료(loyalty)가 국내 판매액의 5%(또는 수출판매액의 8%)를 초과하지 않아야 한다. 기술사용료 총액이 1,000만 루피를 넘지 않아야 한다.

동의 높은 성장을 이끌어내는데 불충분하며, 기업가의 '야성적 혈기(animal spirits)'를 자극하기 위해서는 다른 전략이 필요하다는 점을 알 수 있다.

무역 자유화

국내시장에서 치열한 시장경쟁 상태를 초래한 주요 정책변화는 수입자유화였다. 1990년대 경제개혁의 특징은, 수입품에 대한 양적 제한, 허가 및 각종 재량적 통제대상이 되었던 관세 항목(tariff items)을 급속히 줄여나감으로써 수입규제를 완화한 점이다. 1991년 이후, 몇몇 분야를 제외하고는 대부분의 규제가 사실상 철폐되었다. 이와 더불어 각종 상품에 대한 관세율도 계속 인하되었다. 최고 관세율은 1990년대 초 300% 이상의 수준에서 2001년에는 40% 이하로 하락했다.

1990년대 전반의 관세인하 조치가 전체 산업부문에 획일적으로 진행된 것은 아니었다. 우선 자본재 및 중간재의 경우는 '개방대상 일반허가품목(Open General License: OGL)'[3]으로 분류하고, '프로젝트 관련 수입(project imports)'에 대해 관세 인하 및 세금감면 혜택을 부여했다. 수출용 수입품에 대해서는 수출조건부 세금면제 혜택을 통해, 실질적으로 자유화했다. 소비재의 경우에는, 보다 신중한 태도를 유지하면서 쿼터 제한(quota control)완화 및 세금 인하 등의 조치를 취했다. 소

3) 일반허가품목이란 수입허가를 받을 필요없이, 특별관세 지불 후에 자유롭게 수입할 수 있는 품목을 지칭한다.

비재에 대한 신중한 조치는 세수 및 당해 상품의 '비필수성(non-essentiality)'에 근거하고 있었다.

1998/99년 인도인민당(Bharatiya Janata Party : BJP)정부가 발표한 수출 수입정책(Export-Import Policies)을 계기로 소비재 수입이 완전히 자유화되었다. 2001년까지 일부 항목만을 제외한 나머지 국산품에 대한 보호는 단지 관세의 형태로만 남아 있으며, 관세 자체도 동시에 줄어들고 있다.

독립 이후 인도 경제의 전반적 '폐쇄'구조를 감안해 볼 때, 개방조치들은 국내기업의 생산 패턴 및 생존 능력에 매우 큰 영향을 미쳤다. 정부의 목적은 국제적 '비교우위' 영역을 지향하는 생산의 구조조정이었다. 이러한 구조조정은 본질적으로 노동집약적인 특성을 가진다. 처음 단계에서는 일정한 일자리 손실이 있겠지만, 시간의 흐름에 따라 보다 안정적인 대규모 고용을 창출할 것으로 기대했다.

물론 이와 같은 가정에는 몇 가지 문제점이 있다. 첫 번째 문제는 상품이 거래되는 대부분의 국제시장은 실제로 자유롭고 경쟁적이라는 가정이다. 전 세계 국가에서 시행되고 있는 매우 광범위한 묵시적 · 명시적 보조금정책을 고려하지 않는다.[4] 집적(concentration)과 집중(centralization)에 의해 야기되는 시장불완전성도 반영하지 않는다. 결과적으로 나타나는 무역패턴은 예측과는 전혀 다르게 나타날 수 있다. 두 번째 잘못된 가정은, 자본과 노동은 아무런 비용을 들이지

4) 많은 선진국에서 시행되는 농업분야에 대한 광범위한 국가 지원은 잘 알려져 있다. 않은 묵시적 보조금(implicit subsidy)도 무시할 수 없다. 평균보다 낮은 이자율, 값싸고 질 좋은 사회기반시설의 이용 등은 국내 수출업자들의 실질적 생산비 절감에 기여할 수 있다. 이와 같은 조건을 향유하지 못한 다른 나라의 생산자에 비해, 명백히 유리한 국제경쟁조건을 갖게 된다.

않고 자유롭게 하나의 활동에서 다른 활동으로 옮겨갈 수 있으며, 무역을 통해서 구조전환(structural transformation)이 가능하다는 가정이다.

비교우위를 통한 교역 이익에 관한 신고전파 이론에서는 완전고용을 전제로 하고 있다. 불완전고용 상태에서는 신고전파 이론의 규범적 결과들이 대폭 바뀔 수 있다. 이러한 사실은 최근의 이론에서 명백하게 지적되고 있다.[5] 기술 및 경제조직의 성격에 관한 또 다른 중요한 가정이 존재한다. 규모의 경제 및 학습효과의 존재를 감안하면 전혀 다른 정책 반응을 초래할 수 있다는 동학적 비교우위 가능성이 고려될 수 있다. 자유무역은 산업화 과정에 있는 국가를 위한 최선의 선택이 아닐 수도 있다. 무역자유화는 생산에 마이너스 영향을 미칠 수도 있다. 이러한 결과가 소득에 영향을 미치고, 나아가 소비수준에 영향을 준다면 한쪽에만 치우친 편무적 무역자유화(unilateral trade liberalization)는 이론적으로 더욱 문제가 있을 수 있다.

무역자유화의 기본 가정들은 90년대 인도의 사정과 일치하지 않는다. 자유화 조치의 실제 효과가, 기대한 결과와는 사뭇 다르게 나타난 것은 그리 놀랄 일은 아니다. 이러한 정책 결과들에 대해서는 5장, 6장 및 10장에서 상세하게 다루기로 한다. 여기서 간단히 지적해 둘 점은 1990년대 중반, 산업 활동의 일시적 증가 이후 계속해서 제조업분야의 정체가 이어졌던 것은 적어도 부분적으로는 수입자유화와 관련되었다는 사실이다. 인도의 무역자유화 전략은 생산이나 수출의 성장 및 적극적 구조변화를 수반하지 못했다. 대부분의 국내 생산자들은 수출시장 및 수입시장에서 경쟁적 지위가 약화되었다. 인프라나 금융 등, 주요 분야에서 비용부담은 더욱 늘어났다.

5) Krugman(1994) 참조

농업부문 개혁

1991년 경제개혁 프로그램에서 농업부문에 대한 개혁정책은 별도로 마련되지 않았다. 다만 농업부문의 시장자유화 및 농산물 국제교역 개방에 의한 가격 인센티브를 통해 농업부문 투자 및 산출을 증가시킨다는 입장이었다. 보다 광범위한 무역자유화를 통해, 농업부문에 유리한 교역조건을 만들 수 있다고 보았다. 그러나 경작조건에 필연적으로 영향을 미칠 수 있는 금융정책 및 정부지출 패턴이 변화하면서 정책 입안자들이 당초 예상했던 내용과는 상반되는 방향으로 전개되었다. 특히 농촌지역에 영향을 미친 경제개혁 이후의 정부 조치들은 다음과 같다.

- 농촌 발전을 위한 중앙정부 세입지출의 실질적인 감축, 비료 항목 등에 대한 특별보조금 축소, 농촌 지역 1인당 정부지출액의 전반적 감소.
- 농촌 지역에 영향을 미치는 사회기반시설 및 에너지 분야 투자의 대폭 감소. 이러한 삭감은 관개 및 수송 분야에서 더욱 두드러진다. 경비지출 축소는 연관효과를 통해 농업성장 및 생산성에 직접·간접적 영향을 미치게 된다.
- 식량에 대한 공적분배제도(public distribution system: PDS)범위 축소 및 식량가격 인상. 본 조치는 인도 농촌 가계의 식량 소비에 매우 큰 영향을 미쳤다. 13장에서 자세히 다루기로 한다.
- 은행의 우선대출부문 축소를 포함하는 금융자유화 조치. 이 조치로 인해 농촌 신용의 조달가능성이 실제로 줄어들었다. 특히

소농의 경우, 농업 투자비용 부담이 늘고 자금조달이 힘들어졌다.

- 인도 내, 주(州)간 농업생산물 내부교역에 대한 제한 철폐.
- 국제무역 자유화. 농산물 수출제한 철폐 이후, 농산물 수입에 대한 양적제한 조치에서 관세부과 형태로 변경되었다. 1차 수입품목에 대한 관세가 면제되었으며 민간중개인 거래가 허용되었다. 10년에 걸쳐 수입관세가 대폭 인하되었으며 밀과 쌀을 포함한 주요 작물의 수출이 자유화되었다. 1차 농산물 및 가공농업제품의 수출 촉진을 위한 후속 조치가 취해졌다.

개방정책 옹호자들은 이와 같은 정책들이 농업투자 및 생산에 대한 시장유인을 자극함으로써, 농업부문의 성장을 가속화시킨다고 주장했다. 하지만 그러한 결과는 나타나지 않았다. 과거에 비해서 1990년대 농업 성장은 정체되었으며, 1인당 곡물 산출량은 줄어들었다. 농업부문 고용창출률도 감소했다. 이에 대해서는 5장 및 6장에서 자세히 다루도록 한다.

금융 자유화

많은 학자들은 1991년 개혁조치 중, 질적으로 가장 중요한 측면으로서 금융부문 개혁 및 이에 따른 국제금융자본에 대한 종속을 지적한다. 금융개혁 조치는 다른 정책들에 대한 선행조건이 되기 때문이다. 금융개혁이 수반되지 않을 경우 '투자자 신뢰(investor confidence)'

를 유지할 수 없으며, 이렇게 되면 다른 어떤 개혁조치도 실효성을 확보할 수 없기 때문이다.

금융개혁이나 자유화는 쉽게 규정할 수 없는 복합적 개념이다. 자유화조치는 금융부문의 다양한 측면에 영향을 미쳤다. 인도의 금융시스템을 지배하는 은행부문에 대한 개혁은 3개의 주요한 정책 패키지를 포함한다.

첫째, 법정유동성(statutory liquidity) 및 현금보유비율(cash reserve ratio) 인하를 통해 은행의 신용창조 한도를 늘리는 조치이다. 우선대부대상(priority sector lending target)을 대폭 축소함으로써, 은행이 보유하는 유동성의 사용에 보다 큰 재량을 부여하는 방법이다. 예금 및 대부에 대한 이자율구조 결정에 보다 많은 재량권을 부여하는 조치와 병행되기도 한다.

둘째, 은행부문 구조변화를 통해서 경쟁을 자극하는 방법이다. SBI(State Bank of India)를 비롯한 국영은행들의 민간부문에 대한 주식매각을 허용함으로써 민간투자자들로 하여금 금융부문에 진입할 수 있도록 허용하는 방안이다. 나아가 외국은행에 대해 자회사나 지사설립 등을 통한 보다 광범위한 국내시장 접근을 제공하고, 최소한의 자본수준 유지를 허용했다. 아울러 외국은행에 대해서도 국내은행 규정과 동일한 규정을 적용했다. 일정한 정도의 금융서비스 확대가 허용되었으며, 개발금융기관의 뮤추얼 펀드(mutual funds) 및 상업은행 설립이 허용되었다. 은행들도 관련 영역에서 업무다양화가 가능하게 되었다.

셋째, 은행들이 더욱 자유롭게 자산 포트폴리오를 결정할 수 있도록 허용했다. 아울러 은행부문을 주식투자 및 증권시장으로부터 격리시켰던 제한조치를 없앰으로써 주식투자 및 증권시장 접근이 가능하게 되었다. 담보로 제공되는 주식에 대해 선지급을 허용하고 중개인 그룹에 대한 보증을 제공했다.

은행부문 개혁은 금융시장 자유화를 위한 조치들과 함께 진행되었다. 1947년 자본출자통제법(Capital Issues Control Act)의 철폐를 비롯해서 자본출자통제국(Office of Controller of Capital Issues)가 폐지되었다. 기업들은 새롭게 설립된 인도증권거래소(Securities and Exchange Board of India: SEBI)에서 정한 지침 및 규제 하에서 자본시장을 통한 자유로운 금융조달을 할 수 있게 되었다. 일부 인도기업들은 유로주식지분(Euro-equity shares)을 통해 국제자본시장 접근도 가능하게 되었다. 민간 뮤추얼 펀드를 비롯한 많은 비은행금융회사(non-bank financial companies)들의 설립도 허용되었다. NRI에 대한 투자기준이 자유화되었다. 외국기관투자자(FIIs)의 등록이 허용되고 인도 주식시장 투자가 허용되었다. 다만 투자 가능 전체 상한 규모는 30%이며, 특정기업 주식 소유에 대해서는 개별 기관투자자에 대한 상한이 부과된다. 이러한 상한은 계속 완화되고 있다. 주식시장에 투자되고나서 단기간에 회수되는 외국인 투자 및 NRI 투자에 적용되었던 고율의 자본이득세도 폐지되었다.

개혁 이후, 초기 단계에서 정부의 화폐정책은 높은 이자율 상승을 수반했다. 높은 이자율은 자연히 고수익을 노리는 외국자본 및 NRI자본의 지속적 유입에 기여했다. 이러한 현상은 특히 소비재에 대한 억압된 수요(pent-up demand)에 의해 촉발된 산업호황기에 두드러졌다. 그러나 일단 억압된 수요가 충족되고 난 뒤, 높은 이자율은 궁극적으로 민간투자에 마이너스 영향을 미쳤다. 정부지출 감소에 의해 야기된 경기후퇴를 더욱 심화시켰다. 이후 정부가 명목이자율을 내렸지만 경기불황은 지속되었다. 한편 이자율의 상승은 정부의 이자부담을 증가시켰다. 정부의 재정적자를 메우기 위한 하나의 방편인 저리의 중앙은행(Reserve Bank of India ; RBI) 차입을 포기했다. 이러한 결정은 정부가 보다 비싼 차입금에 의존하기로 결정했다는 의미이다. 이자지급액의 규모가 전체 정부지출의 약 $^1/_3$에 달하고, 90년대 말에 들어와서 중앙정부 세입지출의 절반 이상이 이자 지급으로 소진된 중요한 이유는 바로 이와같은 정부결정 때문이다.

환율정책

환율 결정과 관련해서 과거의 관리환율제도에서 벗어난 일련의 조치가 취해졌다. 1990년대 말에 이르러 루피화에 대한 단일 시장결정 환율제도로 전환했으며, 경상수지 거래에 대한 100% 태환성이 보장되었다. 다른 금융자유화 조치들도 단기자본의 유출입조건에 영향을 줌으로써 당국의 환율 운영에 직접·간접적 영향을 미쳤다. 해외기관투자자(FIIs)를 통한 포트폴리오 자본유입도 허용되었다. 일부 기업들에 대해서는 해외자본 설립이 허용되었으며 외국으로부터의 상업차관도 허용되었다.

1997/98년 동남아시아 외환위기당시까지 인도 정부는 루피화의 완전 태환성(full convertibility) 확보에 집중했다. 전문가 집단인 타라포르 위원회(Tarapore Committee)가 구성되고 로드맵을 작성했다. 1997/98 ~ 1999/2000년 기간에 걸쳐 완전 태환성을 보장할 것을 제안하면서

순차적 시행을 위한 전제조건들을 제시했다. 로드맵에서는 금융통합 조치, 인플레이션 타겟(inflation target)설정, 은행자본 구조조정 등을 비롯해서 단계별 금융자유화 절차를 명기하고 있다. 동아시아 외환위기로 말미암아 자본계정 태환성 확보 단계로의 신속한 이행은 당분간 유보되었다. 2001~2003년 기간 중에는 국제수지 자본계정에 대한 몇 가지 규제조치들이 잇따라 폐지 또는 완화되었다. 그 대상에는 인도기업의 해외투자 및 외국으로부터의 차입규제조치, 해외벤처자본 사용에 관한 규칙, 국내거주자의 달러계정보유에 관한 규칙도 포함되어 있다. 2003년 말까지는 자본계정의 100% 태환성이 달성되지는 않았다. 인도기업에 의한 해외투자규칙은 자유화되었다.

전체적으로 볼 때, 금융부문 개혁의 결과로 인해 인도경제는 외국인기관투자자(FIIs)및 NRI투자, NRI예금 등 유동적인 형태의 단기자본 흐름(short-term flows of capital)에 점차 종속되었다. 루피화의 가치를 시장력을 통해 결정하는 시장환율제도 하에서, 정부가 루피화 가치에 영향을 줄 수 있는 유일한 수단은 중앙은행의 외환매입 및 매출에 국한된 결국 루피화 가치는 불안정하게 되었다. 나아가 정부지출, 이자율, 환율 등에 관한 국내정책도 국가의 정책이 변덕스러운 해외 투자자들의 감정에 어떤 영향을 미칠까하는 판단에 의해 더욱 큰 영향을 받게 되었다. 정부의 정책조정능력은 크게 훼손되었다. 개혁 기간 중에 발생한 문제를 해결하기 위한 정책을 선택하는 경우에도, 근본적인 정책 노선을 변경하기는 어렵게 되었다.

04

개혁의 정치경제학

04

개혁의 정치경제학

개혁 옹호자들은 1990/91년 국제수지위기에 직면한 인도가 IMF나 세계은행 등 국제적 금융기관에 지원을 호소하고 IMF 스타일의 구조조정정책을 채택하는 길 이외에 다른 대안은 없었다고 주장한다. 그러나 1991년 당시 정부가 구조조정정책 하의 구제금융 선택 외에 다른 대안이 없었던 것은 아니다. 소액의 '부대조건 없는(non-conditional)' IMF 융자 및 약간의 수입통제 조치를 통해 외환보유고 부족으로 야기된 문제를 극복할 수 있었다. 이와 동시에 국제수지 악화에 대응한 적절한 조치를 취해나갈 수 있는 힘을 갖출 수 있었다. 몇몇 경제학자들은 이 시기에 인도는 외환을 비축할 수 있는 기회를 놓쳤다고 주장했다. 그 이유는 전쟁에 의한 위험으로 인해 걸프 지역에서 돌아온 인도인들이 보유하고 있던 통화단위가 변경된 서아시아 통화(West Asian currency)의 예금이체 허용에 대해, 인도의 은행들이 미온적인 태도를 보였기 때문이다.

그렇다하더라도 여전히 의문은 남는다. 일찍이 국가의 개입주의 정책하에서 보호조치의 수혜자였던 인도 자본가 계층이 1980년대 및 90년대에 도입된 정부의 시장개방 조치를 받아들였던 이유는 무엇일까? 예외적인 사례로서는 '봄베이 클럽(Bombay Club)'에 의한 반대를 들 수 있다. 인도산업연맹(Confederation of Indian Industry)에서 제기한, 외국인 투자자들의 비협조적 특성에 대한 비판이 있었다. 경기후퇴 국면에 대처하기 위해 보다 많은 정부지출에 대한 요구가 간헐적으로 있었지만, 지극히 드문 사례였다.

인도 자본가 계층의 변화된 태도에는 두 가지 측면이 있다. 우선 1960년대 중반에 시작된 15년간의 국내시장 정체 하에서, 구조개혁을 위해 취할 수 있는 하나의 대안은 수출시장 개척이었다. 이를 통해서 산업성장에 새로운 자극을 부여하고, 자본축적을 위해 새로운 기반을 제공할 수 있기 때문이다. 그러나 수출시장은 중심부 자본에 의해 지배되고 있었다. 중심부 자본은 인도 기업이 신참 파트너로서 수출시장에서 일정한 몫을 가져가기 위한 대가, 즉 인도 시장의 일정한 몫을 요구했다. 스스로 수출시장에 진출하기 위해서는 인도 정부의 후원 외에도, 인도 기업의 엄청난 노력이 요구되었다. 수출상품 생산능력은 명백히 부족했다. 이러한 무능력의 부분적 이유로서 일정한 최소한의 '규율(discipline)'조차도 받아들이려하지 않았던 점을 지적할 수 있다. 결국 인도 기업 스스로의 운영을 통해 수출시장에 진출한다는 것은 무척 곤란한 상황이었다. 손쉬운 대안은 역시 중심부자본주의와의 협력이었다.

두 번째 측면으로서는 1980년대에 진행된 인도 자본가 계층 내 분리현상을 지적할 수 있다. 수입대체형 성장기 및 이후 기간 중 발생한 인도 자본가 계층의 확산으로 인한 결과이다. 이러한 확산 배경에는 세 가지 요인이 존재한다.

어떤 경제에서든 기존 상품에 대한 '수요량(level of demand)'만이 증가함으로써 성장하는 법은 없다. 신상품에 대한 '수요(demand)' 변화가 수반되어야 한다. 이론적으로 보면 신상품이 기존의 자본가들에 의해 생산될 수 있으며, 실제로 종종 생산되기도 한다. 하지만 이러한 경향을 저지하고 자본가 계층의 확산을 촉진시키는 여러 요인이 존재하고 있다. 첫째, 대부분의 경우 신상품 기술은 소수의 다국적기업만이 가지고 있으며 세계적인 첨단 기술변화를 주도하고 있다. 다국적기업에게는 '기술 통제(control over technology)'가 이윤획득을 위한 가장 효과적인 수단이다. 다국적기업들은 종종 최고 수준의 기존 기업보다는, 그 아래 등급에 위치한 자본가들과의 기술제휴를 선호한다. 이러한 차상위(次上位)기업들은 다국적기업과 제휴를 맺을만큼 충분한 생산규모를 갖추고 있으며, 규모의 경제(economies of scale)가 발생할 수 있을 정도의 공장을 건설하고 필요한 자원을 동원할 수 있다. 동시에 다국적기업이 영향력을 행사하는 데 어려움을 느낄 정도로 규모가 크지도 않다. 바로 이러한 이유 때문에 산업화 초기 단계였음에도 불구하고, 킬로스카(Kirloskar)와 같은 소규모 기업그룹이 외국기업과의 제휴를 통한 기술이전을 바탕으로 국내시장에 신상품을 공급함으로써 빠르게 성장할 수 있었다.[1)]

둘째, 일정 규모 이상만 갖추고 있다면 규모의 경제가 그다지 중요하지 않은 상품의 경우, 또는 제조 기술을 베끼거나 쉽게 모방할 수 있는 경우, 소규모기업에 비해 대규모 재벌기업들은 시장진입을 꺼리게 된다. '낮은 위험을 선호하는 전략(low risk strategy)', 혹은 조셉 스타인들(Josef Steindl, 1964)이 지적한 '안전선호(safety preference)' 때문이다.

1) (역주) 킬로스카 그룹은 철제 농기구 및 모터를 생산하는 소규모 공장에서 시작했다. 영국의 Associated British Oil Engines Export Ltd.와의 기술제휴를 통해 높은 시장점유율을 확보했다. 보다 자세한 내용은 킬로스카 그룹 홈페이지 참조 (www.kirloskar.com).

셋째, 신제품은 어느 정도 과거 제품의 '개선된 버전(improved version)'일 경우가 종종 있다(예; 자동차). 이러한 경우 기존업체들은 신제품시장에 대한 진입을 주저하게 된다. 자사의 기존 제품시장에 영향을 미칠 수 있기 때문이다. 하지만 신규기업들이 함께 진입해서 신제품을 생산하고 기존 업체와의 경쟁에서 이길 수 있는 경우에는, 어쩔 수 없이 기존기업도 시장경쟁에 뛰어들게된다.

넷째, 평균소득수준은 낮지만 소득분배상태가 불균등한 경제의 분할된 제조업 시장에서, 투자수익률(rate of return on investment)은 상품에 따라 매우 달라진다. 전통 기업그룹들은 많은 사업 영역에 관여하고 있으며 상대적으로 수익성이 높은 새로운 분야로 다각화 할 수 있는 자금을 가지고 있지만, 기존 설비의 확충이나 신규사업 영역 진입에는 보수적이다. 새로운 영역에 진출함으로써 높은 투자수익을 거둘 수 있다 하더라도, 종종 최대 범위의 투자수익을 가져다주는 기존 사업 영역과 상치되기 때문이다.

여기서 명확히 해 둘 점은 신제품 도입과 관련해서 '오직(exclusively)' 신규 기업가들만이 자본가 계층에 진입한다는 의미는 아니라는 점이다. 신제품 도입은 자본가 계층의 확산을 유발하게된다. 기존 대자본가계층 보다는 작지만 어느 정도의 규모를 갖춘 자본가, 또는 새롭게 사업에 투신한 계층의 확산이 상대적으로 용이하게 된다.

그러나 자본가계층의 확산은 새로운 상품의 도입이 없어도 일어날 수 있으며, 실제로 이러한 예는 더욱 흔하게 찾아 볼 수 있다. 여러 가지 이유로 인해, 서로 '다른' 자본가 그룹은 각각 '다른 공간(different spaces)'을 점유하게 된다. 어떤 주어진 시점에서 '모든' 공간이 '모든' 자본가에게 열려진 것은 아니다. 인도에는 기존 독점그룹의 전통적 기반 외에도 많은 영역이 존재해왔다. 무역이나 각종 서비스업, NRI그룹의 해외 기업 등이 그 예이다. 이러한 요소들은 초기 자본축적의 기틀이 되었다. 그 전형적인 예는 무역 분야이다. 상대적으로 독립적인 자본가 그룹의 성장 및 확산을 보이고 있다. 일부 자본가의 경우, 산업생산 영역으로의 성공적인 진입 사례도 볼 수 있다. 초기에 합성섬유(synthetic fiber)무역으로 출발했던 암바니(Ambani)재벌의 경우가 좋은 사례이다.[2)]

---

2) (역주)리라이언스 그룹(Reliance Group)을 이끌고 있는 암바니 재벌은 인도의 신흥재벌기업 중 국가의 특혜정책을 가장 효율적으로 이용하여 성장한 대표적인 예이다. 리라이언스 그룹의 창업주인 암바니(D.H.Ambany)는 1933년 구자라트(Gujarat)에서 태어났다. 1958년 봄베이에 리라이언스 상회를 설립하고 레이온, 나이론, 향료 등의 무역을 개시했다. 1966년에는 아메다바드 근교에 소규모 직물공장을 설립해서 폴리에스터 등의 합성섬유를 생산했다. 1984년에는 9,000명을 고용하고, 60억 루피의 매상을 올리는 대규모회사로 확장되었다. 현재는 합성섬유 생산 공정의 원류를 이루는 석유화학 프로젝트에 손을 뻗치고 있다. 리라이언스 그룹의 급속한 발전요인은 무엇일까? 가장 중요한 비결은 정부의 수출 인센티브제도 활용과 진취적인 기업가정신이라고 할 수 있다. 1960년대 전반, 인도에서 레이온은 충분히 국산화된 상태였지만, 나일론은 현저히 부족한 상태였다. 수입 나일론의 가격은 100~300%의 프리미엄이 붙었다. 당시 인도 정부는 레이온 상품의 수출 촉진을 꾀하기 위해, 수출실적에 대응하는 나이론 수입허가를 발급해주는 일종의 수입쿼터제를 실시하고 있었다. 암바니는 영국 무역회사 시절의 인맥을 활용해서 인도제 레이온 제품을 덤핑으로 수출하고, 그 대가로 대량의 나일론을 수입해서 일거에 거대한 부를 축적했다. 1970년대에 들어와 나일론의 국산화가 이루어지면서, 이번에는 폴리에스터가 황금의 섬유로 대두되었다. 1971년 인도 정부는 나일론 제품을 수출하는 기업에 대해 폴리에스터 섬유 원료의 수입권을 할당했다. 무역제도의 활용에 익숙했던 암바니는 나일론 제품의 수출에 진력했다. 할당받은 폴리에스터 원료 수입쿼터를 통해 수입할 수 있었던 폴리에스터 섬유를 자신이 운영하는 Reliance Textile에서 가공하여 국내시장에 공급했다. 여기서 암바니가 채택한 판매 전략은 주효했다. 대량의 광고비를 들여서 'Vimal' 이라는 브랜드 이미지를 창출하고 소비자 욕구를 자극해나갔다. 이는 1970년대 당시 고액의 관세로 인해 억제되었던 외국산 고급제품에 대한 잠재수요를 부추겼다. 인도상류층 소비자의 폭발적 인기를 끌게 되었다. 암바니는 당시 부유층 및 젊은 세대에서 나타나기 시작한 '소비주의(consumerism)'를 자극하는데 성공했다. 이후 프랑스의 듀퐁(Du Pont)과 기술제휴를 통해 생산량을 대폭 확장해 나가면서 동 분야에서 독점적인 위치를 유지해나갔다. 이와 같은 사례를 통해서 인도 재벌 형성과정의 전형을 엿볼 수 있다. 자세한 내용은 박종수, 『인도경제의 이해』, 경상대학교 출판부, 1998 참조.

철강이나 타이어, 시멘트 등과 같이 공급이 부족한 시장에서 암시장을 통한 부당거래를 통해서 이윤을 축적한 기업들도 존재한다. 또 다른 예는 금융 분야이다. 1969년 주요 은행의 국유화에 따라, 국내 자본이 금융부문을 축적의 계기로 이용할 수 있는 길은 막혔다. 1970년대 말에 들어와 상황은 바뀌었다. FERA(Foreign Exchange Regulation Act, 외환관리법)규제대상기업에 대한 지분상한 완화조치와 더불어 주식시장이 도입되었다. 주식시장의 투기 붐이 조성됨에 따라, 기존 금융집단의 일부 기업들은 일정한 규모의 자본을 축적할 수 있었다. 대부분 중소규모 투자자들의 손실을 바탕으로 한 축적이었다. 900억 루피에 달하는 자금이 금융집단 내의 몇몇 중개인에 의해 부정 운영됨으로써 발생한 1992년 주식시장 스캔들(stock market scandal)이 그 대표적인 사례이다.[3)]

전통적인 경로 이외의 방법으로 자본을 축적한 신흥기업의 예도 일부 지역의 자본가 그룹에서 찾을 수 있다. 특히 남부 및 서부 인도의 몇몇 지역에서 쉽게 볼 수 있다. 안드라 프라데시(Andhra Pradesh) 주 연안 출신의 신흥 비즈니스 그룹이 좋은 사례이다. 이들은 농업을 기반으로 산업 투자에 필요한 초기자본을 축적했다. 전통적인 과점기업들에게 보호망을 제공했던 주(州)정부 규제의 철폐를 요구했으며 산업부문에 진입하기 위한 수단으로서 외국기업과의 제휴를 시도했다. 결국 자유화 및 글로벌화를 지향하는 정책의 옹호자가 되었다.

3) (역주) Harshad Mehta의 부당 주식거래로 촉발된 사건이다. 하샤드 메타는 봄베이 주식시장을 주도했던 대표적인 민간투자자 중의 한 사람이었다. 1992년 4월, 불법적 방법으로 은행의 돈을 융통해서 몇몇 주요기업 주식을 중심으로 무리한 투자운용을 계속하다가 부도를 내게 되었다. 이에 따라 주식시장 및 관련 은행의 업무가 대혼란에 빠진 바 있다. 자세한 내용은 Gurudas Das Gupta, *The Security Scandal*, People's Publishing House, 1993. 참조.

이와 같은 방법으로 자본을 축적한 그룹들은, 시간이 흐름에 따라 사업 다각화를 모색하게 된다. 새로운 틈새시장 진입은 물론이고 규모의 경제가 요구되는 대규모 설비 산업에 투자했다. 암바니(Ambani) 재벌의 합성수지 및 석유화학분야 진출이 그 좋은 예이다. 과거 정부의 인허가 시스템을 통해 형성된 진입장벽에 의해 보호되었던 전통적 재벌그룹들은, 각 분야에서 채산이 맞지 않는 비경제적인 기업 단위에 대해서도 일정한 양의 투자를 함으로써 이와 같은 시장잠식 위험을 피해왔다. 이제 새로운 진입기업뿐만 아니라, 치열한 국제경쟁에 직면하게 된 기존 기업들은 수입품과의 경쟁을 마냥 피할 수만은 없게 되었다.

끝으로, 여러 부문에서의 높은 생산물 집중도는 자본가 계층의 확산 과정을 방해하지 않았다. 이와 같은 확산의 한 가지 경로로서 소규모 기업의 빠른 성장을 들 수 있다. 성장에는 몇 가지 이유가 존재한다. 정부는 소규모기업 부문(small scale sector)에 870개 항목의 제품을 유보했다. 대부분의 항목은 소규모기업 부문이 원래부터 우위를 가지고 있는 분야였지만, 이러한 유보조치로 말미암아 소규모 기업으로부터 부품이나 중간재를 구입하는 대기업은 후방통합을 통해 경쟁을 위협할 수 없었다.[4] 더욱이 철강이나 시멘트에 대한 정부의 가격통제조치는, 사업다각화를 통해 더욱 많은 수익을 거둘 수 있는 대기업 그룹의 진입을 어렵게 했다. 결과적으로 중소규모 자본이 이와 같은 분야에서 활동할 수 있는 여지를 갖게 했다. 틈새시장의 확대는 경제성장에 따른 중소규모 자본의 확대를 가능케 했다. 아울러 자본

4) 후방통합(backward integration)이란 다른 경제활동과의 공급 연계(supply linkages)를 의미한다.

가 계층의 확대 붐이 일어났다고 볼 수 있다. 이상의 내용에서 다음과 같은 관점의 정당성을 찾을 수 있다.

무릇 경제란 서로 다른 공간들의 결합이다. 한 공간의 점유자들은 적어도 다른 공간에 대해서 일정 정도의 접근가능성이 배제된다. 자본가 계층의 확산은 분할(segmentation)을 통해 실현된다. 이러한 확산은 매우 중요한 의미를 가지고 있다. 기존의 대기업 자본들은 특정한 공간으로는 들어갈 수 없게 되었으며, 신상품 진입으로부터의 이익을 거둘 수 없었기 때문에 시간이 흐름에 따라 경제적 위상이 서서히 약화되었다. 다시 말해 자본가 계층의 확산은 전체 자본가들의 기반을 넓힌 반면, 기존 재벌들의 비중은 상대적으로 줄어들게 되었다.

이러한 위상 변화를 역전시키기 위해 기존 재벌그룹들은 다른 경로를 선택하게 되었다. 그 한 가지 대안이 해외부문 확대이다. 여기서 해외부문 확대의 두 가지 형태를 구분해야 한다. 첫 번째 타입은 단순히 사업 활동을 외국으로 확장하는 것이다. 이 경우 대부분의 자본은 현지에서 조달되기 때문에 국내경제로부터의 자본수출은 거의 없게 된다. 두 번째 타입은 '환율 소득의 비송금을 통한 자본수출'이다. 이것은 적어도 '금리차익으로부터 나오는 이득을 얻을 수 있는 방법'으로, 기업 확장에 기여할 수 있다. 일정한 수준의 국내 산업 활동을 유지하면서 환율소득의 비송금에 의한 축적을 위해서, 보다 큰 규모의 국제적 차입이 요구된다.

기존 재벌에게 열려진 두 번째 방법은, 공공부문 및 소규모 자본가에 의해 점유되어 있는 공간으로 이동하는 것이다. 이에 따라 공간의 개방을 요구했다. 새로운 공간은 반독점 법규의 철폐, 허가조건의 해제, 소규모 자본가를 위한 특정 보호영역을 규정한 법규의 철폐, 소규모 자본가에 불리한 고이자율 정책, 수익성 있는 공기업의 민영화, 공기업에 대한 예산지원 삭감 등의 요구에 의해 확보될 수 있었다.

요컨대 국가의 다양한 통제의 우산 속에서 혜택을 받았던 재벌들이 중소자본가 계층의 확산이 일정 수위에 다다르게 되면서 일정한 공간의 제약을 느끼게 되자, 이러한 규제들을 오히려 거부하게 된 것이다. 대재벌들은 IMF나 세계은행과 같은 국제금융기관들이 요구하는 정책요소 형성을 위한 더욱 큰 공간을 요구한다. 이러한 요구들은 신자유주의 개방 프로그램이 수반하는 몇몇 불합리한 측면에도 불구하고 개방정책에 대한 제한적 지지를 강화하게 된다. 또한 재벌기업들의 해외진출 규모가 확장될 경우, 변동환율제도, 통화의 태환성 보장, 수입자유화 등 일부 불리한 제도들이 그렇게 크게 심한 영향을 미치지 않을 수도 있다.

농업자본가의 경우 일부 조항을 제외하곤 정부의 정책변화에 대해 제한적 범위 내에서 동의하고 있다. 비료 등의 투입재보조금 삭감이나 신용보조 철폐 조치에 대해서는 반대하는 입장이지만, 국제시장에서 과거보다 높은 가격으로 농산물 수출이 가능해진 점에 대해서는 환영하는 입장이다. 결국 대부분의 국내자본가 계층은 중심부자본이 요구하는 조건에 대해 타협적인 입장을 가지게 되었다. 공공부문 및 일부 기존 자본가 계층의 희생과 더불어 국내시장 및 국제시장에서 신규 파트너로서 이익을 향유할 수 있을지도 모른다는 기대를 가지면서 중심부 자본의 인도시장 점유를 허용하게 되었다. 수입자유화를 옹호하고 네루형 개입주의 정책을 완전히 포기하게 되었다. 중심부자본의 대변자로서 IMF · 세계은행이 요구해왔던 정책을 수용하게 되었다.

보다 강력하고 광범위한 기득권을 가지고 있는 재벌 그룹들의 반응은 매우 신중하게 나타났다. 공기업 부문은 물론 기존 재벌그룹의 지배영역에 대한 것이 아니라면 수입자유화에 대해서는 침묵을 지켰다. 기존의 지배 사업영역을 늘리기 위해서라면 외국자본과의 제휴도 개의치 않았다. 외국자본과의 제휴를 촉진하기 위한 어느 정도의 규제완화에도 반대하지 않았다. 다만 중심부 자본이 기존 재벌의 고유영역을 침해하는 것은 원치 않았다. 따라서 신자유주의 경제자유화 조치에 대한 주요 재벌의 태도는 더욱 이중적이었다.

자유화조치에 대한 지지는 산업자본가 및 농업자본가 사이에서만 생겨난 것은 아니다. 국제적 악덕거래, 마약 밀매, 브로커 등 갑자기 돈을 번 전혀 다른 배경의 그룹들도 나타났다. 종종 해외거주인도인 출신이거나, 그들과 연계를 가지고 있으며 밀수 및 무기 거래에 종사하는 사람들을 포함한다. 어떤 경우든 이러한 부류들이 대규모 생산기반을 가지는 경우는 없겠지만, 그들의 기생적 · 매개적 속성 및 국제적 활동은 자연히 '개방경제(open economy)'를 지향하게 된다.

끝으로 IMF 및 세계은행과 밀접한 연관을 맺어온 최고위 관료집단도 배제해선 안 된다. 과거 이곳에 고용된 경험이 있으며 언제든 워싱턴으로 돌아갈 용의가 있는 사람들, 이들 기관에서 주도한 각종 프로젝트에 관련된 사람들, 워싱턴의 돈 많은 자리에 갈 길은 없을까 궁리하는 사람들 등등, 고위관료 중에서 이러한 그룹들이 급속히 늘어나고 있다. 이들은 자연히 IMF 세계은행의 정책기조에 찬동할 수밖에 없게 된다(Kurien 1994). '시혜자(donors)'로서 이들 국제기구가 가지는 능력에 의해 그 비중이 점차 높아졌다기보다는, 오히려 네루식 '통제주의(dirigiste)' 정책이 야기한 내부적 모순이 인도 사회의 기득권층 및 부유층으로 하여금 기존의 통제정책을 IMF나 세계은행에서 바라는 방향으로 변경하도록 작용했다.

중간계층의 지원

대기업 자본가 계층의 지원 외에도 정치적으로 영향력이 있는 대규모 도시 중간층 및 1980년대 소비주도형 호황과정에서 실질소득이 증가한 신흥 농촌 지주층들도 국제적 상품의 소비를 적극적으로 원하기 시작했다. 이러한 조류는 무역자유화 요구에 힘을 실어주게 되었다. 아울러 기술 및 미디어 혁명, 특히 위성 텔레비전의 보급에 의해 국제적 전시효과가 크게 자극되었다. 동시에 무역자유화 및 소비자 수요를 부추겼다.

거시경제정책의 변화에 영향을 준 중요한 요인 중의 하나로서 인도 사회 일부 계층의 글로벌화 현상을 들 수 있다. 글로벌화의 계기로서는 미디어 혁명의 영향 외에 '전후 인도이민자(postwar Indian diaspora)'그룹의 존재를 들 수 있다. 이러한 'NRI 현상(NRI phenomenon)'은 인도의 엘리트 및 중산층 출신 중 많은 사람들이 외국에 거주하게 됨으로써 생긴 현상이다. 이들은 경제개방을 향한 소비자 요구에 적지 않은 영향을 끼쳤다. NRI는 자본유입의 잠재적 주요 원천일 뿐만 아니라, 국내에 거주하는 지배계층과 매우 밀접한 연계를 가진다는 면에서 중요하다. 종종 NRI와 지배계층을 구분하기도 힘들 정도다. 전체적으로 인도 대다수 국민생활이 나아진 것이 없다는 측면에서 볼 때, 경제개혁은 실패했다고 본다. 그러나 대부분의 중산층 및 상류층 국민의 물질적 조건은 확실히 개선되었으며, 또 개선이 기대된다는 점을 간과해서는 안 된다. 이들 그룹들은 일반 서민에 비해 더욱 강력한 정치적 발언권을 가지고 있기 때문에 그들의 물질적 이익을 위해 경제정책에 영향력을 줄 수 있다.

신자유주의적 경제개혁 정책은 경제 · 정치 · 정부 간 관계 변화를 수반한다. 이것은 '국가의 후퇴(withdrawal of the state)'라기 보다는 '연합성격의 변화(change in the character of the association)'라고 할 수 있다. 국가가 국민들에게 지켜야 할 기본적인 책무 – 최소한의 식량, 주택, 건강, 교육의 제공 – 는 효과적으로 피했던 반면, 다른 목적을 위한 시장기능이나 자본 기능을 보존하는 정부 활동은 온존되었다. 경제개혁이 수행된 지 10년 이상이 흐른 오늘날에도 정부와 관료제는 경제적 기능에 중요한 역할을 하고 있다. 전체적으로 보면 '경제적 · 금융적 권력의 보다 큰 집중'이라고 할 수 있다.

일반적으로 '국가부문의 역할 축소' 및 '시장경제원칙의 적용'은 의사결정에서 임의성을 배제할 뿐더러 필수적으로 따라오는 부패를 줄일 수 있다. 법치주의, 나아가 시장원칙에 의해 경제의 기능을 효율적으로 유도하게 된다고 여겨진다. 그러나 구조조정기간 중에 인도경제가 경험한 것은 부패(corruption)증가, 연고주의(cronyism) 및 과도한 자의성(arbitrariness) 증가 등이다. 이미 알려진 바와 같이, 민영화 과정은 심한 부패로 물들었다. 이제까지 공공부문에서 관리하던 소중한 천연자원들이 약간의 리베이트를 통해 민간 기업에 넘어갔다. 이관 목적도 불분명했다. 거대한 규모의 계약이 경쟁 입찰(open tender)절차도 거치지 않은 채 체결되었다. 엄청난 자본비용을 수반했던 엔론(Enron)사의 실패사례도 만연한 사회부패의 단면이었다. 요컨대 '시장원칙(discipline of the market)'이라는 것은 하나의 망상임이 밝혀졌다.

집중적이고 권위적인 국가야말로 이러한 형태의 자유화 전략이 필요로 하는 형태이다. 이러한 국가는 국민 대다수의 지지로부터 도출되는 '내부적 정당성(internal legitimacy)'보다는 외국의 금융기관이나 국제시장에서 통용되는 원칙에서 도출되는 '외부적 정당성(external legitimacy)'에 기초하고 있다. 국가 성격의 변화는 자유화조치 이후 심화된 소득불평등의 산물이며, 경제자유화가 초래한 사회적 · 정치적 과정이다. 소득불평등은 인도 사회의 장기적 · 구조적 특성을 심화시켰다. 특권층 그룹들은 사회의 한정된 자원 및 소득창출경로에 대한 통제를 강화하고 영속화시키려했다. 이것은 궁극적으로 국민들의 '경제적 공민권 박탈(economic disenfranchisement)'을 의미한다. 농촌지역에서 모든 물리적 공간을 차지할 수 있었던 사람들, 산업화에 필요한 산업예비군을 구성하는 도시 슬럼거주자들, 그리고 법의 보호망 바깥에 존재하면서 풍부한 노동공급의 원천을 이루는 사람들의 경제적 권리를 앗아갔다고 볼 수 있다. 수십 년 동안 인도의 경제적 기능을 특징지어왔던 '법치(rule of law)'의 기본적 방기(放棄)는 개방 이후 더욱 심화되었다. 경제를 비롯한 모든 분야에서 법규 무시 현상은 시민사회에서 용인되었다. 심지어 시민권마저도 시장거래가 가능해졌으며, 협상의 대상으로 전락했다. 일반 국민들의 시민적 자유가 축소되고 사회경제적 권리가 약화되었다. 더욱 집권화된 국가가 기득권층의 이익을 위한 탈법적 행위를 하기 위해서 필요한 것이었는지도 모른다.

경제적 · 금융적 집중화에 따른 소득불평등 심화현상은 인도사회 및 정치의 뚜렷한 특징이 되어왔던, 여러 가지 지역적이고 분열적인 지역사회에 기반을 둔 긴장을 고조시켰다. 물론 이러한 긴장이 모두 직접적으로 물질적 기반을 가지고 있다는 것은 아니다. 하지만 국민

대부분의 실질소득이 감소하고 고용기회가 줄어든 반면, 일부 소수 계층의 과시적 소비가 급증함으로써 야기된 물질적 불안정(material insecurity)이 사회적 · 정치적 동요를 초래했다고 볼 수 있다. 이러한 조직에서 많은 사람들은 '열망'과 '현실' 간의 갭으로 인해 불만을 느끼게 된다. 이러한 불만은 쉽사리 조직 내의 잠재적 · 현시적 경쟁자로 향하게 된다. 심지어는 그들과는 경쟁관계에 있지 않더라도 단지 쉽게 공격할 수 있는 그룹에 대해 불만을 표출하기도 한다. 이와 같은 분노의 표출은 간헐적으로 여러 소수그룹에 대한 적대적 행동으로 나타나기도 한다.

사회조직으로부터 실제로 혜택을 받는 사람들에게 맞설 수 없고, 또 그러한 특혜 그룹들은 어떤 물질적 혜택을 나눠줄 수 있는 능력이 있기 때문에 굳이 맞서려하지도 않는다. 결국 이들은 분노의 표출대상이 될 수 없다는 의미이다. 배출대상으로서는 오히려 가깝게 살고 있으며 생활양식도 비슷하고 더욱 공격하기 쉬운 다른 부류의 사람들에 대한 적대감과 폭력적 표현으로 나타난다. 공격받는 그룹이 종종 사회의 가장 소외되고 가정적으로도 취약한 지위에 있는 사람들이라는 점은 주목할 필요가 있다.

이러한 상황전개는 보다 광범위한 국제적 맥락에서도 마찬가지이다. 전 세계에 걸쳐, 선진국이든 개도국이든 사회의 특권계급인 통치자 그룹은 다수의 이익을 무시한 채, 소수의 이익만을 위해 개방정책을 막무가내로 밀어붙이는 경향이 있다. 아무리 거대한 산업국가라 할지라도 국가의 운명이 대규모 금융자본 및 투기자본의 강력한 역할에 의해 좌우될 수 있게 됨에 따라 이와 같은 경향은 더욱 심하게 나타나고 있다. 정부입장에서도 대다수 시민들이 복지를 위한 기본적 조치를 취하지 못하는 이유로서 결국 자본도피(capital flight)위협을 주요 요인으로 지적하고 있다. 국민을 위한 경비지출 증가는 본질적으로 국제자본이 원하지 않는 정책이기 때문이다.

물론 이와 같은 경향에는 각 국가 경제에 실질적인 역할담당자(counterpart)가 존재한다. 이들 그룹은 주로 '시장경제 대안부재론(There is no alternative ; TINA)'을 내세운다. 시장경제 체제의 구축을 통해 실질적인 혜택을 얻을 수 있는 사람들로 구성된다. 지방의 엘리트들이나 정부는 대다수 시민들의 희생을 바탕으로 한 자유화정책을 열렬히 옹호하고 추진해왔다. 많은 개도국에서 이와 같은 현상은 흔히 볼 수 있다. 현재의 소득 뿐 아니라 미래소득 및 국가의 천연자원들도 낭비되거나 다국적기업에 넘겨지곤 한다.

이와 같은 서술이 매우 음울한 내용일 수 있겠지만, 보다 적극적인 사회적 결과를 향해서 상황을 반전시킬 수 있는 가능성은 확실히 존재한다. 더욱이 세계자본주의가 침체국면에 놓여 있는 시기에 그 가능성은 극대화된다. 물론 이와 같은 변화를 얼마나 이끌어 낼 수 있는지는, 국가로 하여금 경제정책의 틀을 바꿀 수 있도록 하는 사회적·정치적 압력의 정도에 좌우된다. 이를 위해서는 신자유주의 경제정책에 대한 현재의 불만만 가지고는 불충분하다. 불만이 많이 퍼져 있지만 뿔뿔이 흩어져 있는 상황이다. 따라서 변화를 위해, 보다 효과적인 저항과 적극적인 압력을 행사하기 위해 뭉쳐야 한다. 나아가 대안적 전략의 기본 방향이 보다 넓게 확산되어야 할 것이다.

이 책 14장에서 이러한 대안의 개략적 형태를 설명하기로 한다. 이제부터는 지난 개혁 10년 동안 인도 경제의 성과를 살펴보기로 한다.

05

개혁 이후의 경제성장

05 개혁 이후의 경제성장

경제개혁 옹호자들은 신자유주의적 개혁기간 중에 인도는 새롭고 높은 경제성장의 궤도로 이행했다는 사실을 거듭해서 강조해왔다. 연간 3.5% 정도에 불과한 과거의 '힌두성장률(Hindu rate of growth)'에 비해서 1990년대 인도 경제는 6%대의 성장 궤도로 확실하게 진입했다. GDP대비 세금 비율(tax-GDP ratio)이 줄어드는 상태에서 늘어나는 정부지출은 재정압박(fiscal compression)을 야기했음에도 불구하고, 경제자유화 조치는 기업가의 '야성적 혈기'를 자극했다. 늘어난 민간투자는 1990년대 경험한 공공자본형성(public capital formation)의 급격한 감소를 메우고도 남을 정도였다. 이와 같은 인식에 기초한 낙관적 전망에 따르면, 인도 경제는 조만간 9%의 성장률을 쉽게 달성할 수 있을 것으로 예상되었다.

낙관론은 실현되지 못했다. 1990년대 말부터 성장이 정체되기 시작했다. 1990/91~1995/96년 기간 중 GDP성장률은 5.6%로, 1980년대 후반보다 약간 하락했다. 1996/97~2001/03년 기간 중에는 5.4%로 더욱 하락했다.[1] 2000년대 초까지 GDP성장률이 하락하지 않은 분야가 없

1) 이 수치는 1993/94년 기준 뉴 시리즈(new series)에 입각한 국민소득 통계에 근거하고 있다. 새로운 기준에 의한 통계는 과거 기준(old series)에 비해 GDP뿐만 아니라 전체

었다. 농업부문은 계속 정체상태였으며 제조업 부문 성장률도 6.8%에서 5.6%로 하락했다. 1·2차 부문 성장률의 하락에도 불구하고 전체 GDP성장률을 증가시키는 데 기여했던 3차 서비스 부문도 결국 일정한 정체현상을 나타내기 시작했다.

그렇다면 1990년대의 경제개혁은 실제로 경제성장을 높였는가? 개혁옹호자들은 개혁과정에서 나타난 영향이 어떻든지 간에 인도경제가 높은 성장률로 진입하는데 기여한 것은 부정할 수 없다고 주장한다. 그러나 높은 경제성장 궤도로 이행한 것은 1990년대 개혁 조치보다 훨씬 이전의 시점이었다는 것은 틀림없는 사실이다. 〈표5-1〉에서 보듯이, 1980년대에는 GDP성장률이 6%대에 가까웠으며, 특히 후반기에는 성장률이 더욱 높았다. 이러한 통계는 서로 다른 기준년도를 사용하는 두 개의 국민소득 통계에서 공통적으로 나타나는 현상이다. 요컨대 고도성장으로의 이행은 자유화 조치가 본격적으로 추진되고 더욱 확산된 1990년대에 시작된 것이 아니라, 경제자유화가 제한되고 정지되었던 1980년대에 시작된 것이다.

소득 및 농업소득의 성장률이 높게 계측된다. 1993/94년 GDP의 경우, 새로운 기준에 의한 GDP 성장률은 과거 기준에 의한 성장률보다 9%만큼 높게 나타난다. 전체소득 및 농업소득 성장률도 마찬가지이다. 1993/94~1997/98년 기간 중에 농업부문 GDP성장률을 보면 과거 기준으로는 8.37%임에 비해, 신 기준으로는 14.2%까지 올라간다. 동 기간 중에 전체 GDP는 과거 기준 30.4%, 신 기준 31.3%만큼 증가했다. 2차 부문(secondary sector)의 GDP는 양 기준 공히 41.6%만큼 증가했다. 3차 부문(tertiary sector)의 경우 과거기준 38.6%, 신 기준 37.4%를 각각 기록했다.

〈표5-1〉 요소가격GDP의 연평균성장률(불변가격기준)

(단위 : %)

	기준년도 1993/94	기준년도 1980/81
1980/81~1984/85	5.5	5.3
1985/86~1989/90	5.8	7.0
1990/91~1995/96	5.6	4.2
1996/97~2002/03	5.4	
2000/01~2002/03	5.0	

자료: CSO, *National Accounts Statistics*, 각 년도.

물론 1980년대도 경제개방의 시대였으며, 그 때문에 총소득 성장(aggregate income growth)이 높게 나타난 것이라는 주장도 할 수 있다. 그러나 2장에서 논의했듯이 80년대에 경험한 높은 성장의 주요 요인은 국내외 차입으로 조달한 정부의 재정자극(fiscal stimulus)이다. 이와 같은 차입금 조달이 더 이상 불가능하게 되면서, 1990/91년의 금융위기가 고조된 것이다. 1990년대에는 국내공채도 아울러 조성되었으며, 단기 자금유입의 대두로 말미암아 국제수지 상황이 급변하고 있었다. 이에 대해서는 6장에서 다시 다루기로 한다.

GDP성장률이 1990년대에 더욱 높아진 것은 아니라는 사실은 인도 중앙은행(RBI)과 같은 공식기관 자료에서도 인정하고 있다. RBI 연차보고서(2000/2001)에서는 다음과 같은 사실을 강조하고 있다. “불규칙한 연도별 변동을 제거하기 위해 실질 GDP성장에 관한 자료를 정제(filtering)한 결과 인도 경제의 성장주기(growth cycle)가 존재한다는 것이 밝혀졌으며, 1990년대 후반 명백한 하강세가 나타났다”(RBI, Annual Report, 2000/01, Mumbai, Summary, p.17). RBI에 따르면 경기변동을 제거한 1990년대 ‘성장주기’의 평균성장률은 4.4%에 불과하다. 결국 자유화 개혁과정은 원래의 전망과는 달리, 높은 성장률을 가져오지 못했다는 사실을 확인할 수 있다.

〈표5-2〉는 지난 30년 간 3대 주요 부문별 GDP성장률을 정리한 것이다. 1차, 2차 부문은 1970년대~80년대에 성장률이 증가했다. 반면에 1990년대 성장률을 80년대와 비교해보면 거의 증가하지 않았다. 단지 3차 부문만 계속적인 증가세를 보이고 있다. 단, 1990년대 후반 서비스부문 성장의 일부는 정부의 보수조정위원회(Pay Commission) 재정(裁定)에 따른 봉급관련 정부지출 증가로 인한 것이다. 요컨대 1990년대 자유화조치는 상품생산부문(commodity-producing sector)의 새로운 다이너미즘(dynamism)을 수반하지 못했다. 오히려 1980년 경제성장 추세가 1990년대, 특히 90년대 후반부에 들어와서 동력을 잃게 되었다고 볼 수 있다.

〈표5-2〉 부문별 연평균 GDP성장률(기준년도1993/94)

(단위 : %)

	1차산업	2차산업	3차산업
1971/72~1979/80	2.22	4.64	4.87
1981/82~1989/90	3.37	6.95	7.04
1991/92~1999/2000	3.30	6.98	8.35
1985/86~1989/90	5.72	8.66	8.83
1991/92~1994/95	3.77	8.04	6.40
1995/96~2001/02	2.55	5.01	8.16
2000/01~2002/03	0.73	5.33	6.50

자료: CSO, *National Accounts Statistics*, 각 년도.

이러한 성장률 추세는 "자유화조치와 경제성장률 사이에 직접적인 연관이 있다"는 신자유주의 개혁 옹호자들의 주장에 의심을 품게 한다. 이들의 견해는 다음과 같은 가정에 기반을 두고 있다. "규제완화와 무역자유화는 민간투자를 자극한다. 공공투자를 감축하는 것은 전체적인 경제성장에 유리하다. 공공투자를 늘리면 밀어내기(crowd out) 효과를 통해 민간투자가 위축되기 때문이다. 아울러 민간경제 주체들은 자신의 판단에 따른 경제활동을 통해 더욱 효율적이고 다이내믹한 성과를 거둘 수 있게된다."

이와 같은 견해는 두 가지 중요한 사실을 간과하고 있다. 첫째, 미시적 · 거시적 차원에서 광범위하게 존재하는 시장실패(market failure) 현상을 무시하고 있다. 둘째, 공공투자와 민간투자 간에 강한 정(+)의 관계가 존재한다는 명백한 사실을 보지 못하고 있다. 개혁론자들의 주장 자체가, 단기건 장기건 간에 성립할 수 없는 명백한 이유가 존재한다. 불균등한 소득분배와 협소한 국내시장이라는 조건에서, 국내 민간투자는 대부분 수요제약(demand constraint)에 직면하게 된다. 민간투자의 고용창출효과가 작거나, 생산과정에서 수입부품 사용 비중이 높고 자본집약적 기술을 사용하는 상류층 소비 상품에 주력할 경우 상황은 더욱 악화된다. 인도와 같은 나라에서 공공투자는 민간투자와 매우 강력한 보완관계를 갖게 된다. 전형적인 케인즈적 승수효과뿐 아니라 공공투자를 통한 사회기반시설 확충 및 공급애로 해결에 의해, 민간부문 생산을 더욱 원활하게 만들어준다(Serven and Solimano 1993, Arun Ghosh, 1992a).

공공투자를 줄이고 민간투자 규제를 완화시킴으로써 갭을 메워나가려는 전략은, 공공투자의 역할을 중시하는 전략에 비해 총투자 유발효과가 적을 뿐 아니라 성장률도 낮게 될 것임을 쉽게 예상할 수 있다. 이와 같은 예상은 실제 인도의 경험을 통해 현실로 나타났다. 1990년대 말까지, 정부는 경제의 주요 분야에서 규제를 풀고 자유화 조치를 수행했다. 내부교역 및 국제무역은 2001년까지 거의 완전하게 자유화되었다. 국내경제에서 특히 대기업에 대한 규제완화는 광범위하게 이루어졌다. 민간투자자들에게 더욱 자유로운 경제활동이 허용되었다. 민간투자에 대한 '밀어내기 효과'를 막기 위해 재정적자를 통제한다는 것은, 곧 정부의 생산적경비지출(productive expenditure)삭감 및 순이자 지급(net of interest payment)과 같은 '기본적 적자(primary deficit)'의 실질적 감축을 의미한다. 많은 공기업들이 민영화 과정에서 헐값으로 팔아 넘겨졌다. 이와 같은 모든 조치에도 불구하고 경제성장률이 여전히 정체하고 있다면, 문제는 명확히 신자유주의 개혁 자체에 광범위하게 존재하고 있다고 볼 수 있다. 개혁 과정에서 전체적으로 높은 투자성장률이나 투자생산성의 증가를 보이지 않았다는 점에서도 자유화정책의 문제점들이 명백히 드러난다.

투자의 역할

신자유주의 개혁의 초기 단계에서 개혁옹호자들은 다음과 같은 주장을 폈다. "경제자유화는 미래의 경제성장을 약속할 것이다. 이러한 성장은 국민소득에 대한 투자비율(ratio of investment)을 높이는 경로를 밟기보다는, 투자효율성(efficiency of investment)의 증가를 통해 달성될 수 있다." 이러한 주장은 인도 경제의 높은 한계자본산출량 비율(incremental capital output ratio, ICORs)[2)]을 염두에 두고 있다. 개방정책을 통해 자원의 비효율적 사용을 막을 수 있다는 취지이다. 나아가 각 부문에서 한계자본산출량 비율을 하락시킬 수 있다면, 동일한 투자율로 높은 GDP성장률을 달성할 수 있다는 것이다.

1990년대의 실제 성장패턴은 이러한 기대와는 상반되게 나타났다. 특히 성장률이 하락했다. 결국 신자유주의 개혁전략이 낮은 한계자본산출량 비율로 연결되지 않았다는 사실을 인식하게 되자, 이번에는 개혁정책의 결과 경제의 총투자율(aggregate rate of investment)이 증가하게 되었다고 주장했다. 그러나 이러한 주장도 역시 바르지 않다. 과거 20년간 총투자율의 추세 및 1993/94년 이래의 부문별 투자패턴을 조사하면, 개혁 10년 동안 과거의 총투자율 증가 추세와 구별되는 특별한 변화를 발견할 수 없다. 개혁 기간 중에 오히려 장기저축 및 장기투자율의 증가 추세가 현저하게 하락한 것을 알 수 있다. 자본형성(capital formation)도 사실상 줄어들었다.

〈표5-3〉 국내 총자본형성 및 저축률(1993/94 기준가격, GDP대비 비율)

(단위 : %)

	투자율	저축률
1980~1985	20.5	18.4
1985~1990	22.8	20.4
1990~1995	24.3	22.8
1995~2000	24.7	23.2
2000~2002	23.8	23.7

자료: CSO, *National Accounts Statistics*, 각 년도.

2) 한계자본산출량비율(ICORs)이란, 산출량 1단위의 추가적 창출에 사용되는 자본 한 단위의 비율을 가리킨다.

〈표5-3〉은 1980/81년 이후 GDP대비 총국내자본형성 및 총국내저축에 대한 통계를 제시하고 있다. 시간의 흐름에 따라 저축 및 투자비율은 엥겔곡선(Engel curve)의 형태와 같이 경제발전과 더불어 증가하는 경향이 있다. 또 총소득의 증가는 저축률의 증가로 연결된다.[3] 저축률은 1950년대 초 평균 9%에서, 1960년대 12%, 1970년대 15%, 1980년대에는 18%로 증가했다. 1990년대 저축 및 투자비율의 증가도 이러한 전반적 추세의 일부로 볼 수 있다.

그러나 1990년대 개혁기간 중에는 이러한 증가추세 마저도 하락세를 보이고 있다. 투자율 및 국내총자본형성(gross domestic capital formation)은 1990/91년 20.3%에서, 1995/96년 26.8%로 최고치를 기록한 이후 23%대로 하락, 정체를 보이고 있다. 마찬가지로 저축률도 1995/96년 25.5%로 최고치를 기록한 후 90년대 말에 이르러 22%대로 하락했다(RBI, Handbook of Statistics 2000-01, Table 197, GOI Economic Survey, 2002-03). 최근의 저축률 및 투자율 통계에서 이와 같은 비율들의 상대적 하락 추세를 확인할 수 있다.

1980년대 중후반 경험했던 성장률의 가속화는, 1980년대 초에 20%대에 머물러 있던 투자율이 80년대 말 25% 수준으로 늘어났기 때문에 초래된 현상이다. 이에 비해 1990년대에 들어와서 중반의 3년(1993/94~1995/96)을 제외하고는 투자율이 1980년대 말 수준과 비슷하거나 훨씬 감소했다. 투자율과 성장률 간의 연계는 1990년대 말의 경

3) 단기에서 투자는 저축수준을 결정한다. 일정한 기간에서 투자는 경제활동에 영향을 미치며 이를 통해 총저축(저축성향)에 영향을 주기 때문이다. 수요제약형(demand-constrained) 경제에서 저축은 명백히 투자에 대한 제약요소가 아니다. 그러나 중기 및 장기에서는, 경제성장 과정 자체에서 야기되는 소득수준 변화가 저축수준에 영향을 미친다. 해외저축(foreign savings)이 없는 상태에서, 저축수준 변화는 투자율 증가 가능성 여부를 결정하게 된다.

기침체기에 더욱 확연하게 나타났다. 이러한 현상은 투자수요의 부진으로 이어진다. 요컨대 자본재 부문은 경기침체기에 가장 심하게 타격을 받는 분야이다.

총투자의 상대적 정체은 주로 공공투자의 역할 축소에 기인한다. 1950년대 중반~70년대 중반, 산업화 과정에서 국가개입 강화기간에는 정부부문 투자가 국내자본형성의 $^1/_2$이상을 차지했다. 1974/75년에는 총국내투자 중 정부부문 비중이 65%로, 가장 높은 수준을 기록하기도 했다. 1980년대 전반에는, 총국내자본형성 중 공공부문 비중이 약 50% 수준을 유지했다. 1980년대 중후반 이후, 동 비율은 감소하기 시작했다. 총투자 대비 비중이나 GDP대비 비중이 모두 줄어들었다. 2001/02년에는 총투자 대비 공공부문 자본형성 비율이 단지 28%에 그쳤다.

시장주의 개혁론자들은 이러한 공공부문 침체는 더욱 효율적인 민간투자를 통해 충분히 메워질 수 있다고 주장한다. 민간투자 역시 1995/96년까지 상승한 이후, 계속 줄어들고 있다. 이러한 상승도 주로 가계부문의 '물적저축(physical saving)'에 의한 투자 증가에 기인한 것이다. 1993/94년 35%에 불과하던 민간 가계부문 투자비율이 2001/02년에는 50%까지 증가했다. 이러한 현상은 '사치성 소비(luxury consumption)' 분야에 대한 지출 증가를 반영하는 것으로 볼 수 있다. 이를테면 고급주택 구입은 물적자산형성(physical asset creation)으로 포착되고, 고급승용차 구입은 운송장비(transport equipment)로 분류됨으로써 나타나는 현상이다. 반면 민간기업 투자는 1996/97년 이후부터 급격히 줄어들었다. 제조업 투자는 정체되었고 수송부문 투자도 실질적으로 하락했다.

이러한 상황들을 미루어 볼 때, 인도경제에서 '공공지출이 민간투자를 밀어낸다(crowds out)'는 일반적 주장은 타당하지 않다. 오히려 공공투자는 민간투자를 '끌어들이는(crowding in)' 중요한 역할을 한다. 수요와 공급의 직접적 연계는 물론, 사회기반시설 확충 및 경제의 총 유효수요 진작을 통해서 민간투자를 자극한다. 공공투자가 줄어들면서 민간투자율은 하락했다. 특히 대기업 부문에서 공공투자 감축으로 인한 투자 부진 현상이 두드러졌다.

공공부문의 역할 축소는 총저축(aggregate saving)에서도 동시에 나타났다. 1990년대 내내 공공부문은 총저축에 대한 '기여자(contributor)'의 지위에서 '마이너스 저축자(net dissaver)'의 지위로 전락했다. 정부부문의 저축 감소는 민간부문의 저축 증가로 메워지지 않았다. 1995/96년 GDP대비 민간기업 저축은 4.9%의 최고치를 기록한 이후, 2001/02년 4.0%까지 하락했기 때문이다. 총 저축률의 하락을 그나마 완화시킬 수 있었던 것은 가계부문의 저축 증가였다. 가계저축(household savings)은 1980/81년 총저축 대비 73%에서 1990/91년에 83%, 1999/2000년에 89%, 2001/02년에 94%로 증가했다(CSO, *National Accounts Statistics*, 각 년도 및 RBI, *Handbook of Statistics*에서 계산).

신자유주의 개혁론자들은 "자본의 유동성이 활발한 경제에서 수요가 제약요인이 될 수 없는 것처럼, 국내저축은 더 이상 투자 및 성장에 대한 잠재적 제약요인이 되지 않는다. 실제로 관건이 되는 것은 외국인 투자자들을 끌어들이기 위한 규제완화 환경의 조성이다. 외국인 투자자들을 통해서 국내저축을 해외저축으로 보완할 수 있을뿐만 아니라 국내투자도 늘릴 수 있다"고 주장한다. 이러한 견해와 마찬가지 입장에서, 1990년대의 정부정책은 다양한 외국인 투자 유치에 주력했다. 장단기 외국자본유입에 대한 일련의 규제철폐 및 각종 재정적 보호조치, 이자율 우대조치가 취해졌다.

해외저축 유인정책의 성공 여부는 투자-저축 갭(investment-savings gap)으로 측정할 수 있다(투자-저축 갭은 경상수지적자 및 외환보유액의 변화에 반영된다). 투자-저축 갭을 기준으로 볼 때, 1990년대의 정책노력은 실패한 것으로 보인다. 1990년대 GDP대비 투자-저축 갭은 평균 1.3%로서, 동 비율이 2.5%에 달했던 1980년대 후반보다 훨씬 낮게 나타나고 있다. 결국 국내저축을 보완하기위해 외국인 투자자를 유인하는 국내 경제정책은, 더 많은 해외저축을 끌어들이지 못했다.

상대적으로 저조한 투자율의 이면에는 시장에 대한 어두운 전망이 존재한다. 이러한 흐름에 대처하기 위해서 취할 수 있는 방법 중의 하나는 생산적인 공공투자를 크게 늘리는 방법이다. 그러나 이러한 방법은 신주유주의정책과는 완전히 다른 경제전략이다. 사실상 1990년대에도 재정정책은 여전히 경제활동 수준에 영향을 미쳤다. 재정적자를 대폭 감축해야 한다는 정부 요구에도 불구하고, 1990년대 기간중 재정적자는 더욱 증가했다. 관련 개념의 정의를 수정하고 GDP통계를 상향조정했음에도 불구하고 재정적자는 늘어났다. 7장에서 상세히 다루도록 한다. 이러한 재정적자가 1990년대의 성장률을 유지하는데 일정한 기여를 한 것은 사실이다. 그러나 재정적자를 통제하고자 하는 정부정책에 따른 전반적 경비지출삭감은 총투자 및 경제성장에 마이너스 영향을 미쳤다.

06

1990년대 부문별 성장 패턴

06

1990년대 부문별 성장 패턴

1990년대 인도 경제의 전체적 성장은, 개혁 초기 신주유주의 정책 옹호자들이 예상했던 수치보다 훨씬 낮게 나타났다. 상품 생산부문(1차 및 2차 산업)에서 낮은 성장률을 보였다. 상대적으로 높은 성장률을 보였던 3차산업 부문도, 90년대 말에 이르러 정체 현상을 보였다. 6장에서는 각 산업부문의 성장 패턴을 자세하게 살펴본다.

농업

특히 농업부문에서 정체현상이 두드러지게 나타났다. 〈표6-1〉에서 보듯이 곡물 생산 성장률이 급격히 하락했다. 과거 수십 년 동안 인도 경제는 연 2.5%의 낮은 곡물 생산 성장률을 기록해왔다. 인구성장률을 조금 웃도는 비율이다. 1980년대에는 농업생산이 급속히 증가했다. 몇몇 종류를 제외하고는, 대부분의 곡물 생산이 증가했다. 경지의 확대보다는 수확량 증가에 의한 성장이었다(Bhalla & Singh 2001). 채유종자(oil seed)의 산출도 크게 늘었으며 목화 생산량도 급증했다.

〈표6-1〉 농업부문 산출성장률(*)

	1980/81~1990/91			1990/91~1999/2000		
	면적	생산량	수확량	면적	생산량	수확량
전체 곡물	-0.05	3.44	3.48	-0.24	1.88	2.12
식량	0.04	3.38	3.34	-0.3	1.75	2.08
잡곡	-0.06	1.36	2.45	-2.51	-0.78	1.78
콩	0.41	2.7	2.28	-0.58	0.07	0.66
쌀	0.53	3.84	3.3	0.57	1.87	1.3
밀	0.68	4.38	3.68	1.44	3.31	1.83
채유종자	2.8	6.62	3.72	1.21	2.51	1.28
사탕수수	1.68	3.29	1.4	1.42	2.85	1.31
면화	-0.01	4.22	5.15	2.73	1.77	-0.01

(*) 3년간 복리연간성장률

자료 : *Agricultural Statistics at a Glance*, Ministry of Agriculture, 2001 and *Reports of Commission on Agricultural Costs and Prices*, Government of India, 2001.

그러나 90년대에 들어오면서 모든 주요 곡물의 산출성장률이 하락하고 있다. 1990년대 연평균 식량생산 증가율은 1.75%로, 같은 기간 인구성장률 1.9%보다 작다. 1950년대 중반 이래 가장 낮은 수준이며, 하락폭은 가장 컸다(Acharya & Chaudhri 2001).

이러한 상황에서 1996년까지 국제곡물가격은 높은 수준을 유지하고 있었다. 식량 및 상용작물(cash crop)의 수출증가와 루피화 평가절하에 따른 수출상품의 높은 가격은, 국내시장에서 곡물가격의 급등을 초래했다. 일반물가지수에 비해 더욱 빠르게 변동하는 농산물 가격의 일반적 특성에도 불구하고, 농업분야 부가가치성장률이 산출성장률보다 낮게 나타났다.

식량 생산 성장률이 하락한 중요한 이유 중의 하나로서, 농업부문에 대한 실질공공투자(real public investment)의 급격한 감소를 들 수 있다. 농업분야에 대한 공공부문 실질자본형성(real capital formation)은 1980/81년 179억 6천만 루피에서 1990/91년 115억 4천만 루피로 하락했으며, 이후 동일한 수준에 머무르고 있다(1980/81년 가격기준). 1995/96년까지 겨우 126억 8천만 루피에 그치고 있다. 농업분야에서 1990년대 중반 이후 90년대 말까지 이어진 민간부문 실질총자본형성은, 식량생산보다는 주로 비 전통적부문의 수출농산물에 집중되어있었다. 조, 옥수수를 비롯한 잡곡(coarse grains)생산이 급격히 줄어들었다. 많은 농토가 해바라기를 비롯한 채유종자(oilseeds) 등의 수출작물 경지로 전환되었다. 쌀 생산도 급격하게 줄었다. 쌀 생산 성장률은 1980년대 3.84%에서, 90년대 1.87%로 하락했다. 이러한 수치는 전통적 식량부문 경작에 대한 관심이 상대적으로 줄어들고 있는 경향을 반영하고 있다.

1990년대 말까지 인도 농업부문에 중요한 두 가지 문제가 초래되었다. 첫 번째 문제는 식량부문에서 초래된 혼란이다. 정부에 의한 식량스톡의 무계획적인 보관과 경작자들이 직면한 낮은 곡물가격으로부터 야기된 상황이다. 잘못된 정부정책으로 인한 결과라고 볼 수 있다(13장에서 더욱 상세히 다루기로 한다). 두 번째는 상용작물 생산량의 변동성(volatility)과 낮은 가격으로부터 야기된 문제이다. 대부분의 비식량곡물(non-foodgrain crops) 가격이 하락했다. 특히 채유종자 가격은 크게 낮아졌다. 이러한 변화는 국내 수요사정뿐만 아니라, 세계시장으로의 통합이 가속화됨에 따라 초래된 국제가격 하락으로 인한 것이다. 경작자들이 겪는 물질적 고통은 더욱 심화되었다.[1)]

폐쇄경제 하에서 낮은 생산량은, 일정한 가격상승을 동반한다. '낮은 생산량'과 '불리한 교역조건'이라는 상황이 동시에 발생하게 된 것은 최근까지 인도에서 거의 찾아볼 수 없는 사례였다. '낮은 곡물가격'과 '낮은 생산량'이 동반하는 새로운 패턴이 나타나게 된 것은, 무역자유화를 계기로 인도 농업부문이 세계시장에 점차 통합됨으로써 나타나는 현상이다. 농산물의 수출입 자유화에 따라, 국제가격 변화는 국내가격에 더욱 큰 영향을 미치게 되었다. 인도의 곡물생산이 하락했음에도 불구하고, 1996년 이후 계속된 각종 농산물의 국제가격 하락 및 정체현상으로 말미암아 국내 곡물가격은 폭락했다. 이러한 결과는 반드시 실질수입의 증가에 기인한 것은 아니다. 문제의 핵심은 개방성이다. 무릇 개방성(openness)이란 수출입을 통해 한계적으로 국내가격에 영향을 미칠 수 있는 가능성을 의미한다.

이러한 현상은 상용작물(cash crops) 가격 변동에서 생생하게 볼 수 있다. 예를 들면 1999/2000년 성수기에 채유종자, 목화, 콩 등의 생산량이 하락했음에도 불구하고 가격은 하락했다. 농부들은 '생산량 감소'와 '가격하락'이라는 두 가지 어려움에 직면하게 되었다. 1996년 이래, 거의 모든 주요 농산물의 세계시장가격이 하락했기 때문이다. GATT의 '농업에 관한 협정(Agreement on Agriculture)'조항에도 불구하고, 여러 선진국에서 농민들에 대해 높은 수준의 직·간접 보조금 정책을 계속 수행함으로써 나타난 결과이다.[2] 이와 더불어 최근 세계경제성

1) (역주) 이러한 물질적 고통은 농부들의 자살로 이어진다. 작황의 저조에 따라 빚더미에 몰린 수많은 농부들이 농약을 마시고 있다. K. Nagaraj의 최근 보고에 따르면 1995~2006년간 190,753명의 농부가 스스로 목숨을 끊었다. 보다 자세한 상황은 K. Nagaraj, "Farmer's Suicides in India: Magnitutes, Trends, and Spatial Patterns" March 2008(www.macroscan.org)참조.

2) OECD의 한 연구에 의하면 OECD 회원국에서 보조금 수준은 195/96년에 약간 감소한

장의 침체는, 1차 생산물(primary products) 가격의 하락을 더욱 부추기는 요인이 되었다.

1990년대 말, 수입 농산물에 대한 수량제한조치(Quantitative Restriction)가 철폐됨에 따라 이러한 추세는 더욱 명백하게 되었다. 세계 농산물 가격과 인도 농산물가격 간에 더욱 긴밀한 연계가 형성되었다. 인도 농업의 국제경제력은 변동이 심한 세계시장 곡물가격에 더욱 크게 의존하게 되었다.

이러한 종속적 상황으로 인해, 보다 개방적인 교역을 통한 국내가격의 자동적 안정, 농민들에 대한 적절한 인센티브 보장, 미래를 위한 가격신호(price signal) 교정 등의 역할이 불가능하게 되었다. 인도의 농민들은, 극심한 가격변동에 시달리게 되었다.

국제가격의 변동과 관련한 불확실성이 농민들에게는 직접적으로 중요한 요인이었지만, 급속한 무역자유화 및 관세인하 조치는 농민들의 '시장관계(market relation)'를 더욱 어렵게 만들었다. 정부정책은 이와 같은 농산물 가격변동을 완화하는데 큰 역할을 하지 못했다. 국내가격 정책과 외국무역 및 관세정책 간에 아무런 조율이 이뤄지지 못하고 있었다. 예를 들어 농산물 수출입에 대한 자동적이고 투명한 가변관세정책(variable tariffs policy)은, 국제현물가격(spot international price)과 장기적으로 바람직한 국내가격 간의 차이를 조정함으로써, 저가격 농산물 수입으로 인한 농민 피해를 막을 수 있다. 아울러 수출가격 상승으로 인한 소비자 피해를 막을 수 있다는 점에서 매우 유용한 정책이라 할 수 있다. 가변관세정책을 통해 국제가격 변화에 민감하게

이후, 1999/2000년까지 우루과이라운드(Uruguay Round) 이전 수준으로 돌아갔다 (OECD 2000).

반응함으로써, 불필요한 대규모 민간수입을 방지할 수 있다(1999년 식용유, 설탕, 밀, 면화, 심지어 빻은 쌀 수입까지 허용했던 사례를 상기하라). 아울러 생산자 및 소비자에게 어느 정도의 가격안정성을 부여해준다. 인도와 같이 농촌경제가 주류를 이루는 사회에서, 가격안정은 특히 중요하다. 이와 같은 최소한의 보호도 없이, 인도 농민들은 매우 불확실하고 변동성이 큰 국제환경에 내몰리게 되었다. 선진국에서 높은 보조금을 받고 농사를 짓는 대규모 생산자들과 경쟁하게된 것이다. 선진국 농민 보조금의 평균수준은, 인도의 곡물 총생산비의 몇 배에 해당되는 크기이다.

사실상 정부는 더 이상 농산물가격정책의 기본 목표 – 농산물가격안정, 생산자 인센티브 보장, 불안정한 식량가격 상승으로부터 빈곤층 보호 – 를 달성할 수 없게 되었다. 결국 농업투자 및 생산, 나아가 식량안전(food security)이 크게 위협받게 되었다. 시장주의 개혁론자의 관점에서도 농업생산은 증가하지 않았다. '농촌지역 공공투자의 감소', '보조금 삭감으로 인한 투입비용 증가' 등 개혁정책으로 말미암아 경작 조건을 악화시켰기 때문이다.

산업

인도의 산업부문은 1980년부터 시작한 장기적이고 광범위한 자유화 정책 및 신자유주의적 개혁에 의해 크게 영향을 받았다. 지난 20년간 자유화의 속도와 성격은 변화해왔다. 1980년대의 개혁 추진 속도는 상대적으로 완만했다. 국내 산업규제를 완화하고, 민간자본 운영상의 융통성을 높이는데 초점을 두었다. 이와는 대조적으로 1990년대의 개혁과정은 주로 대외부문 관련 개혁에 초점을 맞추었다. 무역, 외환거래 및 해외투자 규제에 관한 자유화 조치가 그 예이다.

1990년대 자유화조치가 시행되었을 때, 개혁옹호론자들은 "민간기업가들의 야성적 혈기는 개혁과정에서 시장자유화를 통해 생겨난 인센티브에 적절하게 반영 될 것" 이라고 주장했다. 민간투자의 활성화를 위한 여러 가지 자유화조치가 추진되었다. 기업의 설비투자 확대에 대한 정부규제 철폐, 대기업 및 재벌그룹의 생산량 및 가격결정 자유화, 수입 자본장비 · 원료 · 중간재 등에 대한 접근성 제고, 외국기업과의 기술 및 자본제휴에 대한 규제완화, 공기업 지분 매각을 통한 민영화 등이 그 예이다. 이와 같이 새로운 인센티브를 통해 민간투자를 자극함으로써, 인도의 산업은 완전히 새로운 성장경로에 들어설 것이라고 전망했다.

10년 이상이 지났지만 산업 성장은 기대에 못 미치고 있다. 산업생산지수(index of industrial production)의 추세를 보면, 1980/81 ~ 1989/90년 기간에 7.8%에서 1993/94 ~ 2002/03년 중 6.5%로 하락했다. 제조업 분야의 경우 하락폭은 상대적으로 작다. 같은 기간 중 제조업부문의 산출성장률은 7.6%에서 6.8%로 하락했다. 논의 대상을 장기로 잡을 경

〈그림6-1〉 제조업 성장률

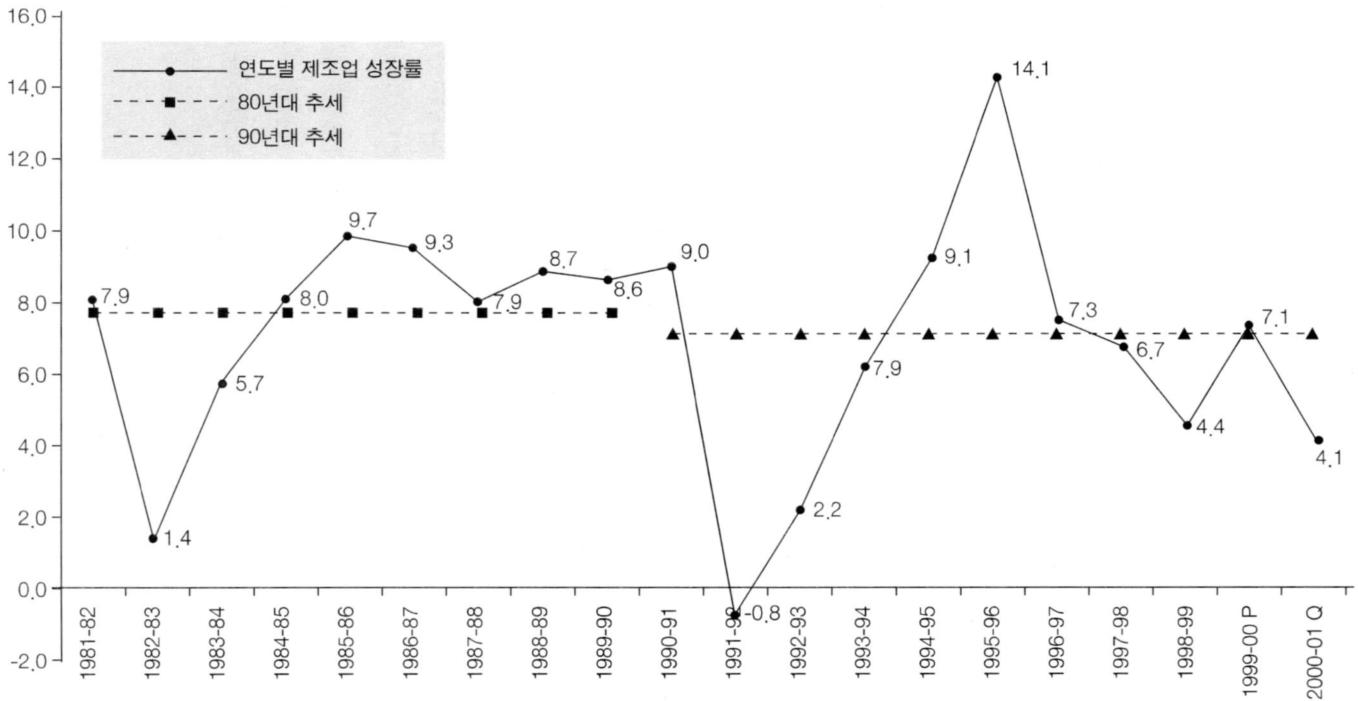

자료 : CSP, *Index of Industrial Production*

우 이와 같은 소폭의 변화는 별것 아닌 것으로 보일 수 있다. 여기서 명확히 지적할 수 있는 것은 1980년대의 경제성과가 1990년대에 비해 결코 나쁘지 않다는 사실이다. 요컨대 90년대의 성과가 80년대에 비해 나아진 것은 없다는 것이다. 2000~2003년간 제조업지수는 단지 연 4.5%의 증가율에 그치고 있다.

〈그림6-1〉 및 〈그림6-2〉를 통해 연도별 성장률 추이를 관찰하면, 더욱 명백해진다. 1980년대 제조업 및 전반적 산업생산지수를 보면, 2~3년을 제외한 대부분의 연도에서 추세율(trends rate)보다 높은 성장률을 보이고 있다. 반면 1990년대에는 추세율보다 높은 성장률을 보이고 있는 해는 상대적으로 적은 편이다. 요컨대 1980년대 산업성장률은 대체로 높은 편이었지만, 90년대에 들어와서는 1993/94~1995/96의 3년을 제외한 전체 기간 중에 계속 하락했으며, 90년대 말까지도 성장세를 회복하지 못했다.

1980년대에 상대적으로 안정적 성장을 기록했다는 것은 동기간 중 성장에 영향을 미치는 요소들이 적절하게 운영되었음을 의미한다. 이와 관련해서 두 가지 중요한 요소를 들 수 있다. 첫째, 국내시장 보호가 유지되는 상태에서 GDP대비 재정적자의 증가를 통한 재정자극이 계속되었다. 둘째, 국제유동성에 대한 접근성이 증가했다. 이러한 유동성은 민간기업들로 하여금 수입자본재, 중간재 및 부품 등에 기초한 신제품 기술혁신 도입 및 생산설비 근대화를 가능하게 했다.

결과적으로 90년대 정책기조 변화는 제조업 부문에 두 가지 결과를 초래했다. 첫째 현존하는 국내 상품의 부분적 퇴출을 가져왔다. 이러한 퇴출 현상은 직접적으로는 외국의 수입품에 의해, 간접적으로는 외국산 부품 도입을 통한 국내조립 신상품에 의해 야기되었다. 둘

〈그림6-2〉산업생산 성장률

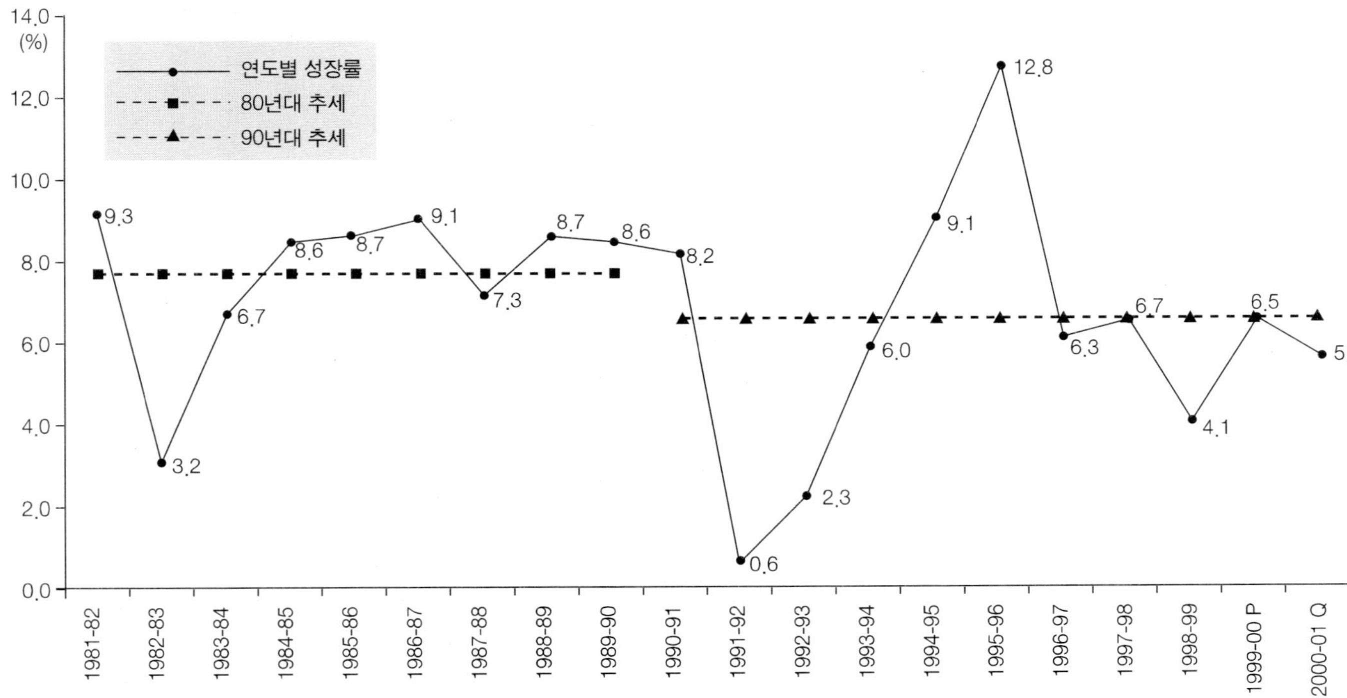

자료 : CSP, *Index of Industrial Production*

째, 동 기간에는 세수(tax revenue)가 계속 감소했을 뿐만 아니라, 재정적자 감축을 위해 정부지출이 대폭 축소되었다. 국가의 경비지출을 통해 제공되었던 산업성장 자극은 1980년에 비해 크게 줄어들었다.

그러나 이러한 설명만 가지고는, 1990년대 중반 3년간 계속되었던 높은 성장의 원인이 무엇인지 이해하기 힘들다. 90년대 기간 중 산업성장 추세율은 1993/94년에 시작된 3년간의 호황국면에 의해 크게 영향을 받고 있다. 이 3년간의 단기호황(mini boom)은 다음 세 가지 측면에서 수수께끼를 제공한다. 첫째, 이러한 붐은 국가의 재정자극 증가로 설명 될 수 없다. 사실 1993/94년 한 해 동안의 산업경기회복은 동 기간 중 중앙정부 예산의 급격한 재정적자 증가(GDP 대비 7.5%)를 수반했던 것은 사실이다. 그러나 1994/95~1995/96년의 2년 동안에는 GDP 대비 재정적자가 6.9% 및 5.9%로 각각 하락하고 있다. 둘째, 높은 성장률을 기록했던 3년은 정부가 수입자유화 및 관세인하 정책을 적극적으로 추진했던 시기이다. 동 기간 중 외국의 제조업 상품이 대규모로 인도 시장에 유입되었다. 이러한 수입품들은 국내수요를 지탱했던 인도산 상품을 부분적으로 퇴출시켰다. 그럼에도 불구하고 산출성장률은 낮아지지 않았다. 셋째, 동 기간 중 실질이자율이 대폭 상승했다. 역사적으로나 국제적 기준으로 보아도 유례없는 상승폭이었다. 이자율 상승에도 불구하고 산업투자는 위축되지 않았으며 산출성장률은 오히려 증가했다.

제조업 생산을 자극했던 원인은 과연 무엇일까? 이를 알아내기 위해 자유화정책의 숨겨진 효과들을 분석해보자. 국내 생산을 자극했던 공급 측의 요소가 한 가지 존재한다. 주지하듯이 1980년 중반까지 국가가 주도한 수입대체전략의 결과, 특수한 브랜드 상품을 포함한 일부 제조업 상품에 대한 '억압된 수요(pent-up demand)'가 존재해왔다. 이러한 수요의 존재는 외국시장에서 거래되는 상품에 대한 국내 소비자의 존재로부터 파악 될 수 있었다. 이들이 주로 소비하는 상품은 국내에서 구할 수 없는 상품이거나, 엄청나게 높은 비용을 지불해야 구입할 수 있는 제품이었다. 자유화 과정에서 일부 최종제품을 제외한, 중간재나 부품 및 자본재에 대한 접근이 쉬워졌다. 관세도 대폭 인하되었다. 비교적 짧은 기간 내에, 외국 부품을 사용한 국내 상품의 생산·조립·판매가 확대되었다. 변화는 두 갈래로 진행되었다. 첫째, 회색시장(grey market: 암시장과 일반시장의 중간 형태)에서 값싼 수입품과 국내부품을 결합 판매하는 소규모 기업에 의한 변화. 둘째, 유명한 브랜드 이미지를 가지고 있는 국제적 기업과의 제휴를 통해 제품을 생산하는 대기업에 의한 변화이다.

이와 같은 상품들은 이미 '기존 시장(ready market)'을 가지고 있기 때문에, 기존의 소비자 구매품목 중에서 시장변화에 의해 퇴출된 국내 상품의 추가적 생산에 기여하지 못하게 된다. 신상품의 구입가능성 증대를 통해 경제성장을 가속화시키기 위해서는, 일단 과거에 구입이 가능했던 '대체상품(substitute)'이 교체된 이후에, 새로운 수요 증가가 수반되어야 한다. 단기에서 추가적 수요는 다음과 같은 세 가지 자금조달 경로를 통해 충족될 수 있다. 첫째, 이제까지는 계산에 넣지 않았던 상품시장에 대한 소득의 흐름. 둘째, 금융저축 감소를 통한 마이너스 저축. 셋째, 소비자 신용(consumer credit) 증가이다. 대부분의 도시지역 및 일부 농촌에서 이와 같은 현상이 진행되었다. 더욱 용이해진 소비자 신용대출은 이러한 움직임을 주도했다.

1993/94~1995/96 기간 중의 '단기 호황'은 몇 가지 '일회적 성격의 영향요인'들이 결합한 결과이다. 각종 '수입집약형 상품(import intensive goods)'에 대한 '억압된 수요'가 풀리는 과정에서 일어난 현상이다. 무역자유화에 따라 수입부품이나 재료를 사용해서 국내에서 조립·생산함으로써, 이러한 상품들이 공급될 수 있었다. 일단 억압되었던 수요가 충족되고 나면, 국내시장 확대나 수출 증가에 기반을 둔 성장이 수반되어야 한다. 그러나 인도에서는 이러한 조건들이 실현되지 못했다. 국내 산업은 다시 정체국면에 접어들었다.

구매력을 갖춘 그룹의 '억압된 수요'는 수요 실현에 대한 공급제약이 없어지는 순간, 아무런 제약을 받지 않게된다. 이러한 경향은 다른 그룹에서도 존재한다. 예를 들어, 제5차 보수조정위원회 권고에 의한 공무원 봉급이 추가 지급됨으로써 생긴 '예상외 소득(windfall profit)'수령자들도 그들의 억압된 수요를 충족할 수 있었다. 덕분에 1999/2000년에는 '반짝 성장'을 경험했다. 그렇지만 90년대 말까지 전반적으로 낮은 산업성장 추세를 기록했다.

서비스 부문

서비스 부문은 매우 다양한 경제영역으로 구성되기 때문에, 개념정의가 갈수록 어려워진다. 과거의 정의에서는 서비스 부문의 경우, '서비스 공급자(service-provider)와 수혜자(recipient)로부터 서비스를 분리해 내는 것이 어렵다'는 사실에 기초를 두고 있었다. 그러나 최근의 정의에서는 'R&D' 및 '경영 기능' 등을 포함한 '영업 서비스(business service)'도 서비스 영역에 넣고 있다. 소매, 금융 · 보험, 행정 및 기타 유사 거래영역도 서비스산업으로 분류된다.

〈표6-2〉 GDP대비 서비스부문 비중(불변가격기준)

년도	GDP 대비 비율(%)
1971/72	31.9
1980/81	36.0
1990/91	39.1
1999/00	47.8
2001/02	49.5

자료: CSO, *National Accounts Statistics*, 각 년도.

선행연구에 따르면, 장기에서 'GDP 대비 서비스부문 비중' 및 '경제성장' 간에는 명백한 정(+)의 상관관계가 존재하지만, 단기나 중기에서는 양자의 명확한 관계를 단정하기 어렵다는 견해가 지배적이다. 따라서 최근의 산업성장 정체가 서비스 부문 비중의 감소에 영향을 미쳤다고 볼 수는 없다. 그것보다는 오히려 서비스부문 노동 그 자체의 성격, 특히 '노동집약적(labour intensive)'이고 '낮은 생산성(low productivity)'을 가진 업종으로 인한 임금 및 노동조건 악화에 대한 우려가 제기되고 있다. 이러한 현상이 진행되면, 서비스부문의 고용증대가 언제나 경제 활력의 증대와 연관된다고 볼 수 없다. 경제 전반의 '이중구조(dualism)'만 심화시킬 우려가 있다. 이와 같은 이중구조 하에서는 상품생산부문에서 생산적 고용기회를 찾지 못한 노동자들이 값싼 '잉여부문(residual sector)'으로 존재한다. 특히 개도국의 경우, 서비스부문의 성장이 전반적인 경제성장의 활력을 보여주는 일반적 표지라고 보기는 힘들다.

1980년 이래, 인도 서비스 부문의 성장률은 GDP 성장률을 앞질러 왔다. 이러한 현상은 특히 1980년대 중반 이후, 눈에 띄게 나타나고 있다. 1984년 이래, 단 2년을 제외하고 서비스 부문 성장률이 GDP성장률보다 높게 나타나고 있다. 〈표6-2〉에서 보듯이, 동 기간 중 GDP 대비 서비스 부문 비중은 계속 높아지고 있다. 금융서비스업의 성장률이 가장 빠르며 무역, 호텔업, 외식업 등이 그 뒤를 잇고 있다. 현재 서비스 부문은 전체 GDP의 약 50%에 달한다. 이러한 비중 증가는 공공부문의 확대에 의한 것이 아니다. 공공 부문 중 서비스부문 비중은 줄곧 60%대에 머물고 있다. 서비스 부문의 비중 증가는 주로 민간부문 서비스 증가에 기인한다. 1980년대 29%에서, 1990년대 말에는 거의 40% 이상 증가했다.

1980년대 초, 서비스 부문은 다른 부문에 비해서 훨씬 높은 자본집약적경향을 보이고 있었다. 그러나 시간의 흐름에 따라 서비스부문 '자본-산출량비율(capital-output ratio)'은 점차 하락하고 있다. 1980/81년 3.7에서 1996/97에는 2.7로 낮아졌다. 반면 다른 산업부문에서 동 비율은 2.2에서 2.5로 약간 상승했다. 서비스부문에서 자본-산출량 비율의 감소는 여러 가지 시각에서 해석될 수 있다. 한 가지 기본적인 문제는 서비스 부문 산출량의 실질적 증가를 계측하기가 곤란하다는 점이다. 산출량 가치의 증가는 단순히 동일한 노동에 대한 높은 지급액을 반영하기 때문이다. 1997년 보수조정위원회 재정 결정에 따른 공공부문 급료의 상승 및 1990년대 중반, 민간 금융부문의 임금상승이 좋은 예이다. 임금의 상승이 실질적 산출 성장을 동반하지 않는 경우에도, 통계상으로는 산출량 증가로 잡히게 된다.

시장자유화 옹호론자들은 "자본-산출량 비율의 하락은, 자본이 보다 효율적으로 사용되었으며 동일한 인프라 설비 · 수송 · 금융 · 공공행정 등이 보다 광범위하고 다양한 서비스 제공에 사용되었음을 나타낸다."고 주장한다. 그러나 이러한 주장은 추측에 불과할 뿐이다. 서비스분야에서 자본집약도가 감소하는 현상은 이중구조의 심화를 반영해 준다고 볼 수 있다. 보다 자본집약적인 '현대적' 서비스 활동이 아닌, 저임금 · 저생산성 서비스 직종의 확산이 서비스부문의 성장을 이끌었다.

서비스 부문 고용 및 임금 통계를 보면, 이러한 해석이 더욱 설득력을 얻게 된다. 전체 서비스 산출량의 $^1/_2$이상을 차지하는 조직 부문(organised sector)에서, 임금 비중(보다 넓게는 피용자 보수: compensation of employment)은 1989/90년 81%에서 1998/99년에 68%로 하락했다. 이는 조직 서비스 부문에서 이윤의 크기가 더욱 상승했다는 것이다. 아울러 민간 조직 부문이 공공 부문 및 비조직 부문 활동 중, 많은 부분을 전담하게 되었다는 의미일 수도 있다. 공공 부문에서는 동일한 서비스 제공에 대해, 보다 큰 이윤을 얻기 위해 피고용자에게 더욱 낮은 임금을 지급하게 된다. 비조직 부문에서는 비공식 부문에 속해있던, 일부 저임금 고용을 흡수하게 된다.

이러한 과정은 빈곤층 및 공공부문 사회기반설비 및 서비스의 악화를 통해 강화된다. 아울러 '대안적 민간서비스 활동(alternative private service)'의 확산을 부추긴다. 공공우편제도 기금이 박탈되고, 부적당한 제도로 판명되자 민간우편서비스가 나타나게 된 것을 그 예로 들 수 있다. 동 분야에서 민간투자를 허용하는 규제완화 조치를 통해 서비스부문이 증가했듯이, 원거리통신(telecommunication)이나 IT산업 분야에서는 급속한 기술변화로 말미암아 특정 서비스부문이 급격히 성장하기도 한다. 1990년대에 걸쳐 나타난 서비스 부문의 전체적 성장패턴은 매우 복합적이다. 한편에서는 일부 다이내믹한 서비스 분야의 고용이 이뤄지는 반면, 다른 한편에서는 생산적 고용기회의 결여로 말미암아 저임금 · 저생산 서비스업에 고용된 대규모 노동력이 공존하고 있는 상태이다.

여기서 소프트웨어 및 IT기반 서비스 분야를 좀 더 자세히 살펴 볼 필요가 있다. 동 분야는 성장잠재력을 갖추고 있을 뿐만 아니라, 특히 교육받은 노동자층의 고용을 흡수할 수 있는 가능성을 가지고 있기 때문이다. 1990년대 말, IT분야의 성장은 매우 빠른 속도로 진행되었다. 민간기업 및 정부에 의한 산출량, 수출, 고용 등에 대한 전망은 매우 낙관적이었다.[3] 소프트웨어 및 IT기반 서비스 분야가 미래의 경제성장을 위해 중요한 영역임은 확실하지만, 과도한 낙관론을 경계해야 할 몇 가지 이유가 존재한다.

첫 번째는 디지털 격차(digital divide)와 관련된 내용이다. 필요한 하드웨어에 대한 접근가능성 및 가장 초보적 수준에서 IT기술을 이용하는 데 요구되는 교육수준 측면에서 제기되는 문제이다. 2001년 현재,

3) NASSCOM(1999)는 소프트웨어 및 IT기반 서비스 부문의 수출로 얻은 총수입이 1999/2000년 40억 달러에서 2008년 500억 달러로 증가할 것으로 전망했다. 아울러 "IT산업 규모는 1998년 33억 달러에서 2008년 870억 달러로 증가할 것이며 40%의 연간 복리성장률 궤도를 따라 갈 것이다. 고용은 22만 명으로 증가할 것이며, 2008년까지 전체 조직 부문 고용의 8% 정도를 차지할 것"으로 전망하고 있다. 이러한 수치는 데이터 입력 및 처리, 의료 처방전 업무처리, 다국적기업의 백오피스업무 하청 등, 광범위한 IT기반 서비스 분야의 고용을 포함하지 않은 통계이다. 따라서 일자리의 범위는 더욱 많이 늘어날 것으로 보고있다.

PC보급률은 1,000명당 5.8대이다. ISP(internet service provider)를 통해 웹사이트 연결이 가능한 유선전화 회선은 1,000명당 38회선이다. 2008년까지 아무리 낙관적 전망을 하더라도, PC보급률은 1,000명당 20대, 유선전화 보급률은 1,000명당 100회선에 그칠 것이다. 이러한 환경에서 인도 전체 산업에 대한 IT분야 발전의 효과는 매우 제한적이다. 대부분의 파급효과는 도시지역에 국한될 것이다(Chandrasekhar 2000). IT기술 사용을 가능하게 하는 능력은 교육에 의해 전적으로 좌우된다. 인도의 열악한 교육 상태는 중요한 발전 제약요인으로 작용할 것이다.

두 번째로 경계할 점은 IT부문의 발전이 성장 및 고용에 미치는 효과가 불확실하다는 점이다. 1990년 말, IT부문의 급속한 성장률 증가는 매우 협소한 산업 기반에서 출발했다. IT부문은 나머지 다른 부문의 산업규모에 비해 비중이 매우 작은 편이다. 수입의존도가 높기 때문에 국내 승수효과도 작은 편이다. 오로지 소프트웨어 부문만이, IT부문 성장잠재력을 완전하게 실현하고 있다. 소프트웨어 기업은 자원이나 업무 측면에서 다양화할 필요가 있으며, 능력을 갖춘 인재들이 해외 이민의 유혹을 느끼지 않도록 해야 한다. 가치사슬(value chain)을 확산시켜야 한다. 사실상 90년대 말에 아웃소싱 담당자로서 인도는 여전히 낮은 단계의 소프트웨어(lower end software) 공급자이며, IT기반 서비스 제공자에 머물고 있다. 수출로부터 얻은 총수입의 대부분은 값싼 노동력과 미숙련 상태의 IT기반 노동 서비스에서 얻는다. 노동 산출물은 서비스를 맡긴 국가의 근대적 통신기술을 통해 전송된다. 이러한 서비스 수송의 가능성은, 인도로 하여금 선진국 이민법에 의해 야기된 서비스 수출에 대한 장애요소를 피해갈 수 있는 길을 열어 주었다. 소프트웨어 수출이 간호사, 목수, 석공 기타 서비스수출과 크게 다른 것은 없다. 다만 이러한 서비스와 구분되는 점은 IT기반 서비스의 경우, 판매시점에서 서비스 제공자가 반드시 현장에 있을 필요가 없다는 점이다.[4)]

1990년대 인도 소프트웨어 산업의 발전요인은 저렴하고 숙련된 노동에 의해 촉진된 '낮은 단계의 소프트웨어수출'이다. 의사, 간호사 및 다양한 직종의 블루칼라 노동자 등 다양한 서비스제공자로 구성된 기술 인력들의 이민 확대도 중요한 역할을 했다. 이러한 추세는 당분간 보다 숙련된 노동자 고용의 원천을 제공할 수 있을 것이다. 그러나 이러한 수단이 인도의 기본적인 경제성장 및 고용문제를 해결해 줄 수 있는 방법은 아니다.

4) 이에 대해서는 Chandrasekhar(2000) 및 본서 12장, 고용 편에서 자세히 다루고 있다.

07

경제개혁과 재정정책

07 경제개혁과 재정정책

1990년대 인도 국가부문 '축소'의 주요 근거는 재정적자 감축의 당위성이었다. 재정적자가 경제 불안정의 원인으로 여겨졌기 때문이다. 아이러니한 것은 이러한 주장 자체에도 문제가 있을 뿐 아니라 재정적자 감축에 따라, 점차 재정위기가 심화되는 경향이 있다는 것이다. 보다 많은 세수를 동원할 수 있는 국가의 능력은 감소했으며, 공공경비 지출삭감 노력은 경제활동의 침체를 야기했다. 궁극적으로 국민소득 중 재정적자의 비율을 더욱 높이는 결과를 초래했다.

"왜 재정적자를 수용할 수 없는가"에 대한 전통적 신자유주의 주장과, "재정적자가 불안정해지고 있다"는 최근의 주장을 구분해야 한다. 국제수지 자본계정에 대해 자유롭고 나아가 투기적 자본흐름이 개방된 경제에서, 투자자 입장에서 보면 재정적자 크기는 국가에 대한 신뢰도를 결정하는 요인이 될 수도 있다. 이 경우 재정적자 억제 노력은 자유화 경제에서 자기달성적 표지(self-fulfilling prophecy)로 받아들여진다. 재정적자는 투자자의 기대에 악영향을 미치기 때문이다. 그러나 이러한 내용은 "재정적자 그 자체가 불안정해지고 있다"는 주장과는 전혀 다르다. 또 이러한 주장은 타당하지 않다.

"거시경제 측면에서 볼 때 재정적자는 본질적으로 문제가 있다"는 주장은 세 가지 형태의 논리구조에 기반을 둔다. 첫째, 재정적자는 인플레로 연결될 수 있으며, 대외적자(external deficit)를 유발하기 때문에 불안정하다. 둘째, 대규모 재정적자는 보다 유용한 민간투자를 '밀어 낼(crowd out)' 수 있다. 민간투자에 필요한 투자재원을 줄이며 차입 이자율을 높이기 때문이다. 셋째, 설사 재정적자가 인플레를 유발하지 않더라도 공공채무 누적을 야기하며 정부의 미래 이자지급 부담을 늘리기 때문에 지속가능하지 않다.

첫째, 재정적자가 인플레를 유발하고 무역수지 적자를 야기한다는 주장을 살펴보자. 인플레이션이나 대외적자는 '사전적(事前的, ex ante)'으로 총수요가 총공급을 초과함으로써 야기된다. 그러나 재정적자 규모는 정부부문으로부터 야기되는 순수요(net demand)만을 보여줄 뿐, 전체 초과수요에 대한 정보를 제공하는 것은 아니다. 따라서 공공부문 및 민간부문 흑자 또는 적자의 상태는 그것이 어떻게 구성되는지에 따라, 인플레와 대외적자와 관련해서 전혀 다른 결과를 초래할 수 있다.[1] 대규모 공공적자가 자발적인 민간부문의 저축잉여에 의해 완전하게 충당될 수도 있다. 1980년 중반 이후 약 10년이 넘는 기간 동안, 이탈리아에서 경험한 사례가 이에 해당된다. 당시 이탈리아의 GDP대비 재정적자가 9%에 육박했지만, 동 비율만큼 민간저축이 민간투자를 초과함으로써 발생한 잉여 저축으로 충당되었다. 마찬가지

1) 개방경제에서 기본적인 항등식(standard identity)은 다음과 같다: 경상수지 적자 = 민간투자 − 민간저축 + 정부적자. 이 항등식에서 만약 민간부문이 투자한 액수보다 많은 저축을 한다면 정부적자는 경상수지 적자를 포함하지 않게 된다. 또 이와 정 반대의 상황도 가능하다. 만약 민간부문 계정이 적자라면 정부계정의 흑자와 경상수지 적자가 동시에 나타날 수도 있다. 민간투자가 민간저축을 초과하는 규모가, 정부의 흑자재정 규모보다 클 경우에 이와 같은 상태가 초래된다.

논리로 흑자재정 상태에서도, 국제수지 적자 및 높은 인플레가 나타날 수 있다. 민간부문 지출이 저축을 초과할 경우 발생한다. 외환위기 이전 동남아시아 제국 및 오늘날 미국 경제가 이에 해당한다. 사실상 1990년대 개도국 중, 일부 '떠오르는 경제(emerging economies)'에서 나타난 더욱 흥미 있는 특성은 강력한 재정규칙에 따른 '낮은 재정적자'와 '대규모 국제수지적자'였다. 경제자유화조치에 의해 허용된 민간부문의 과소비로부터 야기된 결과이다.

두 번째 근거인 '밀어내기(crowding out)' 주장은 두 가지 가정에 근거한다. 첫째, 정부의 차입자금 수요는 시장이자율의 상승을 가져올 것이다. 둘째, 시장이자율 상승은 민간투자를 억제할 것이라는 가정이다. 두 가지 가정은 모두 문제점을 안고 있다. 이자율은 중앙은행을 통해 정부가 관리한다. 이자율 변화는 정부에 의한 정책선택을 반영하는 것이다. 결국 이자율이 오른다는 움직임은 해외저축을 유인하기 위한 정책으로 보이게 된다. 금융자유화 경제에서 이자율은 정부의 차입자금 수요에 의해 상승하는 것이 아니고, 외국 투자자들의 신뢰를 유지하고 투자를 유치할 필요가 있기 때문에 오르는 것이다. 결국 높은 이자율은 GDP대비 낮은 수준의 재정적자와 공존할 수 있는 것이다. 이를테면 정부의 대규모 사회기반설비투자에 의해 민간산업과의 수요 공급 연계가 더욱 활성화되는 상황과 같이, 미래수익률에 대한 투자자의 기대가 낙관적이라면 이자율이 높더라도 투자는 증가할 수 있다.

세 번째 근거는 대규모 재정적자가, 바람직하지 못한 공공채무(public debt)를 누적시킬 수 있다는 우려이다. 경상지출을 충족하기 위한 차입이 항상 그릇된 정책이라고 볼 수는 없지만(예, 경기침체기의 경우), 통제되어야 한다는 주장은 옳다. 그러나 투자에 필요한 자금 차입까지 통제할 필요는 없다. 사실상 투자의 '사회적 내부수익률(social rate of return)'이 이자율을 초과하는 한, 100% 공공자본투자(public capital investment)로 구성된 재정적자는 효과적인 측면이 있다. 물적·사회적 인프라와 같이 공공투자가 절대적으로 필요한 여러 가지 중요한 영역이 존재한다. 외부성(externality)이 존재한다는 것은, 민간부문이 '사회적 최적수준(social optimal level)'까지 투자하지 않게 된다는 의미이기 때문이다. 논의의 핵심이 세입 적자(revenue deficit)의 감축에 있다면 어느 정도 의미가 있을 수 있다. 그러나 세입적자감축이 아닌 재정적자 감축을 강조하는 것은 '투자주체로서의 정부(government as an investor)'가 가지는 중요한 역할을 무시하는 것이다. 정부의 투자가 사회적으로 생산적이라면 경제성장을 자극할 것이고 궁극적으로 미래의 높은 세입과 연결될 것이다.

이외에도 재정적자의 감축 수단으로, 정부의 경비지출을 삭감하는 방법에는 기본적 문제가 수반된다. 세입 적자나 재정적자 감축은 여러 가지 경비지출을 줄이는 수단을 통해 실현될 수 있다. 가장 확실한 방법은 직접세 수입(direct tax revenue)을 늘리는 것이다. 빈부격차가 늘어나고 있는 개도국에서 직접세 부과를 통한 세입 증대는 불평등을 완화시키는 수단으로서도 시급히 요구된다. 그러나 자유화 정책이나 새로운 형태의 경제개혁은 이와 같은 수단을 통한 재정적자 억제정책에 대해서는 언제나 소극적인 태도를 취하거나 아예 무시해 버린다. 주로 정부투자나 복지지출(welfare spending)의 감축에 주력하게 된다.

따라서 정부지출 삭감에 관한 기본 이론들은 완전히 쓸모없게 된다. 게다가 정부지출의 삭감을 정당화시켜주는 재정적자 그 자체가 우선적으로 악화될 수 있다. 자유화 정책으로 인한 결과이다. 외국인 직접투자 유치는 자유화정책의 우선적 목적이다. 다른 나라와의 외자유치 경쟁을 통해, 외국자본이 부담하는 조세율도 낮아지게 된다. 같은 맥락에서 부유층에 대한 직접세도 전체적으로 낮아지게 된다. 수입자유화 정책의 일환으로 관세도 인하하게 되고, 이에 따른 물품세도 인상할 수 없게 된다. 결국 간접세를 통한 세수 확보에도 어려움을 겪게 된다. 이러한 현상은 정부지출 삭감으로 인한 산출성장률 하락에 의해 더욱 악화된다. 결국 주어진 세율 하에서 실제 세입 총액이 줄어들게 된다. 이와 동시에 금융자유화로 인해 정부의 차입이자율이 높아지게 되고, 이자부담이 커짐에 따라 정부지출이 더욱 늘어난다. 여기서 나타나는 두 가지 특징이 존재한다. 첫째, 이자율 상한 철폐와 신용시장 규제완화. 둘째, 정부의 중앙은행 직접차입 감축 및 제한에 따른 높은 이자율의 공개시장차입에 대한 의존 심화이다.

따라서 국가의 방만한 재정을 제한하려는 공식적 목표달성을 위한 전략 그 자체가, 부유층에 대한 낮은 과세 및 높은 이자율을 통해 실제로 재정상태를 더욱 악화시키는 요소를 가지고 있다.

1990년대의 재정

〈표7-1〉에 정리된 인도 정부의 재정상태 변화는 이러한 사실을 그대로 반영하고 있다. 재정적자 조정정책에도 불구하고 적자폭은 줄어들지 않았으며 오히려 증가하고 있다. 또한 공공투자 및 복지지출에

대한 제약요인이 되고있다. 재정적자의 조정과정은 GDP대비 총 조세수입 비율의 하락, 금리생활자(rentiers)에 대한 이자지급의 형태로 지출되는 정부지출 증가, 공공투자의 현저한 감소를 수반했다.

〈표7-1〉 GDP대비 중앙정부 재정 비율의 변화

(단위: %)

	1980~85	1985~90	1991~96	1996~2001	2001~03
세 입 적 자	1.02	2.37	2.8	3.29	4.30
재 정 적 자	5.75	7.55	5.6	6.07	6.01
이 자 지 급	1.7	2.83	4.11	4.43	-
자본적지출	6.47	6.78	4.49	3.08	-
조 세 수 입	9.92	11.18	9.95	8.89	9.1

자료 : RBI, *Handbook of Statistics,* 각 년도.

신자유주의 개혁정책 하에서 재정적자 감축을 위한 집중적 노력에도 불구하고, 상황은 크게 호전되지 않았다. 그러나 공식통계는 사실보다도 훨씬 낙관적인 시나리오를 보여주고 있다. 비록 이와 같은 공식통계는 재정적자가 줄어들고 있음을 보여주지만, 전체적으로 목표치와는 거리가 멀다. 통계에서는 재정적자 완화 움직임을 과장하고 있다. 그 이유로서 다음 세 가지를 들 수 있다.

첫째, 1999/2000년부터 정부는 소액저축취급 업무를 주정부로 넘겼다. 따라서 정부의 비계획적 자본지출(non-plan capital expenditure)이 현저하게 줄어들었다. 둘째, 1990년대에 정부는 1993/94년을 기준으로 하는 수정된 GDP 시리즈를 사용하기로 결정했다. 그 결과 과거 GDP

시리즈 통계에 비해 국가의 GDP규모가 절대적으로 증가했다. 이러한 수정은 GDP대비 적자재정 비중을 낮추는데 기여했다.[2] 세 번째, 90년대 후반에 정부는 예산의 세입항목에 중앙은행(RBI)의 이윤을 포함시키기로 결정했다. 이로 인해 정부의 전체 세입은 증가하게 되었다. 이러한 변수 중 어느 하나만을 움직여도 GDP대비 재정적자는 급격히 증가하게 된다.[3]

따라서 전체적으로 볼 때 경제개혁은 중앙정부의 재정 상태에 마이너스의 영향을 끼쳤다. 1990년대에 걸쳐 GDP대비 자본지출은 급격히 줄어들었으며 이자지급을 제외한 순세입지출도 정체되었다.[4] 결국 재정적자를 줄이기 위한 정부노력은 실패했다고 볼 수 있다. 〈표 7-2〉에서 보듯 GDP대비 자본적 경비는 1989/90년 5.9%에서 1999/2000년 2.6%로 하락해서, 계속 그 수준에 머물고 있다. 이러한 결과는 매우 바람직하지 못하며, 변화되어야 한다는 견해에 반대할 사람은 거의 없을 것이다. 계획목표가 낮아졌을 뿐 아니라, 지난 10년간 계획에 대한 공공투자도 큰 폭으로 하락했다. 이러한 정부지출은 농업 및 농촌개발, 산업 및 광업 등 중요한 부문에서 눈에 띄게 하락했다. 동

2) 정부가 소액저축을 취급하고 1980/81년을 기준으로 한 GDP통계를 사용하는 경우 관련 수치는 다음과 같이 바뀌게 된다. 재정적자는 1993/94년 7.4%에서 1996/97년 5.2%로 하락한다. 다시 1997/98년에 6.3%로, 1998/99년 6.5%로 상승한다. 반면 소액저축 업무를 주정부로 넘기고 새로운 1993/94년을 기준연도로 사용하게 되면 1994/95년 4.7%, 1998/99년 4.5%로 각각 계산된다. (Budget at a Glance, 2000/01, pp.14-15)

3) 예를 들어 소규모 저축을 국가에서 담당하는 재정적자에 대한 과거의 정의를 따른다면, GDP대비 재정적자는 1990/91년 7.9%에서 1996/97년 4.9%로 하락하게 된다. 또 1999/2000에는 7.03%, 2000/01년에는 6.8%로 계산된다.

4) 여기서 사용된 GDP수치는 1993/4~1998/99년간 CSO발표(1993/94기준연도 시리즈)의 통계를 이용한 것이다. 1980/81기준연도 시리즈를 사용할 경우 1989/90~1992/92년 기간의 통계가 과장될 우려가 있다. 두 시리즈의 1999/2000년에 대해 CSO에서 추정한 GDP성장률 및 예산보고서 상의 성장률은 1999/2000~2000/01년 통계를 변환한 것이다.

분야에 대한 정부지출은 계획된 경비규모에 비해 40% 정도나 낮았다.

〈표7-2〉 GDP대비 정부지출

(단위: %)

	RE/GDP	IP/GDP	CE/GDP	Net RE/GDP
1989/90	13.3	3.7	5.9	9.6
1990/91	13.3	3.8	5.6	9.2
1991/92	12.6	4.1	4.5	8.5
1992/93	12.4	4.2	4.0	8.3
1993/94	12.6	4.3	3.9	8.3
1994/95	12.1	4.4	3.8	7.7
1995/96	11.8	4.2	3.2	7.6
1996/97	11.6	4.4	3.1	7.3
1997/98	11.8	4.3	3.4	7.6
1998/99	12.4	4.5	3.6	7.9
1999/00	12.9	4.7	2.5	8.4
2000/01	13.2	4.7	2.3	8.3
2001/02	13.1	4.7	2.7	8.4
2002/03	13.8	4.7	2.5	

주: RE(Revenue expenditure) / GDP; GDP대비 세입지출
IP(Interest payment) / GDP; GDP대비 이자지급
CE(Capital expenditure) / GDP; GDP대비 자본적 경비
Net RE = RE - IP(순세입지출 = 세입지출-이자지급)

자료: RBI, *Handbook of Statistics*, 각 년도.

여기서 문제가 되는 것은, 1990년대 재정적자 규모가 의도한 만큼 줄어들지 않았다는 사실 그 자체는 아니다. 1990년대 재정적자의 주

요 원인이 미래의 성장에 도움을 줄 수 있는 자본지출 때문이 아니라, 정부의 세입적자 때문이라는 사실이 정말 당혹스러운 것이다. 정부 세입적자는 1990/91년 GDP대비 3.5%에서, 1993/94년 4.0%로 최고치를 기록했다. 이후 계속 3% 이상 수준을 유지해 왔다. 따라서 정부는 현재의 지출수준 유지를 위해서도 막대한 규모의 금액을 차입해야 한다. 낮은 이자율의 재정증권(Treasury Bills)을 이용할 수 있는 통로가 막힌 정부는 공개시장에서 보다 높은 이자율로 차입해야 했다. 그 결과 정부의 이자지급 부담이 크게 늘었다. 또한 정부는 다른 형태의 세입지출을 감소시키려는 노력도 기울이지 않았다.

〈표7-3〉 GDP대비 정부수입

(단위: %)

	관세/GDP	물품세/GDP	순조세/GDP
1989/90	3.7	4.6	7.9
1990/91	3.6	4.3	7.6
1991/92	3.4	4.3	7.7
1992/93	3.2	4.1	7.2
1993/94	2.6	3.7	6.2
1994/95	2.7	3.7	6.7
1995/96	3.0	3.4	6.9
1996/97	3.1	3.3	6.9
1997/98	2.7	3.2	6.3
1998/99	2.3	3.0	6.0
1999/00	2.5	3.2	6.6
2000/01	2.5	2.9	6.5
2001/02	1.8	3.2	5.8

자료 : RBI, *Handbook of Statistics*, 각 년도.

동시에 GDP대비 중앙정부 조세비율도 하락했다. 앞에서 언급한대로 세입에 미친 전반적인 마이너스 영향 때문이다. 90년대 기간 중 인도에서 운영된 3가지 특수한 경제 메커니즘은 다음과 같다. 첫째, 무역자유화로 인해 상품에 부과되는 최대관세율 및 평균관세율이 하락했다. 그 결과 수입 증가에도 불구하고, 세수에는 마이너스 영향을 미쳤다. GDP대비 관세 비율이 1989/90년 3.7%에서 2001/02년 1.8%로 하락했다(표7-3). 둘째, 자유화조치는 민간부문의 수요를 진작시키고 민간부문의 성장을 자극할 것이라는 기대를 가졌던 역대 재무장관들은 민간부문 수요 진작을 위한 일련의 물품세 인하 조치를 취해왔다. GDP대비 물품세 비율은 1989/90년 4.6%에서, 2000/01년 2.9%로 하락했다. 셋째, 민간부문의 저축과 투자를 자극하고자 하는 목적으로 일련의 직접세 인하 조치도 단행되었다.[5]

이상과 같은 다양한 조치의 결과, 개혁기간 중 GDP대비 세수비율

5) 투자를 자극하기위해 조세인하(tax concession) 조치를 처음으로 취한 것은 1996/97년 예산이었다. 치담바람(P.Chidambaram)재무부장관 시절이다. '재정전문가(financial experts)'에 의한 '꿈의 예산(dream budget)'이라고 명명했던 이 예산에서는, 직접세 삭감형태로 1,500억 루피 정도를 인하하고 있다. 소위 '래퍼 곡선(Laffer Curve)' 이론에 기초해서, 조세 인하에 의해 자극된 '활기(buoyancy)'는 낮아진 과세율을 충분히 커버하고도 남을 것이라는 주장을 펼치고 있다. 성장 및 세수 실현 면에서 형편없는 결과가 나타났을 때, 치담바람장관은 운 좋게도 현직을 떠난 뒤였다. 그러나 이와 같은 명백한 실패에도 불구하고 이후에도 조세인하는 계속되었다. 예를 들어 2000/01년 예산에서는 소득세에 대한 추가부담을 없애주는 형태로 조세인하를 실현했다. 그 외에도 다음과 같은 수단을 통해 조세를 감축했다. ①국내기업에 의해 지급된 배당에 대한 세율을 20%에서 10%로 인하 ②공기업의 초기자본 발행(primary issue)에 재투자되는 주식 매각으로부터 얻는 자본이득에 대한 세금면제 ③사회기반 설비를 비롯해서 ISP(Internet Service Provider) 및 광대역 통신망, '식량의 운송, 보관, 취급과 관련된 통합사업(the integrated business of handing, storage and transportation of food-grains)'분야 투자에 대한 면세(tax holiday)적용 등이다. 이와 같은 조치들로 인해, 2000/01년 한 해 동안에 550억 루피의 세수 감소가 예상되었다. 이외에도 관세 인하 추진(인도에 대한 WTO기준을 훨씬 상회함)에 의해 212억8천만 루피의 세수 손실이 예상된다.

은 1989/90년 11%에서 2001/02년 8.1%로 대폭 감소했다(2002/03년에는 9.0%로 다시 상승). 동기간 중 중앙정부의 GDP대비 순 조세비율(net tax to GDP ratio)도 하락추세를 보이면서 변동해 왔다. 1989/90년 7.9%에서 2001/02년 5.8%로 하락했다. 인도의 재정문제를 풀 수 없는 중요한 이유는, 바로 이러한 세수감소 때문이다. 만약 이러한 세수감소가 없었고, GDP대비 조세 비율이 1990/91년 수준에서 머물렀다면 재정적자는 자동적으로 낮아졌을 것이다. 1990/2000년 GDP 대비 재정적자는 7.3%가 아닌, 5.43% 수준으로 유지될 수 있었을 것이다.

세수측면에서 볼 때, 정부의 재정적자 감축수단 중 그 효과가 의심스러운 정책으로서 '수익성 있는 공기업의 민영화(privatization of profitable public sector corporation)'를 지적할 수 있다. 계속해서 자유화 조치를 취해온 인도정부에서는 공기업 지분매각(disinvestment)을 통한 정부수입 증가를 통해, 정부차입으로 야기된 재정적자의 감축을 시도해왔다. 민영화 조치는 정부가 생산에 참여할 경우 필연적으로 생기는 비효율을 제거하는 전략으로 사용해왔다. 민영화는 실질적 정부차입 수준을 낮추기 위한 어쩔 수 없는 고육책이었다. 하지만 몇 년을 제외하고 민영화로부터 얻은 수입은 계획보다 훨씬 낮은 수준이었다. 공기업 지분매각 및 민영화 과정에서 발생한 여러 가지 부패 사례는 차치하고라도, 공기업의 전체적 민영화는 기본적으로 문제가 있는 방법이다. 요컨대 민영화는 국고수입(state exchequer)을 늘리기는 커녕, 오히려 감소시킨다. 이 문제는 8장에서 상세하게 설명한다.

이제까지 중앙정부(central government)의 재정문제만을 논의해 왔지만, 주정부(state government)의 재정위기는 더욱 심각하다는 점을 주목할 필요가 있다. 중앙 및 주정부의 전체 재정적자는 1995/96년 GDP

대비 6.52%에서 1999/2000년 8.59%로 증가했다. 과세대상이 중앙 및 주로 나뉘어져 있기 때문에 주정부 자체에서 조세를 올리기에는 한계가 있다. 그럼에도 불구하고 중앙정부와는 달리 주정부에서는 세수를 늘리려는 노력을 기울여 왔다. GDP대비 전체 세입이 3.12%로 증가했다.[6] 그러나 1990년대 기간 중, 주정부가 중앙정부로부터 받은 교부금 비율은 전반적으로 계속 줄어들었다. 주정부는 초과인출권한(overdraft facilities)이 제한되어 있기 때문에, 중앙은행(RBI) 직접 인출을 통해 재정적자를 운용할 수 없다. 그렇다고 적자를 메우기 위해 돈을 빌릴 수 있는 뾰족한 수단이 있는 것도 아니다. 1990년대에 걸쳐서 재정적자가 늘어났다. 이러한 적자증대는 생산적 투자(productive investment)라기보다는 세입지출 증가에서 기인한 것이다. 일부 세입지출 증가는 중앙정부 결정에서 비롯된 것이다. 1998년 보수조정위원회 재정결정에 따라 주정부 세입지출(revenue expenditure)이 크게 증가했다. 그 결과 세입적자(revenue deficit)가 2배 이상으로 크게 늘었다.[7]

정부보조금 삭감

식량·비료·수출 등에 대한 직접적 예산 보조금(direct budgetary subsidies)은 1990/91년 GDP대비 2.3%에서 1996/97년 1.3%로 하락했다. 이후 90년대 말까지 동 수준에 머물고 있다. 수출보조금은 1992년에 끊겼다. 식량 및 비료에 대한 정부지출삭감은 1990년대 정부의 주요 정책목표 중의 하나였다. 식량보조금은 빈곤선(poverty line) 위에 위치

6) *Indian Public Finance Statistics 2000/2001*, Ministry of Finance, New Delhi.

7) 이러한 현상은 GDP대비 주정부 세입적자의 급격한 증가로 나타난다. 1997/98년 1.1%에서 이후 2년간 계속 2.69%를 기록했다.

한 국민들에 대한 공적분배제도(public distribution system: PDS)를 통해 야기된 곡물가격 상승을 낮추기 위한 수단이었다. 그러나 전체적인 보조금 규모를 줄이는 데는 실패했다. 이러한 보조금이 식량에 대한 접근성을 제공한 것도 아니었다(자세한 내용은 13장 참조). 비료보조금 삭감도 추진되었지만, 결과적으로 비료가격 상승으로 말미암은 비료 사용량 감소 및 화학적으로 불균형한 비료사용이 야기되었다.[8)]

GDP대비 직접보조금의 낮은 비율에도 불구하고 1997년 정부가 발표한 보고서에서는 다음과 같이 결론을 내리고 있다. "인도 전체의 보조금(공공 서비스에 대한 무료사용이나 낮은 요금을 반영한 암묵적 보조금을 포함)은 명시적 보조금보다 4~5배 정도 높을 뿐만 아니라, GDP의 14.4%라는 엄청난 비중을 차지하고 있다."[9)] 이러한 수치는 실제 발생한 공공지출에 대한 정부의 세입감소 혹은 요금부과를 통한 경비 충당들을 계산함으로써 예산서로부터 도출한 것이다. 재화 및 서비스는 개인적·사회적 가치가 크게 다른 것이며, 대규모의 외부성(externalities)이 수반되지 않는 보조금과는 구분되어야 한다는 입장에서 '가치재(merit) 보조금' 및 '비가치재(non-merit) 보조금' 이라는 용어를 사용하고 있다.[10)] 동 보고서에 따르면, "GDP대비 10.7%에 해당되는 보조금은 부적절한 성격이었다. 보조금의 목적이 잘못 설정되었기

8) 비료보조금은 비료산업에 직접 지급되었기 때문에, 부적절한 기술채택에 의한 공장설립을 야기했다는 비판도 제기된다(Dhar, 1984).

9) 'Government Subsidies in India', Discussion Paper, Ministry of Finance, Government of India, May, 1997.

10) 민간주체가 부담하는 비용 및 수익이 사회가 부담하는 비용·수익 규모와 다를 때 외부성이 발생하게 된다. 예를 들면 저소득 지역에서 공공위생설비는 개인에게 가져다주는 수익은 낮지만, 사회적 편익은 매우 크다고 할 수 있다. 마이너스 외부성에 대한 사례로서는 공장에 의해서 발생되는 공해를 들 수 있다.

때문에 분배적 결과는 오히려 악화되었다. 비료, 전기, 디젤, 관개 등 투입재 보조금을 통해 관리되었던 보조금의 경우, 이와 같은 부작용이 더욱 심하게 나타났다. 식량과 같은 최종재에 대한 보조금의 경우도 마찬가지였다. 결과적으로 이와 같은 보조금은 없애는 것이 바람직하며, 수혜자 비용 부담을 수반하면서 단계적으로 증가시키는 것이 옳다"고 주장한다. 아울러 중앙 및 주정부에서 제공되는 모든 서비스 사용자에 대해 비용부담을 늘렸던 사례가 있었음을 지적하고 있다.

그러나 정부보고서가 채택하고 있는 기본적인 방법론은 타당하지 않다. 또한 '가치재 보조금'과 '비가치재 보조금'의 분류도 매우 자의적이고 우스꽝스럽다.[11] 이와 같은 방법론의 가장 중요한 실패는, 편익에 대한 개인적 평가가 사회적 가치와 괴리되는 원인에 대해서 '외부성의 존재'라는 한 가지 측면만을 고려한다는 점이다. 보조금이란 마이너스 조세(negative tax)에 불과하다. 사회가 특정 활동에 대해 보조하기로 결정하는 데에 외부성만이 유일한 이유는 아니다. 조세 유형의 결정에서도, 기본적인 사회적 · 정치적 결정이 있는가 하면 소득분배적 결정도 있을 수 있다. 사실상 공공지출이 세입규모를 초과하는 것은 큰 문제가 되지 않는다. 오히려 사회적으로 바람직한 경우도 많이 찾아볼 수 있다.

11) 보고서에 따르면, 도로와 교량은 가치재(merit goods)이고 철도 · 우편제도를 포함한 다른 형태의 수송 및 통신은 비가치재(non-merit goods)로 분류한다. 'SCs(Scheduled Castes), STs(Scheduled Tribes), OBCs(Other Backward Castes) 지정카스트, 지정부족, 여타 후진계급에 대한 복지'를 위한 지출은 가치재 보조금으로 나누고, '건강 및 가족복지'를 위한 전반적 지출은 비가치재 보조금을 분류한다. '하수처리 및 위생설비'는 가치재이고 '용수공급 및 위생, 주택'은 비가치재이다. 또 정부의 '정보 및 공개성'은 가치재로 간주한다. 매우 높은 외부성을 가지고 있다고 알려진 관개 · 홍수통제, 발전(power generation) 등의 사회기반 설비 활동은 비가치재로 분류하고 있다(얼마나 자의적인 분류인가?).

시장실패(market failure)는 외부성의 경우에서와 같이 단지 미시적 경제수준에서만 발생하는 것은 아니다. 거시경제적 수준에서도 정부 지출은 경제활동수준을 유지하는데 매우 중요한 역할을 한다. 이러한 역할들을 단지 '암묵적 보조(implicit subsidy)'로 간주하는 것은 매우 잘못된 해석이다. 저축과 투자의 결정이 자유로운 의사결정자의 상상 및 불확실한 미래에 대한 기대, 다른 사람들의 결정 등에 기초해서 이뤄지는 시장기반 경제시스템 하에서는 불완전고용 균형(unemployment equilibrium)을 향한 끊임없는 경기변동 경향이 존재한다. 경기후퇴가 예상되는 경우, 정부는 경기후퇴를 막기 위한 '경기역행적 수요관리 정책(counter-cyclical demand management policies)'을 시행하는 경향이 있다. 경우에 따라서는 실업수당과 같은 도구를 통해서 실업의 충격을 줄여나가기도 한다.

시장기반 경제시스템에는 자산 및 소득의 불평등한 분배상태가 존재한다. 불평등은 일부 국민들의 시장 참여능력을 줄이며, 기본적 요구(basic needs) 충족을 위한 자금동원 능력을 위축시킨다. 이와 같은 시장경제의 특성을 치유하고자 하는 목적으로 선진 산업국가에서 복지국가(welfare state)를 창조했다. 그러나 '시장 친화적(market-friendly)'인 이상적 환경에서도 불평등의 단지 일부만이 제거될 수 있을 뿐이다.

인도에서 1990년대에 걸친 보조금 삭감 정책은 바람직한 경비지출 삭감이라는 목표를 달성하지 못했을 뿐만 아니라, 마이너스의 경제효과를 야기했다. 식량보조금과 같은 직접 보조(direct subsidy)의 경우가 좋은 예이다. 중앙정부 세입지출 대비 직접보조금 비율은 하락했다. 하락의 주요 원인은 1990년대 기간 중 이자지급 규모가 급격히 증가했기 때문이다. 이와 같은 보조금 삭감조치(2000/01년 세수 지출의 단지

10%에 해당)는 인도경제의 전반적 분야에 걸친 생산 및 복지에 마이너스 영향을 미쳤다.

정부지출 삭감

국가의 경비를 줄이는 다른 방법 중 하나는 '일반적 정부지출(general government expenditure)'의 삭감이다. 그러나 장관이나 고위 관료의 사치나 낭비를 줄이려는 시도는 거의 없었던 반면, 생산적인 성격의 자본적 경비는 크게 삭감되었다. 이러한 정부지출 삭감은 사회기반설비의 상태를 악화시키는 동시에 경제의 전반적인 투자 및 성장에 마이너스 영향을 끼친다. 공공부문과 민간부문 간에 존재하는 강력한 연관관계로 인한 결과이다.

정부에 대해 고용을 감축하고 정부경제활동 수준을 낮추라는 여론 공세가 강화되었다. 아울러 정부규모 축소 노력을 보여줄 수 있는 공식적 조치를 정기적으로 보일 것을 촉구했다. 2001/02년 예산 안에서 신하(Yashwant Sinha) 재무장관은 정부지출개혁위원회(Expenditure Reforms Commission) 권고에 기초해서, 정부규모 축소를 위한 주요 프로그램의 실시를 천명하고 있다. 현재 정부 고용인원의 3% 감축과 함께, 매년 2%씩 고용을 줄여나갈 것이며 신규채용은 현 고용 인원의 1%로 제한하기로 결정했다. 목표는 5년 안에 공무원 규모를 10%를 줄이는 것이었다.

그러나 공공부문 고용을 줄이는 정책 그 자체는 매우 문제가 많다. 모든 사회는 광범위한 공공부문 고용을 필요로 한다. 민간부문에서 제공할 수 없는 공공재를 제공할 뿐만 아니라 생산활동 및 국민 복지를 위해 필수적인 공공서비스를 제공하기 때문이다. 이제까지 인도정부는 대다수 국민들에게 광범위한 공공재 및 공공서비스를 제공하지 못했다. 기본적 수송, 사회기반설비 개발, 적절한 주택 및 위생, 최소한의 의료설비 접근, 교육기회 제공 등 어느 면에서 하나라도 제대로 갖춘 것이 없다. 설상가상으로 국민적 니드(public needs)와 실제 이용가능성 간의 괴리는 매우 클 뿐만 아니라, 날이 갈수록 심화되고 있다.

공공서비스의 열악한 상태를 잘 아는 대부분의 국민들은 공무원 수를 줄일 것이 아니라 공중보건, 위생설비, 교육 등의 영역에 오히려 '더욱 많은(far more)' 인원을 고용해야 한다고 주장하고 있다. 인도정부부문의 고용비율은, 국민에게 보다 양질의 공공서비스를 제공하는 선진국이나 다른 개도국에 비해 훨씬 낮다. 국가적 채널을 통해 필수적 재화와 서비스를 공급하기 위해서는 정부 고용을 줄일 것이 아니라 오히려 충원이 필요하다. 이러한 고용에 의해 창출되는 소득은 단순히 보다 나은 복지 및 인간개발지수(human development indicators)의 향상 뿐 아니라 총수요(aggregate demand)도 자극하게 된다. 국내시장에서 요구되는 경제적 자극을 제공하게 되는 것이다.

이러한 주장이 델리나 주정부의 일부 부서에서 공무원이 과잉 고용되고 있다는 사실을 부정하는 것은 아니다. 현존하는 노동력의 재배치가 필요한 것은 사실이다. 공무원들의 재배치 및 효율적 활용 촉구가, 곧 과잉고용이라는 의미와 통하는 것은 아니다. 현재의 열악한 서비스수준을 탓하기보다, 사회서비스 수요 인구가 너무 많은 점을 탓하는 입장과 동일한 논리라고 볼 수 있다.

〈표7-4〉 정부 인원감축 계획안에 따른 재정 상태

	피고용자(명)	총 보수 및 수당 (천만 루피)	총세입지출비율(%)
전체	3,455,076	29,079.77	10.26
철도(Railways)	1,583,122	13,379.95	4.72
우편(Posts)	603,525	3,546.35	1.25
원자력(DAE)	33,707	451.77	0.16
항공(Space)	16,703	241.96	0.08
인원감축대상	1,218,019	11,459.74	4.04
2% 감원 시	24,360	229.19	0.08
10% 감원 시	121,802	1,145.97	0.40

자료 : *Central Government Annual Budget Documents*, 2001/02.

아무튼 이와 같은 인원감축은 경비 절감이라는 면에서 거의 효과가 없다. 〈표7-4〉에서 보듯이 정부 공무원은 350만 명 정도이다. 이중 220만 명은 철도 및 우편 관련 종사자들이다. 국가 규모를 감안해보면 개별 공무원의 업무량은 엄청난 것이다. 업무의 복잡성을 고려할 때, 과업을 어느 정도 완수해왔다고 볼 수 있다. 다른 5만 명은 원자력 및 우주 분야 인력이다. 동 부서 공무원들은 국방부문과 같이, 재무부의 인원감축 대상이 아니다. 결국 인원감축 계획이 적용되는 대상은, 나머지 120만 명에 불과하다. 2001년 이들에게 지급된 봉급 및 수당은 1,145억 9천만 루피이다. 인원감축 계획이 성공적으로 수행되더라도 연간 절약될 수 있는 총경비는 전체 세입지출의 0.08%에 불과하다. 계획대로 5년간 10%를 줄인다해도 전체 세입지출의 0.4%정도에 해당하는 규모이다. 결국 이와 같은 인원감축 계획은 재정적자 완화라는 측면에서 거의 효과가 없는 것이다. 인원감축계획을 발표하는 것은 재정정책상 더욱 시급한 내용으로부터 국민의 관심을 돌려놓으려는 방편에 불과하다.

인원감축 계획의 재정적 효과는 미약한데 반해, 추진과정에서 실질적 경제 비용(real economic cost)이 따른다. 인원감축을 주장하는 사람들은 고용조정과정에서 실직한 사람들의 운명을 정당화하는 차원 이상의 심각한 문제가 있다는 점을 망각하는 경향이 있다. 현직을 유지하고 있는 공무원들은 어쩔 수 없이 추가적 업무 부담을 안을 수 밖에 없다. 불안정한 계약 상태로 몰림에 따라 효율적인 업무수행에 적지 않은 손실이 수반된다.

영국이나 브라질 등의 경험을 보더라도 무분별한 인원감축에 따른 비용이 얼마나 큰 것이며, 또 어떤 사회적 손실이 수반되는 것인지 알 수 있다. 영국에서는 철도 민영화에 따른 인원감축으로, 철도시스템이 붕괴될 위기까지 갔다. 수많은 사고, 잦은 연착과 예고 없는 운행변경 사태가 발생했다. 불안정한 고용계약에 업무 부담만 가중되다 보니 직원들의 불친절은 더욱 심해졌다. 2001년 중반, 영국의 민간철도회사는 사실상 재산관리절차에 들어갔다. 정상적 철도 운행만이라도 유지하기 위해, 정부에 의한 재국유화 조치가 요구되고 있다.

라틴아메리카 제국에서도 몇몇 주요 공공부문의 민영화 결과, 일자리 상실은 물론이고 안전예방조치가 느슨해지고 서비스 효율이 떨어졌다. 현직에 남은 근로자들도 과거 고용규모에서 제공했던 수준의 서비스를 제공할 수 없었다. 보다 명백한 사례는 미국에서 찾아볼 수 있다. 2001년 9·11테러 공격 이후, 공항의 공안(public security)을 강화하고 안전서비스 공급시스템을 효과적으로 재 국유화하는 법안이 통과되었다. 이전에 추진한 인원감축과 민영화 조치로 인해 보안상태가 매우 취약하게 되었다는 비판이 거셌다.

이와 같은 공급 측면에 대한 고려 외에도, 케인즈적 입장에서 다음과 같은 주장을 제기할 수 있다. 공공부문의 고용은 민간부문 성장에 필요한 구매력을 창출한다는 면에서도 중요하다. 비활용 생산능력(unutilized capacity)이 존재하는 경제에서, 노동자들에게 땅을 파게 했다가 다시 메우게 하는 '비생산적(unproductive)' 일을 시킨다해도 노동자에게 지급된 임금은 유효수요(effective demand) 증대 및 생산 자극을 통해 경제에 플러스효과를 가져다준다.[12] 이와 같은 사실은 오늘날에도 여전히 타당하다. 현재의 거시경제환경을 보면 모든 부문에서 성장률이 하락되고 있으며, 고용창출은 매우 낮은 수준이다. 국가인적자원이 크게 낭비되고 있다. 따라서 공공부문 고용감축정책의 목표는 더욱 그 실효성이 의심스러운 것이다.

재정적자 구조

기존의 재정개혁은 재정적자 규모의 감축에만 집중해왔을 뿐, 어떤 수준만큼의 재정적자를 유지할 것인가에 대해서는 그다지 관심을 갖지 않았다. 재정개혁은 '화폐화된 적자(monetized deficit)'의 급격한 감축 및 지속적 적자해소와 연관된다. 과거에는 재정적자를 단기 증권

12) 예를 들어 실업 및 비활용 생산능력이 존재하는 경제에서 공공부문 고용증가로 인해 100루피만큼의 임금이 증가했다고 하자. 임금은 소비재 구입에 사용되고, 승수과정을 통해서 경제활동을 자극함으로써, 이를테면 300루피로 불어날 수 있다. 결국 커다란 사회적 이득이 초래된다. 최초의 100루피가 완전하게 비생산적인 활동에 소비된다 해도, 최초 단계에 비해 200루피의 순이익을 얻게된다.

발행, 이를테면 RBI에 대한 임시 재정증권(ad-hoc Treasury Bill)발행을 통해 충당해왔다.[13] 1990년대 초반까지 정부예산 적자의 많은 부분이 정부가 발행한 임시 재정증권을 통한 중앙은행 차입을 통해 메워졌다. 중앙은행 차입이자율은 4.6%였다. 공개시장 차입이자율보다 훨씬 낮은 수준이다. 중앙은행 차입통로가 완전하게 막히면서, 정부차입에 소요되는 평균이자율이 크게 상승했다.

중앙은행에 대해 일정 정도의 자율과, 경제운용에서 화폐정책에 더욱 중요한 역할을 부여해주기 위해서, 임시재정증권의 발행은 감축 내지 철폐되어야 한다는 주장이 제기되어왔다. 이러한 주장은 거시경제운용에서 재정정책보다는 화폐정책의 역할이 더욱 큰 역할을 할 것이라는 전제에 기초하고 있다. 중앙은행 차입을 허용하지 말아야 한다는 주장은 세 가지 근거에서 비롯된다. 첫째, 중앙은행 차입을 통해 재정적자를 메운다는 것은 인플레를 유발할 수 있다. 둘째, 중앙은행차입은 중앙은행의 자율성을 침해함으로써 화폐정책의 역할을 훼손할 수 있다. 셋째, 정부에 낮은 이자율의 신용을 제공함으로써 재정준칙의 훼손이 우려된다. 이와 같은 세 가지 근거에 대해 상세하게 살펴볼 필요가 있다.

우선 예산적자(budget deficit), 즉 중앙은행으로부터의 차입을 통해 메워지는 적자가 공개시장 차입에 비해 인플레를 유발하기 쉽다는 주장의 논리는 다음과 같다. 즉 중앙은행 차입은 단지 돈을 찍어내는 것이지만, 공개시장 차입은 민간부문 저축으로부터 차입하는 것이다.

13) 이러한 방법은 두 가지 단계를 거쳐서 어느 정도 성공적으로 수행되어왔다. 우선 특정 연도의 재정증권 발행액에 관한 상한을 정해놓았다. 이어서 재정증권 발행의 관행을 철폐하고, 중앙은행의 세입계정 입체에 대한 제한적 접근을 허용하는 방법으로 대체해나갔다.

새롭게 발행한 정부 증권이 중앙은행으로부터 재정보증을 받을 수 없거나, 은행제도의 신용창조범위가 제한되고 있다면 이러한 주장은 타당할 수 있다. 그러나 은행이 유동성 과잉상태에 있다면(적어도 1999년에는 인도 경제에서 유동성과잉이 존재했다), 정부의 공개시장 차입은 신용시장으로부터 민간부문을 밀어내거나 교체한다기보다는 오히려 은행제도를 통해 신용을 증가시키게된다.

나아가 과잉설비가 존재하거나 공급제약이 존재하지 않을 경우에는, 정부의 어떤 차입도 인플레이션을 유발시키지 않는다. 무릇 인플레이션이란 사전적 수요(ex ante demand)가 사전적 공급(ex ante supply)을 초과할 때 발생하는 것이다. 정부에 의한 초과지출이 차입에 의해 충당된다면, 경제가 완전고용 상태이거나 특정부문에서 공급 애로가 존재할 때만 인플레이션이 유발된다. 1990년대 후반 인도 산업부문은 과잉설비의 부담을 안고 있었으며, 정부는 곡물 재고와 높은 수준의 외환보유액을 유지하고 있었다. 이와 같은 공급제약이 존재하지 않는 상황에서는 적자재정을 통한 산출증가가 가격인상을 수반하지 않는다. 인플레이션이 계속 낮은 상태로 유지되면 확장적 재정정책을 위한 견고한 기반을 제공해줄 수 있으며, 필요한 경우 중앙은행 차입을 통해 재정지출을 메울 수 있다. 1990년대 말의 상황에서 '화폐화된 적자(monetized deficit)'는 인플레를 유발하지 않았을 뿐만 아니라, 경제성장의 측면에서도 유용한 수단이었다.

"화폐화된 적자는 중앙은행의 자율성을 훼손한다"는 두 번째 반대논리에 대해서 살펴보자. 중앙은행의 자율성은 IMF형 금융개혁의 핵심요소이다. 중앙은행은 국가의 인플레이션을 조절하고, 국제수지를 운영하며 경제성장을 주도할 수 있는 수단으로서, 화폐정책을 자유롭게 사용할 수 있다고 가정한다. 이러한 목적을 달성하기 위한 두 가지 수단은 '유동성 규제' 및 '이자율 조정'라고 할 수 있다. 그러나 이러한 정책의 효율성에는 중요한 한계가 존재한다(상세한 내용은 9장 참조).

'재정적자의 화폐화' 관행을 없애는 정책은 재정적자 상황을 치유하는데 거의 효과가 없다. 높은 이자율이 적용되는 공개시장을 통해 적자가 메워지는 경우에도 재정적자는 여전히 높은 수준에 머물렀다. 정부의 이자율 부담만 커졌을 뿐이다. 자본지출 및 이자지급외의 경상지출에 대한 재정 융통성도 동시에 위축되었다. GDP대비 중앙정부의 세입지출 비중은 상승했으며, 각종 보조금을 포함한 이자지급 이외의 경비지출은 줄었다. 재정적자는 계속 늘어났다.

국가의 재정조정능력(fiscal manoeuvrability)에 대한 재정개혁 효과를 측정하기 위해, 실제의 재정 상황과 가상의 재정 상황을 비교해 볼 수 있다. 과거의 관행에 따라 1989/90년에 했던 것처럼 중앙은행으로부터 재정적자의 동일한 부분(약 30%)만큼을 차입했을 경우에 나타날 수 있는 가상적 상황을 비교해 보는 것이다. 중앙은행 차입이자율을 4.6%로 가정한다. 공개시장 차입이자율은 1990년대 각 연도별 차입이자율을 사용한다. 이와 같은 조건하에서 이자부담액을 계산하면 2000/01년 현재 1,757억 7천만 루피에서 8,846억 4천만 루피로 증가한다. 실제 예산서 상에 나타난 이자부담액은 1조 126억 6천만 루피였다. 따라서 2000/01년에 만약 과거의 관례에 따른 재정적자 처리에 따랐다면 약 1,300억 루피의 이자지급을 절약할 수 있었을 것이며 12.6%만큼의 이자지급을 줄일 수 있었다는 계산이 나온다. 이 계산에서는 낮아진 이자부담으로 인해 매년 요구되는 공채규모 감소에 따른 추가적 이익은 포함되지 않았다. 동일 수준의 정부지출 하에서도 이와 같은 누적적 절약으로 인해 재정적자 규모는 틀림없이 감축되었을 것이다. GDP대비 재정적자는 1999/2000년 약 0.55%만큼 낮아졌을 것이다. 만약 1989/90년 수준으로 GDP대비 조세수준을 유지했다면 적자비율은 실제 나타난 7.03%보다 훨씬 낮은 4.88%를 기록했을 것이다. 2.15%만큼의 재정적자감축은 1999/2000년 절대가격 기준 4,153억 1천만 루피에 해당하는 규모이다. 당해 년도 식량 및 비료 보조금 1,795억 루피의 두 배가 넘는 액수이다. 결국 동일한 크기의 적자재정을 중앙은행차입을 통해 해결했다면 재정상황의 악화 없이도 식량 및 비료보조금을 무려 세 배로 올릴 수 있었으며, 혹은 정부가 필요한 농업분야, 인프라 및 사회부문에서 중요한 투자 재원을 마련할 수 있었다는 것이다.

사실상 현재의 재정문제에 대한 불만은 과거 발행된 공채에 대한 비용부담에서 비롯된다. 더욱 심각한 문제는 공공채무에 대한 이자율이 상승한다는 것이다. 이러한 상황은 급기야 90년대 말에는, 정부가 단지 이자지급만을 위해서 차입을 하는, 소위 '폰지 재정(Ponzi finance)'을 연상케 한다.[14)]

2000년대 초 거시경제 환경은 재정적자를 통한 정부지출이 긴급히 필요한 상황이었기 때문에 이자율 상승은 매우 중요한 사안이었다. 상품생산부문의 성장이 정체되고 1990년대 직면하게 된 빈곤문제의 퇴치에 별 진척이 없게 되면서, 예산 그 자체가 무엇보다도 성장 및 빈곤을 경감시킬 수 있는 수단으로 취급되었다. 재정적자 및 경비지

14) '폰지 재정(Ponzi finance)'이란 1920년대 유럽에서 활동하던 재정사기꾼(Ponzi)의 이름에서 유래한 단어이다. 미지불 부채의 양을 증가시킴으로써 부채에 대한 현금지급을 하는(신규부채로 과거부채를 갚는) 재정 관행을 의미한다. 확실히 이러한 과정은 지속불가능하다.

출삭감에 치중했기 때문에, 성장 및 빈곤퇴치 등과 같은 더욱 기본적인 정책목표들이 후순위로 밀려나게 되었다.

만약 정부가 민간부문의 활력을 자극한다는 이유로 자원을 낭비하지 않았다면, 재정적자에 대해서는 과거 관행에 따른 화폐화 경로를 통해 조절하면서 전체적인 재정적자를 통제하겠다는 강박관념을 떨쳐버렸다면, 식량과 외환보유액이 충분했던 1990년대는 확실히 더욱 발전적인 10년이 되었을 것이다. 그러나 이와 같은 상황은 실현되지 못했다. 재정적자 감축을 통해 얻고자 했던 소기의 목적도 달성하지 못했다. 재정적자의 통제라는 이슈는 신자유주의적 경제개혁의 결과로서 나타난 것이지, 결코 비정상적 정부지출의 결과가 아니라는 사실을 정부는 인식하지 못했다.

재정책임

1990년대에는 정부의 재정행동(fiscal behaviour)에 대해 법률적 제한을 가하는 것이 하나의 국제적 유행이었다. 세계의 다른 나라들도 마찬가지였다. 재정통제 관행은 1980년 중반, 미국에서 제일 먼저 시작되었다. 미국의 '균형예산 및 적자재정통제법(Balanced Budget and Emerging Deficit Control Act: Gramm-Rudman-Hollings Act)'은 법정 기한 내에 급속히 연방정부 적자를 줄여서, 적자가 전혀 없는(균형재정) 상태로 유지할 것을 규정하고 있다. 어떤 기준에서 보더라도 극단적인 것이지만, 몇몇 국가에서는 실제로 이와 같은 수단을 사용한 바 있다.[15] 일부 다른 국가에서는 특별한 법률적 규정없이 균형재정정책을 추구해왔다.

재정정책에 대해 이와 같은 강력한 제약을 부과하는 정부에서는, 보수적 재정정책이 심각한 경기후퇴 및 디플레이션을 수반할 수 있다는 점을 고려해야 한다. 여러 나라에서 재정통제에 대해 더욱 신중한 태도를 취하고, 정부에게 보다 신축적인 재량권을 부여하는 것도 이와 같은 맥락이다. 재정적자는 경기순환 과정에서 변화할 수 있다는 점을 주목해야 한다. 오랫동안 정부의 적자재정에 대해서 반대 입장을 취해왔던 IMF조차도, 고정적이고 경직적인 재정적자 제한은 불가능하며 또 바람직하지도 않다는 인식을 갖게 되었다. 최근에는 일부 국가에서는 IMF의 일정한 감시 하에, 비교적 큰 규모의 재정적자를 허용하고 있다.

이와는 대조적으로, EU제국을 비롯한 일부 국가들은 재정적자에 대해 스스로 제한조치를 취하고 있다. 마스트리히 조약(Maastricht Treaty)의 부속 규정인 '안정 및 성장에 관한 협정(The Stability and Growth Pact)'에서는 'GDP대비 3%의 총재정적자 비율 및 GDP대비 60%의 공채상한 조항'을 두고 있다. 동 조항은 1999년 1월 EMU(European Monetary Union: 유럽통화동맹) 가입 조건으로 정해졌다. 본 조치가 시행되기 직전, GDP대비 정부적자 수준이 높았던 국가(예를 들어, 이탈리아 · 프랑스 · 독일)들이 기한 내에 요구수준을 달성하기 위해 어떻게 노력했는지 살펴보는 것도 흥미롭다. 급작스럽게 재정적자 비율 감축을 위해 각 나라에서는 각종 '창조적 회계(creative accounting)' 기법을 사용했다는 의혹이 제기되고 있다.

15) 어떤 경우에서든, 미국의 특별한 경제 환경은 미국 정부가 아무리 보수적 재정정책을 사용하더라도 미국경제가 확대될 수 있도록 만들어준다. 자산시장(asset market)의 붐은 소비를 진작시키고 거대한 규모의 민간 투자-서축 갭은 해외저축에 의해 충당된다. 오랜 기간동안 다른 나라에서는 누릴 수 없었던 조건이다.

정부적자 및 공채에 대한 법률적 제한 촉구는, 각국 금융지배세력들의 보다 큰 정치적 영향력으로부터 나오게 된다. 정부에 돈을 빌려줌으로써 이익을 얻은 금융그룹(financial group)들은 국가에 대한 채권이 안전하게 지속되고 상환되길 원한다. 또한 정부는 공개적인 자본이동으로 표출되는 외국 투자가들의 투자회피 현상에 대해서도 몹시 두려움을 가지고 있다. 이러한 상황들이 세계 각국에서 재정적자를 통제해야 한다는 강박관념을 야기하고 있는 것이다.

이상과 같은 배경에서, 인도 정부는 2000년에 '재정책임법(Fiscal Responsibility Act)'을 의회에 상정해서 통과시켰다. 이어서 2003년 7월, 일부 내용이 개정되었다. '재정책임 및 예산관리법안(The Fiscal Responsibility and Budget Management Bill)'은 2008년까지 중앙정부의 세입적자를 없앨 것을 규정하고 있다. 동 규정에 대한 선언적 근거는 '재정책임 입법위원회 보고서(Report of Committee of Fiscal Responsibility Legislation)'이다. 기본전제로서 "재정적자야말로 모든 다른 거시경제 및 성장변수에 영향을 미치는 중요한 요소이다. 재정적자에 대한 통제는 정부의 모든 경제적 목표를 실현시키는데 절대적으로 필요하다"는 입장을 취하고 있다. 재정적자 통제는 이자율을 낮추고, 민간투자를 활성화시키기 위해 필요하다고 주장하고 있다. 그러나 이러한 주장은 새로운 경제이론이나 최근의 국제적 경험에 비춰보더라도 정당화될 수 없다. 서로 다른 인과관계를 갖기 때문이다. 이제 이러한 가정에 대해 차례로 살펴보자.

첫 번째 주장의 요지는, 낮은 재정적자가 높은 수준의 지속적 성장을 가져온다는 것이다. 그러나 사실은 그렇지 않다. 설사 재정적자가 주로 자본적 경비(capital expenditure)로 이뤄질 경우에도 재정적자는 수요·공급의 연계를 통해서 미래의 경제성장에 기여하게 된다. 또 세계은행과 같은 기관에서도 인정하듯이, 공공투자 및 민간투자 간에는 강한 정(+)의 상관관계가 존재한다. 보다 많은 공공지출은 전반적인 투자와 성장을 자극하게 된다. 공공투자의 '끌어들이기(crowding-in)'효과는, 특히 개도국에서 '밀어내기(crowding-out)'효과를 압도한다. 재정적자 축소에 따른 디플레이션효과는 대부분의 정부에서 확인된 사실이다. 심지어 유럽국가에서도 광범위하게 명시적으로 확인되고 있다. 다만 이들 국가에서는 금융부문 압력과 같은 다른 이유 때문에, 재정적자를 억지로 줄이고 있는 것이다. 요컨대 재정적자의 축소는 경제활동 위축을 동반할 수 있다.

둘째, 대규모 재정적자가 반드시 높은 인플레이션을 수반한다는 주장은 옳지 않다. 본장의 서두에서도 지적했듯이 인플레이션이란, 사전적(ex ante)으로 총수요가 총공급을 초과함으로써 발생된다. 사전적 초과수요는 공공부문이나 민간부문에서 야기될 수 있으며, 인플레이션이나 경상수지 적자 혹은 양자의 혼합된 형태로 나타날 수 있다.

셋째, 대외적 취약성(external vulnerability)은 재정적자에 대한 규제여부보다는, 경제의 금융개방도 및 국제금융의 인지적 태도와 더욱 깊은 관련을 맺고 있다. 무역 및 자본자유화에 따른 민간부문 과소비에 의해 대규모 경상수지적자가 발생할 경우, 대외경제위기나 자본유출을 경험하게 된다. 그 외에도 갑자기 다른 국가의 자본시장 수익성이 상대적으로 높게 보였다거나, 심지어 금융위기에 빠진 나라와 지리적으로 가깝다는 이유만으로도 자본유출이 발생할 수 있다.

국제금융기관들이 대규모 재정적자는 바람직하지 못하다고 지적해온 것은 사실이다. 하지만 국제금융이 이익 추구를 위해 성장하는 경제에 몰려드는 현상을 막을 수는 없다. 정체된 국가를 회피하는 경향도 피할 수 없는 것이다.[16] 결국 개방 경제하에서 재정건전성(fiscal rectitude)은 이자율을 낮출 수는 있겠지만, 이 상태를 지속적으로 유지하기는 힘들다. 국제금융 입장에서 볼 때, 대규모 적자는 바람직한 상황이라 볼 수는 없다. 그러나 재정적자가 높은 경제활동과 연계될 수만 있다면, 어느 정도의 재정적자는 충분히 용인할 수 있다는 것이다. 또한 국제금융은 다른 경제 요인들에 대해서는 부정적으로 반응할 수 있다. 예를 들어 투기적 자본유출이 생길 경우, 더 이상의 자본유출을 막기 위해서는 공공재정 상태와는 상관없이 국내 이자율을 올리게 된다.

이러한 상황에 비춰볼 때, 인도 정부가 제안한 재정책임법의 기본적 가정들은 많은 결함을 가지고 있다. 그러나 이러한 가정들은 시한을 정한 엄격한 재정규제법안에 그대로 적용되었다. 법안에 따르면, 정부는 세입적자 및 재정적자를 줄이고 적절한 세수잉여를 확보하기 위한 수단을 스스로 찾을 것을 명시하고 있다. 정부에 대해 높은 세입적자나 재정적자를 허용하는 유일한 상황은 '국가안보나 재앙으로 인해, 예상치 못한 중앙정부의 재정수요가 발생했을 경우'로 한정하고 있다. 예를 들면 경기침체나 빈곤 심화, 낮은 고용창출 등은 이에 합당한 사유가 되지못한다. 인도 재정책임법에서 규정하고 있는 GDP대비 2%의 재정적자 상한 및 세입적자 제거 조항은 EU의 마스트

16) 1999년 및 2000년 한국에서 나타난 '투자자 신뢰(investor confidence)'를 보라. 당시 한국의 GDP대비 재정적자 비율은 6% 정도의 높은 수치를 기록했다. 1997/98년 한국의 외환위기 이후 수행된 확장적 재정정책은 경제활동 회복에 크게 기여했다.

리히조약 규정보다 더욱 강력하고 제한적이다(마스트리히 조약에서는 GDP대비 재정적자 비율을 3%로, GDP대비 공채비율 상한은 60%로 제한하고 있다).[17)]

재정적자의 순환적 성격에 대한 고려도 배제했다. 여기서 순환적 성격이란 경기 침체기에는 재정적자가 상승하는 반면, 경기호황기에는 재정적자가 감소하는 현상을 의미한다. 또한 순환적 성격을 고려한 '구조적 재정적자' 측정을 고려하지 않았다. 이러한 점들로 인해서 유사한 외국의 재정책임법과 비교해보더라도 더욱 경직적이며 융통성이 결여되어 있다. 경제활동이 둔화될 경우, 정부가 경기 부양적 재정정책을 통해 대응할 수 있는 능력을 완전하게 막아버렸다. 결국 산업을 비롯한 경제의 모든 주체들은 경기 침체기에도 정부 재정정책의 보호를 전혀 받을 수 없게 되었다.

여기서 명백한 점은 이와 같은 재정규제 조치가 정당하지 않을 뿐만 아니라 필요성도 없는 정책이라는 것이다. 이러한 규제정책 하에서는 대부분의 국민들이 경제적 손실을 입게 된다. 재정규제 정책은 경제에 대한 디플레이션 효과도 없을 뿐만 아니라, 매우 엄격한 기준을 충족시키기 위한 공공지출 삭감이 수반되어야 한다. 따라서 성장과 복지에 필요한 공공지출이 줄어들게 된다. 이러한 재정책임법이 가지고 있는 오류는 잘못된 정치적 판단이라기보다는 기술관료적 필요(technocratic necessities)때문에 적용된 가정과 결론의 오류라고 할 수 있다. 국가의 전반적 경비지출, 분배 및 재정통제 등은 매우 정치적이며 서민들의 이익보다는 금융그룹을 비롯한 사회 내 특정 경제그

17) 인도의 경우, 재정책임법위원회의 권고(3%)보다 더욱 강력하게 재정적자 비중을 줄여 나갔다.

룹의 이해를 반영하고 있다. 나아가 모든 시민들의 기본적 경제권은 무시되고 있다.

08

공기업 민영화

08 공기업 민영화

인도에서는 '시장 친화(market friendly)' 정책의 일환으로 공기업(public sector undertakings : PSUs) 민영화를 추진해왔다. 1990년대 기간 중 역대 중앙정부는 '공공부문 개혁(public sector reform)'의 수단으로 공기업 지분 매각 조치를 추진했다. 1991년 7월 산업정책결의(industrial policy statement)에 따르면, 공기업 지분매각(equity sale)을 재정규율의 확립 및 경제성과 개선을 위한 수단으로 규정하고 있다. 물론 이러한 민영화 요구의 이론적 정당성이나 경험적 타당성에 대한 증거는 없다.

과거 경험에 비춰보면 공기업 지분 매각의 우선적 동기는 재정정책 수행상의 편의성이라고 할 수 있다. 모범적인 거시경제 운영 여부를 판단하는 중심 지표로서 '재정적자의 감축 및 제거'를 강조한 IMF 권고를 받아들인 인도 정부는, 예산의 모양새를 갖추기 위한 유용한 세입 원천으로서 민영화 절차를 추진했다. 새로운 시장환경을 조성하기 위한 조치로서 공기업 경영혁신, 자발적 사업규모 축소, 공공부문 자율권 확대 등의 방안에 대해 많은 논의가 있었지만, 공공부문 개혁은 주로 공기업 지분매각 조치를 중심으로 진행되었다. 공기업 지분

매각에 대한 예산목표는 1991/92년 250억 루피에서 2000/01년 1,200억 루피로 대폭 늘려 잡았지만, 실제 수입액은 매년도 목표치에 크게 못 미쳤다.

동 기간 중 민영화 수단의 성격도 역시 변화했다. 1990년대 초기에는 일부 지분의 매각에 중점을 두었으며, 경영지배권은 여전히 정부가 가지고 있었다. 각 공기업마다 경영성과에 차이가 있었기 때문에, 공기업 지분에 대한 시장평가액도 역시 달랐다. 따라서 정부는 실적이 우수한 공기업과 손실이 발생하는 부진한 공기업의 지분을 함께 모아서 '묶음(bundle)'형식으로 판매했다. 실제 이러한 방법이 손실발생 공기업 주식을 합리적 가격으로 매각하는데 기여한 것은 아니다. 묶음 판매의 결과, 각 묶음에 대한 최저 평균가격만을 받았기 때문에 대부분 주식들이 헐값으로 넘겨졌다. 1991/92년 묶음판매로 제시된 가격은 8억7,000만 주에 대해 주당 34.83루피였다(이후 주식가격은 주당 평균 109.61루피로 현실화되었다).

묶음판매 전략의 실패에 따라 정부 정책은 두 가지 방향으로 변화했다. 첫째, 높은 수익률을 기록하는 공기업 지분 매각에 주력하는 정책이다. 민간기업으로 하여금 소수 지분만 가지고도 경영권을 행사할 수 있도록 허용함으로써, 많은 양의 지분을 인수할 수 있도록 유도했다. 인도중앙은행 전 의장 랑가라잔(C. Rangarajan)이 이끄는 위원회 권고에 따르면, 지분매각은 정부 통제가 가능한 범위 내에서 50% 미만으로 제한해야하며, 특정 부문에서는 25%까지 제한할 것을 주장했다. 이러한 방침은 비핵심적 · 비전략적(non-core and non-strategic) 공기업 분야에서 정부지분을 줄여나간다는 목적에 부합됨과 동시에, 민간부문으로 하여금 공기업 주식을 취득할 수 있는 인센티브를 제공할 수 있다고 지적했다. 1996년 제1차 민영화위원회(Disinvestment Commission) 이후, 정부는 특정 공기업에 대한 '전략적 매각(strategic sales)'을 추진했다. 민간 투자자에 대한 경영권 이양과 더불어 단독 매수자에 대한 지분 매각도 허용했다. 나아가 민간부문에 대한 배려로서 인도 공기업 중에서는 가장 수익성이 높고 운영상태가 양호한 공기업인 인도석유화학공사(Indian Petrochemical Corporation Limited: IPCL) 주식에 대해서도 25% 지분 인수 조건하에, 민간 기업에 대한 경영권 이양을 제시했다.

이와 같은 조치에도 불구하고 정부에서 정한 야심찬 민영화 목표를 실현하지는 못했다. 재정적자 충당을 위한 재원 마련에 몰두한 나머지, 정부는 공공부문으로 하여금 소유지분을 팔도록 유도했다. 1998/99년 정부는 지분매각 목표치를 크게 초과했다. 현금이 풍부한 공기업들로 하여금 정부보유 주식을 구입하게끔 함으로써, 관련 공기업의 '상호보유 지분(cross-hold shares)'을 가지도록 결정했기 때문이다. 1998/99년 조성된 900억 루피 중, 200억 루피 정도는 시장에서 지분매각을 통해 조성된 것이다.[1)]

나머지 대부분의 재원은 석유관련 공기업인 석유천연가스공사(Oil & Natural Gas Corporation, ONGC), 인도가스공사(Gas Authority of India Limited, GAIL) 및 인도석유공사(Indian Oil Company, IOC)에 의한 상호보유 투자(cross-holding investment)에서 조성되었다. 자금이 풍부한 공기업들로 하여금 정부가 보유하고 있는 당해 공기업의 지분이나 다른

---

1) 실제 1998/99년 시장 내 지분매각은 단지 119억 5,250만 루피에 불과했다. 내역은 다음과 같다. Concor 22억5,000만 루피, GAIL(Gas Authority of India, Ltd.)18억 4,000만 루피, VSNL(Videsh Sanchar Nigam Ltd.)78억 6,250만 루피.

공기업의 지분을 강제로 매수토록 했다. 사실 이러한 매수자금은, 보다 자유화되고 경쟁적인 환경에 대응하기 위한 공기업의 리스트럭쳐(restructure)에 사용되어야 하는 것이었다. 결국 그들의 투자가능 잉여분을 정부 재정적자를 메우는데 사용한 셈이다.

민영화 수단 중에서 전략적 지분판매를 통해, 기업통제권을 스스로 이양하는 것은 가장 논란이 많은 방법이다. 리라이언스(Reliance) 재벌의 인도석유화학공사(IPCL) 인수 사례에서와 같이, 정부의 관련부서와 특정 국내기업 또는 외국기업그룹 간 유착 문제가 제기되기도 한다. 이러한 주장이 힘을 받는 이유는 위의 예에서 보듯이, 리라이언스 재벌이 IPCL의 경영권 획득을 통해서 탄화수소(hydrocarbon)시장의 특정 세그먼트(segment)에 대해 사실상의 독점이 가능했기 때문이다.

그 외에도 몇 가지 민영화 사례들이 논란의 대상이 되고 있다. 시가보다 훨씬 낮은 가격으로 매각했다는 자체가 정부의 커다란 손실임과 동시에 납세자인 국민들의 손해이다. 매각과 관련된 부패 문제는 차치하고라도, 공공재산의 민영화가 가지고 있는 기본적인 문제는 결국 민영화의 결과 국고수입이 늘어나기는커녕 오히려 줄어든다는 사실이다. 논점은 이렇다. 만약 정부가 공채회수에 필요한 자금을 조달하기 위해 자산매각 결정을 내릴 경우, 자산으로부터 '이미 실현된 소득'을 염두에 두어야 한다. 만약 당해 자산이 정부증권의 시장이자율보다 같거나 높은 소득의 흐름(예, 이윤)을 제공한다면, 정부는 자산 매각에 의해 미래소득을 잃게 된다. 반면 민간구매자 입장에서 볼 때 정부자산 매입으로부터 얻을 수 있는 내부수익률(rate of return)이 정부채권 이자율수준보다 낮다면, 정부자산을 구매한다는 것은 무의미하다. 민간 투자자들은 구매자금을 다른 용도로 사용할 수 있기 때문이다.

결국 정부자산의 매각은 다음과 같은 경우에 이뤄진다고 볼 수 있다. (a)민간투자가들이 공공부문보다는 더욱 많은 이윤을 창출할 수 있다고 믿는 경우 – 그렇지만 이것은 어디까지나 경영상의 문제이다. "왜 공공부문에서는 경영자를 고용해서 더욱 큰 이윤을 창출하게 할 수 없는가?"에 대한 타당한 근거를 찾을 수 없다. (b)정부자산에 대한 가치가 저평가됨으로써 민간구매자의 실질내부수익률(actual rate of return)이 더욱 높게 나타날 경우 – 결국 주정부의 국고가 손실을 초래한다.

저평가의 정도는 사안마다 다르게 나타나겠지만, 대부분의 민영화 과정에서 공공자산이 저평가되는 이유는 이와 같은 배경에서 찾아볼 수 있다. 연고주의(cronyism) 및 부패도 부수적인 이유라 할 수 있다. 또 이러한 측면은 접어 두고라도, 정부가 계속해서 민영화를 추진하려면 정부 지분을 사들이는 민간부문 구매자들에게 각종 특혜를 부여해야한다.

고려할 수 있는 특혜 조치는 크게 세 가지이다. 첫째, 낮은 가격이다. 많은 예를 들 수 있겠지만 대표적으로 두 가지 사례를 보기로 하자. 첫 번째 사례로서, 1997년 3월 VSNL이 발행한 국제예탁증권(global depository receipts: GDRs)은 주당 13.93달러였으며 10배 정도의 초과 응모를 기록했다. 1999년 VSNL의 GDR은 9.25달러에 발행되었다. 이 가격은 1997년 3월보다 사뭇 낮은 가격일 뿐 아니라, 당시 런던증권시장(London Stock Market)에 상장된 VSNL GDR의 10일 평균가격에 비해 12%가 할인된 금액이었다. 두 번째 사례로서, 2001년에는 인도가스공사(GAIL) 지분의 18%가 주당 70루피에 매각된 것을 둘러싸고 많은 논란이 있었다. 당시 시장가격은 79.80루피였고, 이 지분은 GAIL의 잠재적 경쟁사인 엔론(Enron) 및 브리티쉬 가스(British Gas)에 매각되었다. 결국 정부는 2,250만 GDR에 해당되는 1억5,500만 주를 109억5천만 루피에 매각함으로써 14억5천만 루피의 손실을 기록한 셈이다. 게다가 GAIL의 기업경영을 주도할 수 있을 정도의 지분을 외국경쟁회사에 넘기게 되었다. 물론 이러한 가격은 초기 공공자산의 낮은 매각가격을 반영했던 시장가격에 대한 단순한 할인이라고 보기는 어렵다. 당시 시장가격은 공기업들의 실질가치를 반영하지 못했기 때문이다. 일부 공기업의 경우, 매각자산의 실질가치와는 큰 차이가 있었다.

두 번째 특혜는, 상대적으로 영업성과가 좋은 양질의 공공부문 자산을 매각하는 조치이다. 1997년 3월까지 전체주식의 $^1/_3$ 정도를 매각했던 VSNL, 바라트석유공사(Bharat Petroleum), 인도석유화학공사(IPCL), 힌두스탄유기화학공사(Hindustan Organic Chemicals Limited: HOCL), 힌두스탄석유공사(Hindustan Petroleum) 등은 비교적 성공적으로 운영되는 주요 공기업들이다. 이들보다는 낮은 이윤을 기록하는 공기업을 매각한 경우에도, 민영화로 인한 평균수익률(전체자본 사용액 대비 총이윤)은 1994/95~1996/97 기간 중 22.2%였다. 전체 공기업의 평균수익률 14.93%를 훨씬 상회하는 수준이다.

민영화 추진을 위한 세 번째 특혜는, 민간 투자자들이 다수 지분을 소유하지 않은 경우에도 민간부문의 '전략적 투자자(strategic investors)'들에게 경영권을 이양하는 조치이다.

이와 같은 각종 특혜 조치에도 불구하고 지분 매각은 순조롭지 못했다. 지분매각을 통해 정부 재정에 기여할 수 있었던 경우는 1991/92, 1994/95, 1998/99년의 3년에 불과했다. 이러한 '성공' 조차도 여러 가지 내부적 요인에 기인하고 있다. 우선 1991/92년에는 '묶음' 판매 지분에 대해 매우 낮은 입찰가격을 수용함으로써 매각에 성공할 수 있었다. 이러한 공기업 주식들은 높은 프리미엄이 붙을만한 가치가 있는 주식이었다. 1994/95년에는 당시 상당한 수익을 올리고 있는 우량 공기업 주식의 대량 매각을 통해 재원을 확보할 수 있었다.[2] 1998/99년의 실적은 공기업들이 서로의 지분을 구입하는 '교차보유(cross-holding)'에 의한 성과로서, 민영화 본연의 성격과는 전혀 다른 것이라 할 수 있다.

민영화 아이디어 그 자체도 지난 10년 동안 매우 많이 변화해왔다. 초기단계에는 '글로벌 인도 다국적기업(Global Indian Multinational Corporations)' 을 만들기 위해, 적자를 내는 부실 공기업은 매각하되 좋은 실적을 내는 공기업에 대해서는 자율권을 부여하는 방안이 논의되었다. 민영화위원회에서는 "공기업 지분매각 절차는 적자운영 공기업의 재정상태를 호전시키는 역할을 해야 하며, 매각하는 경우에도 이익을 올릴 수 있어야 한다"고 규정하고 있다. 이러한 내용에 대한 동의 여부를 떠나서, 정부가 해야 할 일을 평가한 대목은 주목할 필요가 있다. 이윤을 창출하는 공기업에 대해 보다 많은 역할을 부여하기보다는, 공기업을 외국 및 국내의 경쟁기업에 넘길 것을 제안하고 있다. 손실을 줄이기 위한 제안을 하기보다는, 미래의 이익을 매년마다의 적자재정을 메우는데 사용하도록 권고하고 있다. 정부정책은 전

2) 1994/95년에는 높은 수익률을 올리고 있는 공기업들의 지분이 매각되었다. BHEL (Brarat Heavy Electricals Ltd) 지분 중 11.74%, Bharat Petroleum 3.42%, Container Corporation 20%, Engineers India(5.99), GAIL(Gas Authority of India Ltd) 3.37%, Hindustan Organic Chemicals 23.1%, Hindustan Petroleum 9.47%, ITDC(India Tourism Development Corporation) 10%, MTNL (Mahanagar Telephone Nigam Ltd) 12.82%가 매각되었다.

적으로 주요 공기업 지분을 매각하고 재정적자를 메운다는 한 가지 목표에만 매달려 있는 느낌이다.

정부의 이와 같은 노력을 정당화하는데 사용되는 두 가지 논거가 있다. 첫째, 민간기업의 공기업 지분보유 및 경영참여는 인도 공기업의 효율을 높일 수 있다는 주장이다. 둘째, 공기업은 국고(national exchequer)유출의 주된 원인이다. 따라서 가능하면 빨리 민영화함으로써, 재정적자의 악화를 막아야 한다는 주장이다.

첫 번째 주장에 대한 이론적, 경험적 연구는 매우 드물다. 인도에서 민영화의 지침이나 수익성 있는 공기업 매각과 관련해서는 두 번째 논거에 전적으로 의존하고 있다. 전략적 판매를 통한 '공기업 지분 매각 가속화 계획'은 2001년 9월말 내각 결정에 의해 공식화되었다. 이것은 세 가지 측면에서 잘못된 결정이었다. 첫째, '시한을 정한 지분 매각(time-bound disinvestment)'은 주식의 판매가격 결정에 불리한 영향을 미쳤다. 잠재적 지분 매입자들은 정부의 조급한 태도로부터 협상의 우위를 차지할 수 있는 기회를 얻었다. 둘째, 매각 정책이 시행될 무렵 주식시장의 상황도 좋지 않았다. 많은 공기업들의 주식은 내부자들이 판단하는 적정가격 수준에 훨씬 못 미치는 수준이었다. 사실 몇몇 공기업 주식의 경우, 정부의 지분매각 결정이 발표되고 나서 주가가 곤두박질하는 의심스런 사례도 발생했다.[3] 이와 같이 낮은 주가는 지분매각시 실제 매각가치를 결정하지는 않지만 가격 설정에 불리한 영향을 미치게 된다는 점에 주목할 필요가 있다. 셋째,

3) 2001년 4월 지분매각 결정이 발표될 시점에 주당 400루피였던 VSNL 주식가격은 이후 주당 300루피로 폭락했다. 이러한 하락치는 900억 루피에 달하는 회사 평가액 손실에 해당된다. 기업의 현금 보유분을 감안하더라도 무려 700억 루피에 달하는 손실 규모이다.

시한을 정한 지분매각을 이행하기위해 공기업을 평가할 경우에, 정부는 어쩔 수 없이 '낮은' 수준의 예정가격을 매기게 된다. 아울러 이윤이 높은 공기업에 대해서도 민간 인수자들을 부추기기 위해 특별한 양보가 불가피하다.

요컨대 '저평가(undervaluation)'는 민영화에서 필연적으로 수반되는 요소라고 할 수 있다. 공기업이 매각대상으로 정해질 경우, 기업 가치는 어김없이 저평가 된다고 주장해 온 민영화 관련 내부자들에 의해서도 확인된다. 이러한 예는 기업보유 부동산 가치평가에 기초하고 있었던 '모던푸드(Modern Food)'사의 사례에서도 발견할 수 있다. BALCO(Bharat Aluminum Company Ltd)의 경우는 전용발전소 및 소유 광권과 같은 여러 가지 요소들의 평가에 기초했다. IPCL(Indian Petrochemical Corporation Limited) 매각의 경우도 유사한 사례이다.

2001년에는 ITDC(India Tourism Development Corporation) 뱅갈로르(Bangalore)지사를 30년간 임대 형식으로 매각하는 사안에 대해 공기업과 민영화부서(Department of Disinvestment)간에 논쟁이 있었다. 매매거래가 처음 발표되었을 당시 뱅가로르 아쇼크 호텔(Bangalore Ashok Hotel)은 바라트 호텔(Bharat Hotel)을 30년간 인수하는 대가로 선불 3억 9,410만 루피를 지급했다. 또 매년 최소한 4,110만 루피를 지급하기로 약속했다. 그러나 거래 종료시 바라트 호텔과 함께 수익을 창출하고 있었던 ITDC 뱅가로르 레스토랑까지 함께 이전했다. 이 레스토랑은 2000년 4,000만 루피 이상의 수익을 올린 바 있다. 보고서에 따르면 ITDC(인도 관광개발공사)는 이러한 조치에 반대했다. 레스토랑은 독립적 단위이고 또한 개별적 ITDC 재산뿐만 아니라 ITDC의 8개 사업체에 대한 매각의사 표시를 했던 분리계획안에도 포함되지 않았기 때문이다. 뱅가로르 레스토랑은 약속한 연간지급액인 4,110만 루피에 가까운 이윤을 낼 수 있었기 때문에, 이 거래는 선불금만 내면 성사될 수 있는 성격이었다. 그러나 민영화 부서에서는 이와 같은 이의 제기를 각하했다.

매각되는 공공재산이나 지분에 대한 최소유보가격(minimum reservation price)을 정하는 평가 절차에 대한 정부의 변명은 전혀 사실과 다르다는 점을 시장 자체가 증명해주고 있다. BHPL(Batra Hospital Private Limited)은 2002년 6월 뭄바이 공항의 센타우르 호텔(Centaur Hotel)을 8억 3천만 루피라는 헐값에 인수했다. 호텔에 속한 모든 재산 및 경영권이 매수자에게 이전되었다. 몇 달 후인 2002년 10월, BHPL은 동 호텔을 사하라인디아 그룹(Sahara India Group)에게 11억5천만 루피에 다시 매각했다. BHPL은 4개월 만에 투자액의 40%에 가까운 전매차익을 얻었다. 당초의 매각액이 얼마나 낮은 가격이었는지 그대로 증명된다.

끝으로 25%의 최소 지분만으로도 공기업 경영권을 민간기업에게 이양해주는 규정을 포함한 '전략적 판매' 관행은 정부재정에 엄청난 손실을 초래할 수 있다. 타타(Tata)그룹은 텔레콤 분야 대표 공기업인 VSNL 전체지분의 25%를 143억 9천만 루피에 인수했다. SEBI 가이드라인을 충족시키기 위해서 타타는 소액주주들에 대한 주식 공개 매집을 통해 추가로 20%의 지분을 115억 1천만 루피에 사들였다. 이를 통해 타타 그룹은 VSNL의 경영권을 장악했을 뿐 아니라 유동성이 풍부한 VSNL의 재산 및 현금 보유자산을 처분할 수 있는 권한을 가지게 되었다. 2002년 5월 VSNL은 가지고 있는 120억 루피의 현금 보유액으로 신홍 텔레콤 업체인 타타 텔레서비스(Tata Teleservices) 지분

20~26%를 액면가격으로 매입한다고 발표했다. 타타는 VSNL에 대한 투자를 통해서 수익성 있는 공기업의 경영권을 얻었을 뿐 아니라 VSNL의 자금으로 타타 그룹 자회사의 경영권을 유지하면서 업무활동 자금에 충당할 수 있는 권리를 얻었다. 타타의 이익은 명백하지만 정부의 이익은 불확실하다.

정부의 정당화

2001년 말 민영화부 장관(Disinvestment Minister) 아룬 쇼우리에(Arun Shourie)는 국회의원들에게 보내는 서한에서 '전략적 판매방법'을 통한 민영화 절차를 옹호한 바 있다. 전략적 판매를 통해 정부가 절약한 이자 규모는 주식보유로부터 얻은 배당에 비해 몇 배나 더 큰 액수였다고 주장했다.[4] 그러나 배당은 합당한 비교기준이라고 할 수 없다. 배당이란 주주들에게 지급한 기업이윤의 일부이기 때문이다. 매각된 공기업 주식의 주당 이윤(profit per share)은 절약된 이자 규모보다 훨씬 높은 수준이었다.

그러나 주당 이윤도 공기업으로부터 얻는 이익에 대한 적합한 지표라고 보기는 어렵다. 공기업은 순수한 이윤추구 기구는 아니다. 공기업은 정부의 다양한 목적을 달성하기 위해 사용하는 수단이다. 이러한 수단은 순수 민간투자에만 맡길 경우 발생할 수 있는 사회기반설비의 갭을 메우는 것에서부터, 개발이 필요한 제품을 적정가격으로 제공하는 일까지 여러 가지 목적에서 운영된다. 따라서 공기업 투자

4) 이에 해당되는 공기업은 MFIL(Morden Food Industries Ltd), BALCO, CMC, HTL 의 4개사이다.

는 이윤이 낮거나 혹은 아예 이윤이 발생하지 않는 분야에 대해서도 이뤄질 수 있다. 프로젝트가 수반하는 외부효과 또는 다른 목적을 위한 가격 인하로 인해 이윤이 발생하지 않을 수 도 있다는 것이다. 이러한 가능성과 세금 이외의 정부 수입에 기여할 수 있는 이윤 등을 무시하고 공기업을 세운 중요한 이유를 망각하는 것은 독립 후 인도 또는 세계 각국에서 경험한 공적자본형성(public capital formation)의 본질적 의미를 감추는 것이 된다.

실제로 민영화부 장관의 주장을 보더라도, 정부가 공기업 지분매각을 통해 사실상 높은 수익을 올리고 있다는 점을 확신하지 못하고 있다. 그것보다는 오히려 공기업 재산을 운영하는데 있어 민간기업이 경영통제 권한을 가질 수 있도록 전략적 지분을 매입하는 편이, 정부 운영보다 효율적일 것으로 판단했다고 볼 수 있다. 이러한 맥락에서 아룬 장관은, 민간기업에 매각한 후에는 민간기업들이 기존근로자를 추가로 감축하지 않고도 설비 활용수준을 높일 수 있었다고 주장했다. 이러한 주장은 비교적 작은 규모의 공기업들조차 제대로 경영하지 못하는 무능력과 무력함을 나타내는 표지일 뿐, 결코 민영화 자체의 정당성의 근거로 볼 수는 없다.

〈표8.1〉 공기업 매각을 통해 사라진 수입 및 절약된 이자지출액

(단위: 천 루피)

년도	평균이자율(%)	절약된 이자지출액	사라진 수입	순손실
1992	8.67	26,340	26,340	26,678
1993	9.18	17,557	43,697	39,488
1994	9.3	0	43,697	47,017
1995	9.36	45,315	89,212	97,627
1996	9.96	1,677	90,890	141,518
1997	9.9	3,754	94,643	178,391

자료 : Baksi (1998)

이러한 사실은 소유권의 문제라기보다 경영실패의 결과이다. 경영을 변화시키면 충분히 바로 잡을 수 있는 것이다. 소유권의 문제와 경영의 문제는 전혀 다른 차원이다. 예를 들어 독립 50년이 지난 오늘날에도 인도 정부는 빈곤퇴치와 어린이 의무교육 수행에 실패했다. 하지만 누구도 그 일을 민간부문에 넘기려는 생각을 하지 않는다. 또 어떤 민간기업도 이와 같이 '수익성 없는' 사업을 맡으려 하지 않는다.

민영화는 정부의 부채 상환을 암묵적으로 돕는다는 주장이 있다. 일단 이러한 주장이 맞다고 가정해 보자. 2001년까지의 공기업 지분 매각액 전체를 부채 상환에 사용한다고 가정하자. 정부의 해당년도 국내 부채에 대한 평균이자율 하에서, 1990년대 기간 중 절약한 이자의 누적액을 계산할 수 있다. 해당 공기업의 이윤 및 각 시점에서의 정부지분 변동을 고려하면, 각 년도마다 사라진 누적 이윤액도 계산할 수 있다. 그 결과가 〈표8.1〉에 정리되어 있다. 전체 6년 기간 중

5개년에 대한 자료를 구할 수 있었다. 정부의 부채를 상환하기 위해서 공기업을 매각하는 민영화 조치는 결국 순수입의 감소로 귀결되었음을 알 수 있다. 더욱이 이자 절약액과 사라진 수입액간의 괴리가 시간이 갈수록 커지고 있다. 이러한 사실은 본장의 서두에서 제기한 주장과 완전히 일치하고 있다. 공기업 지분매각은 전형적으로 정부의 세입 손실과 직결된다. 따라서 부채상환을 위한 공기업 지분 매각은 전적으로 잘못된 조치이다.

09

금융자유화와 통화정책

09 금융자유화와 통화정책

인도의 금융자유화 및 통화정책은 1990년대 경제개혁 정책의 핵심 내용이라고 할 수 있다. 금융부문 개혁은 거시경제정책의 가장 중요한 요소이며 자본이동성(capital mobility)에 지대한 영향을 미친다. 나아가 자본을 끌어들이고 자본의 이탈을 막기 위해 필요한 조치이다. 결국 금융부문 개혁은 경제정책의 형태를 결정하는 중요한 요소라 할 수 있다. 재정적 측면에서 보면 국내에서 자원을 동원하는 국가의 능력이나 경비 지출의 패턴은 자본이동성의 크기에 의해 영향을 받는다. 중앙은행(Reserve Bank of India, RBI) 차입제한과 같은 금융개혁 정책은 정부의 재정정책에 직접적인 영향을 미친다. RBI 차입 통로가 막히게 된 정부는, 재정적자를 메우기위해 어쩔 수 없이 더욱 높은 이자율이 적용되는 자본시장에 의존할 수 밖에 없었다.

금융자유화 그 자체는 매우 다면적인 개념이기 때문에 범위를 규정하기 어렵다. 전형적으로 개도국에서 금융부문 자유화에는 ①중앙은행 독립성 강화 ②이자율 규제완화 및 금융혁신을 통한 '금융억압(financial repression)'해소 ③직접 신용 또는 신용보조 축소 ④다양한 형태의 자유로운 외국자본 유출입 허용 등을 포함한다(Akyuz 1993). 인도의 개혁정책은 이와 같은 모든 수단들을 다양하게 채용했다. 다른 국가와 비교해 볼 때 금융자유화의 정도가 극단적인 정도는 아니지만, 금융제도 및 실제 경제과정에서 엄청난 변화를 초래했다.

금융자유화의 논리

1990년대 인도 금융부문 개혁 수단의 대부분은 국내 및 해외부문 정책에 대한 통화주의적 접근방법(monetarist approach)에 기반을 두고 있다. 다음과 같은 기본적인 통화주의 가정에 기초하고 있다;

(i) 실질성장은 자본이나 노동과 같은 가용 생산요소의 공급에 의해 결정된다. 생산성 성장률이나 화폐공급의 변화는 실질경제활동 및 산출성장에 아무런 영향을 미치지 않는다.

(ii) 화폐의 공급은 경제제도에서 내생변수라기보다는 외생변수라고 할 수 있다. 화폐 공급은 통화량에 대한 적절한 목표치를 성공적으로 운영할 수 있는 통화당국에 의해 통제될 수 있다.

(iii) 인플레이션이란 주어진 '실질산출성장률(real rate of growth of output)'에 비해 화폐 공급이 과도하게 증가함으로써 발생하는 현상이다. 따라서 화폐 공급 증가율을 줄임으로써 완화시킬 수 있다. 이러한 가정은 곧 중앙은행의 독립성 주장으로 연결된다. 중앙은행의 주요 업무는 화폐시장에서 통화공급 조절기능을 이용해서 인플레이션을 통제하고 나아가 물가를 조절하는 기능이다.

이와 같은 주장의 기본적 문제점은 화폐공급 증가율과 인플레이션 간의 뚜렷한 관계를 찾을 수 없을뿐더러, 화폐공급 증가율과 실질산출성장률과의 관계에 대해서도 명백하지 않다는 점이다. 비단 인도뿐만 아니라 통화주의적 정책처방이 사용된 거의 모든 국가에 동일하게 적용되는 통화주의자들의 주장은 다음과 같은 두 가지 가정에 기초하고 있다. 첫째, 완전고용(또는 외생적으로 주어진 총공급조건)의 가정, 둘째, 총통화공급은 거시정책에 의해 외생적으로 결정된다는 가정이다. 이러한 가정들은 타당하지 않다. 사실상 준통화(quasi-moneys)가 창출되는 금융혁신(financial innovation) 단계에서 경제내의 모든 유동성은 통화정책당국에 의해 철저히 통제될 수 없다(Kaldor 1982). 경제시스템 내에서 실제 유동성은 내생적으로 결정된다. 따라서 정부가 움직일 수 있는 실질적인 화폐변수는 이자율이다. 결국 통화공급의 통제는 이자율 정책의 형태로 귀결된다.[1] 나아가 안정적 '실질화폐수요' 기능(화폐수요가 실질경제활동 수준에서 결정되는 현상)은 화폐에 대한 투기적 수요에 대한 가능성에 의해 소멸된다. 화폐에 대한 투기적 수요는 금융심화 및 불확실성에 의해 자극된다.

금융자유화와 관련된 몇 가지 문제가 존재한다. 자유롭게 기능하는 금융기관은 정의에 의해 가장 뛰어난 자원의 배분자는 아니다. 주류 경제학자들도 이러한 점은 인정하고 있다. 불완전 정보의 세계에서 금융시장은 금융중개인의 세력과 신뢰성, 특정 벤처의 위험성 등에 관한 정보의 생산·처리·확산·활용 등과 밀접한 연관을 맺고 있기 때문에, 상품시장에서보다 시장실패 확률이 더욱 높게된다. 불완전·비대칭 정보, 도덕적 해이, 주인-대리인 문제와 같은 시장 불완전

1) 1990년대 인도에서 이자율 수준을 결정하는 메커니즘은 중앙은행(RBI)의 기본적 할인율(basic bank rate) 기준이 아니라, 정부증권(government security)이자율 기준이다. 정부증권 이자율은 신용거래에 대한 최저기준이 되었다. 그러나 정부는 경제 활성화 및 대출비용 삭감을 위한 낮은 이자율 정책을 유지할 수 없었다. 금융자유화는 외국자본 유출입의 자유화를 초래했으며, 결국 정부는 자본유출(capital outflows) 가능성에 민감하게 대응할 수밖에 없었다. 따라서 자율적으로 이자율 수준을 결정하는 정부의 능력을 제약하게 되었다.

성이 그 주요 이유이다(Stiglitz 1994). 따라서 시장주의 개혁론자들 사이에서도 정부개입의 여지가 인정된다.

금융부문 개혁의 요소

1990년대 인도 금융자유화 과정은 세 가지 측면을 내포하고 있다. 첫째, 신용배분에서 정부개입의 현저한 감소이다. 여기에는 법정유동성비율(Statutory Liquidity Ratio) 인하 조치 등이 포함된다. 법정유동성비율 제도는 은행으로 하여금 예금의 일정비율 만큼을 특별한 금융자산(주로 정부증권) 형태로 보유할 것을 정하고 있다. 1992년 나라시마위원회(Narashimha Committee)의 권고에 기초를 둔 조치로서, 농업과 소규모 기업에 대한 은행대출 우선배분항목도 급격히 축소되었다(Khanna 1999).

둘째, 금융부문 구조변화이다. 금융시장에서 경쟁 제고 및 금융기관의 운영 및 회계 관행에 더욱 높은 투명성을 보장하기 위한 조치이다. 현금보유비율(Cash Reserve Ratio), 법정유동성비율, 민간 국내기업 및 외국기업의 금융시장 진입, 금융기관의 은행부문 진입, 우선부문(prior sector)에 대한 신용공여, 투자 및 활동분야 선택 등에 관한 규제가 크게 완화되었다.

새로운 금융수단(financial instrument) 및 금융혁신이 허용되었다. 보험 분야에서도 1999년 통과된 보험법(Insurance Bill)에 의해 외국기업의 보험시장 진출이 가능하게 되었다. 여러 가지 금융기법도 허용되었다. 2000년대 초부터 이러한 개혁을 구체화하는 조치가 취해졌다. 주정부은행(State Bank of India, SBI)을 비롯한 국유은행의 지분매각이 허용되었다. 민간투자자들이 은행영역에 진입하는 것이 허용되었다. 공공부문 은행(public sector bank)의 지분매각도 허용되었다. 외국은행의 국내시장 진입도 자유롭게 되었다. 최소한의 할당 자본량을 유지하거나, 국내은행과 동일한 규제를 받도록 되어있다. 일정한 범위 내에서 금융서비스의 '광역화'가 허용되었다. 개발금융기관(development finance institution)은 뮤추얼 펀드(mutual fund) 및 상업은행(commercial bank)의 설립이 가능해졌다. 은행들도 여러 가지 관련 영역으로 사업 범위를 다양화할 수 있게 되었다.

금융자율화는 종종 변동성(volatility)을 증가시키고 금융시스템의 불안정화를 초래한다. 따라서 정부는 은행에 대해 새로운 자본조정규정을 만들고, 악성 부채의 취급 및 회계처리에 대한 투명한 기준을 제시했다. 은행의 자본규모 팽창에 대비한 계획도 마련했다. 자본시장의 개혁이 보다 '효율적'인 금융중개를 가능하게 할 것이라는 믿음은, 정부규제의 완화로 이어졌다. 자본출자통제국(The Office of the Controller of Capital Issue)은 철폐되었다. 기업의 사채발행 규모 및 프리미엄 기준 설정에 보다 큰 재량권이 주어졌다. 1992년 인도 주식시장 거래규제를 위해 설립한 인도증권거래소(The Security and Exchange Board of India, SEBI)는 1990년 말까지 당초의 제한 규정들을 대폭 완화했다.

셋째, 높은 수준의 금융개방이다. 인도에 거주하는 국민이라면, 외화표시 자산 및 부채를 취득할 수 있게 되었다. 비거주인도인(NRIs)의 경우도 국내 금융시장에서 거래할 수 있도록 허용했다. 국제규제와 관련해서 인도의 기업들은 유로주식지분(Euro-equity shares)을 통해 국제자본에 접근할 수 있게 되었다. 민간 뮤추얼 펀드를 포함한 일련의 비은행 금융기관의 운영이 가능해졌다. NRIs에 대한 투자기준이 자유화되었으며 외국기관투자자(Foreign Institutional Investor, FIIs)에 대한 인도 주식시장 등록 및 투자가 허용되었다. 이 경우 전체적 상한(overall ceiling) 및 특정회사 주식보유에서 개별 FII에 대한 상한이 적용된다.[2] 주식시장 투자 후 단기간 내에 떠나는 경향이 있는 FIIs 및 NRI 투자자들에 대해 적용하던 높은 자본이득세(capital gains tax)도 폐지했다. 2000년대에 들어서면서 외국의 벤처자본 및 여러 가지 형태의 외국인 투자에 대한 자유화조치가 취해졌다. 인수 및 합병(M&A)에 대한 인센티브가 마련되었으며 개별적 외환거래 규제가 완화되었다. 통화교환을 포함한 외환거래를 활성화시켰으며, 단일 환율 및 외환거래시장이 마련되었다. 관련 업무는 외국통화 사용에 관한 기타 규정에 따르도록했다.

실질이자율의 변화

1990년대 금융자유화 옹호론자들이 내세운 주요 주장 중의 하나는 금융개혁의 결과 실질이자율(real interest rate)이 궁극적으로 낮아질 것이라는 예측이었다. 초기 단계에서는 '금융억압(financial repression)' 정책에 의해 야기된 과도하게 낮은 이자율을 교정하기 위해, 실질이자율이 상승할 것이라고 보았다. 이와 같은 현상은 대부 자원의 효율적 사용 및 높은 국내저축을 유도할 수 있다는 면에서 바람직하다고 보

2) 외국기관투자자(FII)의 투자에 대한 전체적 상한은 24%이며 주주총회의 인가를 얻을 경우 40%까지 허용된다. 40% 상한규정은 2001년 49%까지 인상되었다. 개인 FIIs들은 기업주식의 5% 지분까지 허용되었으며, 본 조항은 1996년 10%로 인상되었다.

았다. 시간이 흐름에 따라 국제 자본에 대한 접근성이 높아지게 되며 인도의 실질이자율은 세계이자율 수준과 비슷해지게 된다. 결국 인도의 기업가들은 낮은 실질이자율 하에서 투자를 가속화할 수 있게된다. 요컨대 금융자유화는 실질이자율을 낮추고 실질투자율을 높이는 수단으로 본 것이다.

그러나 이와 같은 결과는 실현되지 못했다. 5장에서 본 바와 같이 투자 및 저축률은 1990년대에 크게 증가하지 않았다. 동 기간 중 실질이자율도 상승하지 않았다. 총국내저축(gross domestic savings)은 1990년 중반 소폭 상승했다(동 기간에는 실질이자율이 약간 감소했다). 이후 다시 감소해서 1990년 초기와 비슷한 수준을 유지했다. 1990년대 중반 이후 총국내저축률의 하락은 가계금융저축(household financial savings)의 감소와 연관이 있다.

명목이자율은 1993/94년 피크치를 기록한 이후 계속 하락한 반면, 실질이자율은 1990년 중반 이후 크게 상승해서 8% 수준을 넘었다. 2000/01년 이후 실질이자율이 하락하고 있지만 1990년대 초기 수준보다 충분히 낮은 수준은 아니다. 이러한 사실들은 〈표9-1〉에서 명확하게 볼 수 있다. 명목이자율의 대용변수로서 SBI 선행이자율(advance rate)을 사용했다. 여기서 실질이자율 = 선행이자율 − 도매물가지수 변화율로 정의된다. 기업에서 직면하는 명목이자율, 이를테면 비은행 금융기관의 대출이자율 등은 더욱 높아진다.

〈표9-1〉 실질이자율 및 명목이자율

(단위 : %)

년도	명목이자율	실질이자율(추정치)
1990/91	16.5	6.24
1991/92	16.5	2.76
1992/93	19.0	8.94
1993/94	19.0	10.65
1994/95	15.0	2.50
1995/96	16.5	8.41
1996/97	14.5	9.89
1997/98	14.0	9.60
1998/99	14.0	8.05
1999/2000	12.0	8.73
2000/01	11.5	4.30
2001/02	11.5	7.90
2002/03	10.75	6.10

주 : 명목이자율의 대용변수로서 SBI 선행이자율(advance rate)을 사용했음.
실질이자율 = 명목이자율(SBI 선행이자율) − 도매물가지수 변화율

자료 : RBI, *Handbook of Statistics*, 각 년도.

국제자본시장에 대한 국제기관의 접근성 증가와 관련해서, 실질이자율의 명백한 절연성(imperviousness)은 상세히 음미해 볼 필요가 있다. 이제까지 사용해온 기본적인 이론 틀 안에서 쉽게 설명할 수 있다. 기준금리는 정부의 기본적인 통화정책 도구이다. 이전에는 중앙은행의 재할인율이 기준금리를 결정하는 것으로 받아들였다. 그러나 1990년대에 걸쳐 이자율 수준을 결정하는 메커니즘이 중앙은행의 재할인율에서 정부증권(government securities)에 대한 이자율로 바뀌었다. 정부증권 이자율은 다른 신용거래의 기준금리로 되었다. 그러나

정부는 이자율을 낮게 유지함으로써 경제활동을 자극하고 정부의 차입비용을 줄일 수 없었다. 금융자유화는 외국자본 유출입 자유화를 포함한다. 정부는 자본유출 가능성에 민감하지 않을 수 없게 되었다. 따라서 자율적인 이자율 결정 기능이 제한되었다. 요컨대 정부증권에 대한 명목이자율이 실질이자율의 충분한 하락을 초래할 만큼 명목이자율을 낮출 수 없었다는 것이다.

그러나 신자유주의 개혁론자의 입장에서 보면 대외 금융자유화에도 불구하고 실질이자율이 높게 지속되는 현상을 설명하기 힘들다. 한 가지 가능한 설명은 가계저축이 정부에 의해 마련된 소액저축상품(small saving schemes)으로 분산될 수 있었다는 가능성에 기초하고 있다. 소액저축상품으로는 공적공제기금(Public Provident Fund), 우체국예금(Post Office deposits), 국민저축계획(National Saving Scheme) 등을 들 수 있다. 이러한 상품들은 비교적 위험이 적고 각종 세제혜택이 수반되기 때문에 은행예금에 대한 매력적 대안이 될 수 있다는 주장이다. 이에 대응해서 은행은 예금금리를 조절할 수밖에 없었으며, 대출이자율도 따라서 인상되었다는 것이다. 그러나 1990년대에 걸쳐 가계부문의 전체 금융자산 중 은행예금비율 변동의 뚜렷한 추세를 발견할 수 없다. 1990년대 초기 3년 기간 중 은행예금 비중은 32%였음에 비해 1997/98~1999/2000의 3년 동안 은행예금의 비중이 38% 이상으로 크게 높아졌다. 한편 소액저축 비중은 1991/91년 32.3%에서 1999/2000년 35.9%로 증가했다. 이러한 변화는 주식이나 회사채의 형태로 보유했던 가계저축을 소액저축상품으로 전환한 결과이다. 1990년대 초 자유화정책 직후에 나타난 주식시장 붐에 따라, 1992/93년 가계저축 중

10%를 차지했던 주식 및 회사채 보유비율은 1998/99년 2%대로 하락했다.

높은 실질이자율의 지속 배경에 대한 또 다른 설명은 은행의 비효율성과 연관된다. '부적절한 자유화(inadequate liberalization)' 및 공공부문 은행 등으로 말미암아 예금금리와 대출금리의 차이가 크게 벌어지게 되었다는 주장이다. 그러나 1~3년의 정기예금에 대한 예금이자율 간의 격차 및 SBI 선행이자율은 1993/94년 최고치 기록 이후 크게 하락했다. 이와 같은 하락세는 공공부문 은행(public sector banks)에서 크게 나타났다. 동 기간 중 공공부문 은행의 '효율'이 증가했다는 의미로 해석된다. 이는 상업은행의 예금구성에서 차지하는 기간예금 비율이 높기 때문이다. 상업은행의 예치금 중 높은 이자를 지급해야 할 예금이 많다는 의미이다. 한편 투자 조건이 매우 까다로웠기 때문에, 주요 차입자의 경우 외국으로부터 GDR(Global Depository Receipt), ADR(American Depository Receipt) 및 EDR(European Depository Receipt) 등의 형태로 자본조달을 해야 했다. 결국 우선권이 부여된 차입자로부터의 신용수요는 낮은 편이었다.[3] 이러한 배경에서 은행들은 소비자신용과 같은 높은 대출금리가 매겨지는 금융상품 판매에 주력했다. 또한 정부부채에 대한 이자율은 높게 유지되었기 때문에 안전하고 수익성이 높은 정부증권을 선호하게 되었다.

3) (역주)GDR(Global Depository Receipt, 국제예탁증서)은 국제은행에서 발행하는 예탁증서로서 외국회사 지분취득이나 예금에 사용된다. ADR(American Depository Receipt, 미국예탁증서)은 외국회사 주식의 직접소유에 대한 편리한 대체물로서 국내의 구매자들에게 미국은행이 발행한 영수증. 증권거래소 및 장외시장에서 국내기업 주식과 같이 거래된다. EDR(European Depository Receipt, 유럽예탁증서)은 유럽, 특히 런던의 은행이 외국증권의 예탁을 받고 이에 따라 발행하는 증권으로, 런던을 중심으로 유럽 각국에서 거래된다. 발행 형태는 미국예탁증서와 유사해서 주식을 은행에 예탁하고 그것을 담보로 은행이 예탁증서를 발행한다.

이와 같은 수요주도형 과정의 결과 은행부문의 정부증권 보유량은 1990년대 말까지 현저한 증가를 보였다. 1990년대 초 전체 예금액 중 정부증권 비율은 평균 26%에서 1997/98~1999/2000의 3년 간 평균 34%로 증가했다. 신용예금(credit deposit)비율은 1990년대 초에 이미 낮은 수준이었지만 더욱 하락해서 겨우 50% 수준을 약간 상회하고 있다. 법정유동성 비율(Statutory Liquidity Ratio : SLR)의 감축이 국내 금융개혁의 주요정책이었다는 점을 감안해 본다면, 이러한 사실은 아이러니가 아닐 수 없다. 법정유동성 감축정책은 상업은행들로 하여금 정부증권의 형태로 전체자산의 $^{1}/_{3}$이상을 보유해야 한다는 규정으로부터 풀어주기 위한 조치였다. 이에 따라 1993년 법정유동성 비율은 26%로 하락했다. 2000/01년까지 상업은행의 정부증권 보유액은 1조 루피를 초과하게 되었다. 이 금액은 총예금액의 35%에 달하는 액수이다. 최소 보유기준 비율인 25%를 훨씬 넘는 규모로서 금융개혁 이전 수준으로(!) 돌아갔다.

금융개혁 조치가 맨 처음 취해졌을 때, 이와 같은 금융자유화 수단은 민간 차입자들로 하여금 은행신용에 더욱 용이하게 접근할 수 있도록 해주는 수단으로 널리 소개되었다. 그러나 은행들은 자발적으로 정부증권(정부가 과거보다 더욱 높은 이자율을 지급하는) 보유를 늘리는 대신, 민간부문에 대한 신용은 예금대비 기준으로 볼 때 과거보다 더욱 줄여 나갔다. 이는 자금수요의 부족현상을 반영하며, 나아가 적격 차입자로부터의 대부자금 수요가 줄었다는 것을 의미한다. 결국 금융자유화 조치는 민간부문의 은행신용에 대한 보다 향상된 접근을 유도하지 못했다.

주식시장과 번영의 환상

1980년대 말까지 인도의 주식시장은 대부분 UTI(Unit Trust of India)나 LIC(Life Insurance Corporation)와 같은 거대 금융기관에 의해 좌우되었다. 이러한 지배구조로 말미암아 인도주가지수(Sensex)[4]의 큰 변동폭을 이용해서 대규모 자본이득을 취하는 주식 투기현상은 찾아보기 힘들었으며, 합리적인 배당을 통해 제공되는 수익을 유지하는데 기여했다. UTI나 LIC는 주로 튼튼한 기반을 가진 몇몇 회사에 대해서만 투자하는 경향이 있었으며, 투자기간은 장기적으로 지속되었다. 소위 '활발하게 거래되는(actively-traded)' 주식 종목도 그렇게 많지 않았다. 몇몇 종류의 주식이 인도주가지수를 지배하고 있었으며 주가지수의 움직임이 비교적 좁은 범위 내에서 한정되었다. 이것은 어떻게 보면 주가지수가 시장활동에 대한 좋은 지표가 될 수 있다는 의미로 해석할 수 있다.

이러한 주식시장 특성은 1990년대 초, 계획적인 주식시장 붐을 계기로 변화되었다. 비교적 잘 알려지지 않았던 신규기업의 발행주식을 포함해서 광범위한 주식에 대한 투기적 거래(speculative transaction)가 나타나게 되었다. 초기단계에서는 사실상 어떤 기업이든 상장할 수 있었으며, 어떤 주식이든 초과 공모(over-subscribe)를 예상할 수 있었다. 주식은 활발하게 거래되었으며, 비교적 소규모 단위로 거래될 수 있었다. 배당이익보다는 자본이득을 통한 수익 실현이 일반적이었다.

4) (역주) Bombay Stock Exchange Sensitive Index에서 유래한 단어로서 인도 주가지수를 의미한다. 1979년 4월 현재의 인도주가지수를 100으로 삼고, 30개 주요 상장회사의 주가 가중평균지수를 계산하고 있다. 1990년 6월 Sensex지수는 1,000을 돌파했으며, 2006년 2월 7일 10,000을 기록했다.

이 시기에 많은 소액투자자(small investor)들은 높은 수익을 위해서, 과거 그들의 금융자산이었던 은행예금으로부터 주식투자로 전환하게 되었다.

소액투자자들의 진입은 두 가지 결과를 초래했다. 첫째, 소액투자자들은 미디어를 통해 전달되는 '시장분석(market analysis)'에 의해 주도되었기 때문에 군집적 투자행태(herd-like fashion)를 보였다. 따라서 주식가격의 변동 폭이 일반적으로 크게 나타났다. 둘째, Sensex 지수는 일부 대표주식 가격의 움직임에 대한 지표이기 때문에, 시장 움직임을 완전하게 파악하지 못하게 되었다. 그러나 이러한 현상들도 1992년의 하사드 메타(Harshad Metha) 주식거래 부정사건 이후 주식시장이 붕괴됨으로써 모두 종료되었다. 최고가격 근처에서 주식을 샀던 수많은 소액투자자들은 큰 손실을 입게 되었다.

소액투자자들의 주식시장에 대한 직접참여는 현저히 줄어들었다. 금융기관에 의해 설립된 뮤추얼 펀드를 통한 간접투자 경로를 주로 이용하게 되었다. 결국 기관투자가들이 주식시장의 주요 구매자가 되었다. 기관투자가들은 그들이 사들이는 주식의 종류에 대해 신중한 태도를 취했다. 따라서 초기단계에 정부가 주도했던 주식시장은 침체하게 되었다. 2차 금융시장이 주식시장 활동의 주도권을 다시 쥐게 되었다.

1980년대 말의 상황과 유사한 것 같지만, 국내 금융기관이 주식시장을 지배했던 과거의 상황은 다시 돌아오지 않았다. 전환기의 정책 변화는 주식시장의 구조를 명확하게 한 가지 방향으로 바꾸어 놓았다. 금융자유화 정책의 일환으로 1993년 외국인기관투자자(FIIs)들에게 인도주식시장에 대한 포트폴리오 투자를 허용했다. 포트폴리오를 다양화하고 위험을 피하기 위한 새로운 기회를 찾던 FIIs들은 발전하는 개도국, 떠오르는 시장으로서 인도를 주목하게 되었다. FIIs와 국내 금융기관 간에는 몇 가지 유사점과 차이점이 존재한다.

유사점은 매입대상 주식을 매우 신중하게 선택하며, 주로 몇몇 우량기업에 집중 투자하는 경향이 있다는 점이다. 차이점이라면 국내금융 기관에 비해 FIIs투자전략은 두 가지 특성에 의해 좌우된다는 점이다. 첫째, 어느 시점이든 간에 특정시장에서 투자규모에 대한 결정은 다른 경쟁국가에서의 기회나 위험과 같은 글로벌 요인에 의해 좌우된다는 점. 둘째, 일단 FIIs에 의한 투자가 이뤄진 후에는 단기간 내에 자본이득 극대화를 최대 목표로 삼는다는 점으로 요약할 수 있다.

FIIs가 관리하는 자금의 규모를 감안할 때 비교적 작은 규모의 FIIs 투자라 할지라도 인도 주식시장으로서는 엄청난 금액이라고 볼 수 있다. FIIs투자의 주식시장 상장금액 비율(약 1%)은 국내 금융기관 투자액규모(6%)에 비해 작은 규모이지만, FIIs의 영향력은 비교적 단기간 내에 집중되는 경향이 있다. 따라서 FIIs가 국내시장에 미치는 영향은 상장금액 비율에서 짐작되는 효과보다 훨씬 크게 나타난다. 거래활동이 글로벌 요인에 의해 주도되는 시장에서 외국인 투자자 및 국내 금융기관의 존재로 인해 중기(medium-term)에서도 두 갈래의 주식시장 변화가 예상된다. 멕시코 주식시장의 붕괴, 홍콩의 중국 반환, 동남아시아 통화 붕괴, 인도의 정치적 불확실성 등은 다른 신흥시장에 대한 FIIs 투자우선순위의 재조정을 야기했을 뿐만 아니라 일정 기간 중 FIIs 주식구매량에도 영향을 미쳤다.

FIIs투자는 자본이득을 취하려는 목적 하에, 빈번한 주식거래를 통해 이뤄지기 때문에 국내 금융기관은 이러한 움직임에 주목하고 반응하지 않을 수 없게 되었다. 그 결과 주식거래량은 크게 늘어나게 되었다. 거래는 대량으로 이뤄졌으며 주로 우량기업 주식에 국한되었다. Sensex 지수 변동성의 증가로 인해 시장전체의 거래 상태를 파악하는 것이 점점 더 어려워졌다. 이와 동시에 신규발행 주식시장 부문은 사실상 고갈되어갔다.

1994년 이후가 되면서, 주식시장 스캔들(1992)이 일어났던 상태, 즉 산업은 정체했지만 주식시장은 호황이었던 상황은 쉽게 다시 돌아올 수 없음이 명백하게 되었다. 1990년대의 주식시장은 Sensex 지수의 완만한 증가 이후에 완만한 감소가 이어지면서 극심한 변동성이 수반되는 특징을 갖는다. 그럼에도 불구하고 차츰 주식시장의 행태는 실제 경제의 동향을 나타내는 표지로 인식되었다. 정부정책도 실질경제에 직접적으로 영향을 미치는 수단보다는, 금융시장에서 투자자 심리(investor sentiment)를 되살리는 방법에 치중하게 되었다.

이와 같은 정책방향은 많은 문제점을 수반하게 된다. 금융시장 내에서 시장자본화(market capitalization)의 크기, 또는 주식시장에서 거래되는 주식 중 개인소유 지분가격을 기초로 계산한 기업의 가치는 실질자산가치(real asset value) 대신에 기업의 규모와 가치에 대한 주요한 지표가 되고있다. 1990년대 말에는, 상위 50대 기업이나 500대 기업을 선정할 경우에도 실질자산가치 기준 대신 시장가치 기준(market valuation)을 사용하고 있다. 인도의 주식시장 규모(구체적으로는 성숙도)를 전체 시장자본화 크기에 기초해서 평가하는 것은 잘못된 관행이다. 1999/2000년 기간 중 일부 주식시장 지표의 급격한 상승(특히 IT 관련 주식) 및 실질성장과 금융적 성장 간의 괴리 증가는, 미국 경제의 경험과 마찬가지로 '신경제(new economy)'성장이 인도 경제를 활성화시킬 것이라는 환상을 만들어냈다.

이러한 인식은 "개인소유 주식의 시장가치는 기업의 실제가치를 반영하는 것이 아니라, 소유 주식의 공급에 대한 수요상태를 반영한다"는 사실을 간과하고 있다. 2000년대로 접어들면서 주식에 대한 한계적 수요는 포트폴리오를 다양화하려는 FIIs에 의해 주도되었다. 구입 대상은 약 500여종 이상이었다. IT관련 기업 주식에 대한 수요는 IT부문의 동력이 경제구조를 전환할 것이라는 낙관적 인식과 관련된다. 그러나 IT주식 공급은 제한적이었다. 비록 숫자가 늘어나고는 있지만 국제적으로 인정받을만한 IT기업은 몇 개 되지 않을뿐더러, 시장에서 구할 수 있는 동 기업의 주식 수도 제한되어 있기 때문이다.[5] 결국 한계적인 수요-공급 균형의 상황에서 주도권은 공급측이 가지게 되었으며 단기간 내에 천문학적 주가 상승을 경험하게 된 것이다. 만약 대다수 발기인들이 이와 같은 상황을 노려서 거대한 양의 지분을 시장에 매각한다면 수요·공급의 균형은 근본적으로 변화할 것이며, 가격이 올랐던 때와 마찬가지로 급격한 가격하락이 초래될 것임은 자명한 사실이다. 이렇게 되면 금융공황이 초래되고 실물부문이 급격히 침체하게 될 것이다.

5) 예를 들어 위프로(Wipro)사의 경우 2000년 Wipro 주식 가격이 최고치를 경신했을 때도 주로 FIIs의 수요 집중으로 인한 혜택을 보았다. 동사의 최대 지분 보유자인 프렘지(Azim Premji)는 세계 '최고의 부자' 대열에 합류하게 되었다. 그러나 상장 당시에는 발기인들의 반대로 Wipro 주식의 단지 25%만이 상장되었다. 비상장 지분의 소유자들은 주식시장 호황의 과정에서도, 상장에 적극적 태도를 보이지 않았다.

결국 실물부문과 동 부문 종사자들은 단견적이고 무분별한 금융세계의 투기적 성향에 대한 대가를 치르게 될 것이다. 최근 개도국에서 수많은 예를 찾을 수 있다. 1997년 동남아시아 위기, 2000년 터키(Turkey), 2005년 아르헨티나(Argentina)가 대표적인 예이다. 이러한 과정에 대해 두 가지 중요한 점을 지적해 둘 필요가 있다. 첫째, 포트폴리오 투자가 인도 주식시장처럼 규모면에서 작더라도, 전체 주식시장의 행동에 커다란 영향을 미친다는 점이다. 투기적 금융이 전반적인 경제주체의 예측을 변화시키기 때문이다. 투자자의 심리란 상승과 하락을 반복하는 것이 일반적이다. 결국 투자자 심리에 영향을 주는 요소, 이를테면 실물경제에 대한 충격, 국제화 과정, 혹은 명백히 무관한 요인들까지도 주식시장에 증폭된 영향을 미치게 된다. 이러한 현상은 주식의 대량매각 및 주가폭락으로 이어진다. 만약 정부가 '투자자 신뢰(investor confidence)'를 유지하거나 환율을 보호하기 위해 이자율을 올리게 되면, 실물부문에 마이너스 영향을 미치게 되며 경제활동 수준은 저조하게 된다.

둘째, 금융부문과 실물부문의 상호작용에는 근본적인 비대칭이 존재한다는 점이다. 금융시장의 침체나 위기는 실물부문의 후퇴 및 불황으로 이어지는데 반해서, 금융시장의 붐이나 회복이 반드시 실물경제활동의 호황으로 연결되지는 않는다. 이것은 개도국이든 선진국이든 마찬가지이다. 단 한 가지 중요한 예외라면 미국 경제를 들 수 있다. 세계기축통화 보유국으로서 특별한 지배적 위치에서 파생된 결과라고 볼 수 있다.

금융 사기와 자유화의 에토스

1990년대는 인도 금융시장에서 사기(fraud)와 부정거래 사건이 현저하게 늘어났다. 인도 주식시장의 추세를 관찰하면, 금융자유화조치는 과도한 투기를 부추기는 주식시장 고유의 경향을 더욱 심화시켰으며 투기행위의 조직적 결과를 더욱 악화시켰다는 점을 알 수 있다. 1990년대 말 이후에는, 매수세가 대량매도로 이어지면서 장세는 폭락했다. 주식시장 내부의 몇몇 거래자들만이 그럭저럭 금융시장의 흐름을 탈 수 있었다.

이러한 사태가 발생한 이유는, 인도주식 시장이 가지고 있는 다음과 같은 세 가지 취약성 때문이다. 첫째, 주식시장에서 활발하게 거래되는 주식은 단지 몇몇 기업의 주식에 국한되어있다는 점. 둘째, 특정 기업의 경우 전체주식 중에서 극히 일부만이 거래될 뿐, 나머지 주식들은 발기인(promoter), 금융기관, 기타 영향력 있는 기업 관계자들이 소유하고 있다는 점. 셋째, 이와 같은 주식은 거래하는 사람들의 숫자도 매우 적다는 점이다.[6] 결국 '투기와 변동성(speculation and volatility)'이라는 두 가지 특성이 지배하는 주식시장으로 귀결되고 말았다.

1990년대 주식시장의 특징은 여러 가지 의미를 지니고 있다. 우선 FIIs들은 소유하고 있는 국제적 포트폴리오의 극히 일부만을 동원해서 인도로 하여금 국제적으로 부적절한 전략을 강요하고 시장성과에

6) 1994~2001년 기간 중 BSE(Bambay Stock Exchange)에 등록된 주식 수는 신규등록 및 상장 폐지를 감안해서 5,800종에 머무르고 있다. 전체 거래규모는 두 배 정도 증가했다.

대해 과도하고 증폭된 영향력을 행사하게 되었다. 인도 정부는 줄곧 FIIs들이 주식을 매입하고, 시장을 활성화시킬 수 있도록 배려하는 정책을 취했으며 그들의 비위를 맞추는데 급급해왔다. 이러한 FIIs의 영향력은 대규모 자본을 동원하고 투자리스크를 떠안을 수 있는 민간 주식 거래자에게도, 시장에 커다란 영향력을 행사할 수 있는 여건을 조성했다.[7)]

특히 은행제도의 역할과 관련하여 또 다른 문제가 존재하고 있었다. 주식시장 브로커는 일부 자산만을 취급할 뿐이었으며, 그들의 주된 역할이란 투자자들을 부추겨서 단기간에 큰 수익을 얻을 수 있다고 믿게 함으로써 브로커들에게 자금을 맡기도록 하는 일이었다. 1990년대 말 몇몇의 주식 부정거래 사건에 연루된 일부 협동조합은행(Cooperative Banks)이나 소규모 민간은행의 역할에 대한 사례들이 잘 알려져 있다. 이러한 사실들은 과연 중앙은행에 의해서 계획되고 수행된 규제의 틀이 적당하고 효율적인 것인가에 대해 의문을 남긴다. 대규모 국유은행들도 여러 가지 방법으로 주식 부정거래 사건에 연루된 바 있다.

주식시장에 대한 은행권의 위험 노출은 세 가지 형태로 이뤄진다. 첫째, 주식에 대한 직접투자(direct investment)의 형태이다. 이 경우 주식가격의 변동은 은행의 자산가치에 현저한 영향을 미치게 된다. 둘째, 개인 및 주주지분에 대한 지급보증금(advance)의 형태를 가진다. 담보로 맡긴 주식의 가격이 하락하면, 담보물 가치가 감소하고 차입

7) 하사드메타(Harshad Mehta)나 케탄 파레크(Ketan Parekh)와 같은 1990년대 공격적 매수 거래를 주도했던 대형 금융 브로커를 지칭한다. 이들은 소규모 중개인으로 시작해서 억만장자가 되었으며 자금 동원 및 위험부담 능력을 과시하면서 시장을 주도했다.

자의 채무보전 능력은 훼손된다. 따라서 은행은 주식시장에서 리스크를 보전하기 위해 담보물의 가치와 지급보증금 규모의 차이를 재량에 따라 조정한다. 셋째, 무담보 제도(non-fund based facilities)의 형태로서, 증권거래 브로커에 대한 보증이 이에 속한다. 브로커가 채무 변제의무를 이행하지 못할 경우, 은행 부채가 증가하게 된다. RBI 규정에 따르면, 주식시장에 대한 은행 개입은 주식시장 직접투자의 경우에만 허용되어왔다. 이 규정은 1990년 말에 대폭 완화되었다.

아무튼 은행의 주식투자는, 주식시장에 대한 세 가지 형태의 위험 중 단지 한 가지에 불과하다. 주식에 대한 지급보증금이나 주식 브로커에 대한 보증은 다른 차원의 문제이다. 주식시장에 대한 위험노출과 관련된 통계들은 그다지 크게 나타나고 있지는 않지만, 수치가 감추고 있는 의미는 심각하다. 우선 일부 민간은행의 과도한 위험노출을 지적할 수 있다. 민간은행의 '다이너미즘(dynamism)'은 과장되었으며 공공부문 은행의 민영화 주장에 대한 근거로 사용되었다. 나머지 은행들에 대한 시범적인 사례로 받아들여진 '다이나믹(dynamic)'한 민간은행은 예금주들에게 보다 나은 조건과 서비스를 제공함으로써 인기를 끌었다. 그러나 이러한 민간은행은 주식시장의 변동성에 매우 취약했다. 둘째, 은행 시스템의 위험노출은 주로 몇몇 주식 브로커에 대한 것이었다. 셋째, 은행이 주식시장 거래자들에게 빌려준 유동성은 이와 같은 금융수단을 이용할 수 있는 몇몇 브로커들의 취약성을 더욱 크게 한 요인이었다. 주식에 대한 지급보증 및 브로커에 대한 보증제도를 이용해서 브로커들은 주식을 매입할 수 있었으며, 매입한 주식을 담보로 더욱 큰 규모의 투자를 위한 대출을 받을 수 있었다. 이와 같이 거듭된 차입과 투자의 구조를 이용해서 브로커들은 자신의 자산규모로서는 도저히 감당할 수 없는 수준까지 위험에 노출 되었다. 한 시장에서의 붕괴는, 지급부족으로 이어지고 연쇄적인 붕괴로 악화되었다. 이러한 과정을 거쳐 은행이 소유한 주가는 폭락하고 선수금 상환조차 어려운 지경에 처했다. 주식시장에 유동성을 제공하는 동시에, 직접 주식투자를 병행했기 때문에 위험 노출은 더욱 심각한 상태로 되었다. 은행에서 제공한 유동성은 주식 투기를 부추겼으며 주식시장의 변동성을 증가시켰다. 주식시장 거품이 꺼지면서 은행 자체의 직접투자로 인한 손해가 더욱 심각하게 되었다.

금융자유화 10년 동안 은행의 주식시장에 대한 위험노출과 패턴이 주요한 관심사가 되었다. 무릇 은행이란 신용을 기초로 세워진다. 금융중개기관으로서의 은행은 위험을 회피하고, 낮은 소득위험과 높은 유동성을 갖는 금융자산에 대해 상대적으로 작은 규모의 투자를 해온 저축자로부터 예금을 받아서, 자본 및 소득 리스크가 높을 뿐만 아니라 상대적으로 유동성이 낮은 주식에 대규모로 투자하게 된 셈이다. 은행이 이러한 역할을 맡게 된 것은 비용을 커버하고, 위험을 피할 수 있는 역할과 능력을 인정받았기 때문이다. 은행은 굴곡이 심한 시장 변동으로부터 보호되어야 한다. 왜냐하면 금융기관 행동의 여파는 소규모 투자자에게 매우 불리한 영향을 미칠 수 있기 때문이다. 증권을 뮤추얼 펀드와 같은 기관을 통해 직·간접으로 보유하고 있는 소액 투자자들은, 금융기관의 비합법적이거나 통제범위에서 벗어난 행동으로 인해 손해를 볼 수 있기 때문이다. 이렇게 되면 당연히 주식투자에 대한 신뢰가 훼손될 것이다.

이러한 상황은 은행이 장기예금에 대한 이자율을 낮추려고 노력하고, 소액저축상품 계획으로 인해 은행의 주식시장 참여가 불가피하게 된 경제자유화 추진 시점에서 실제로 발생하게 되었다. 인도의 은행들은 높은 위험을 수반하는 전략을 채택할 수 있게 되었으며, 결국 금융 불안정 및 은행의 실패 위험을 높였다. 금융자유화의 마이너스 영향이라고 할 수 있다.

아울러 은행활동 규제완화 및 간접적 거래지원을 통해, 주식시장의 활황 유지를 꾀했던 정부의 자유화조치는 은행의 투기적 활동과 제도적 취약성을 심화시켰다. 규제적 정부정책의 부적합성에 초점을 맞춤으로써, 이와 같은 측면을 무시하는 것은 옳지 않다. 자유화의 본질(ethos of liberalization)이란 금융시장으로 하여금 경제정책의 성공여부를 판정할 수 있는 권한을 주는 것이기 때문이다. 실제로 경제가 침체하고 있는 경우에도 시장을 활성화시키기 위해서, 규제당국으로 하여금 강제로 완화조치를 취하도록 하는 것이다. 이러한 정책은 여러 가지 종류의 투기적 자본에는 이득이 될지 몰라도, 국가 전체적으로 보면 실물경제와는 매우 괴리된 정책이다. 만연한 빈곤을 퇴치하고 성장을 가속화하는 것이 급선무인 정부에게는 부적합한 정책인 것이다. 허약한 금융의 세계를 지탱하는데 초점을 두고 관리해 온 정책당국자들 때문에 치러야 하는 국가적 비용이라고 볼 수 있다.

10

해외 부문

10

해외 부문

1990년대 인도의 경제정책에 관한 논의에서 해외부문은 가장 큰 비중을 차지하는 영역이다. 1991년 시작된 전면적 경제자유화 조치를 촉발시킨 주요 동인은 외환 위기라고 할 수 있다. 인도 경제개혁 정책의 뿌리는 대외부문이었다. 인도 경제의 국제무역 경쟁력을 강화하고, 국내저축을 늘리기 위해 대규모 외국자본을 유치하는 것이 주요 목적이었다. 이러한 개혁정책의 수행 결과, 인도 경제는 대외경제적 압력에 매우 취약하게 되었다. 결국 인도 경제의 특별한 대외환경 및 세계경제로의 통합에 대한 고려 없이는 경제개혁 과정을 평가하기 곤란하게 되었다.

인도의 해외부문에 관한 개혁정책의 주요 목적은 수출증진을 위한 변화를 창조하고, 외국자본 특히 수출지향적 대규모 외국인직접투자(foreign direct investment, FDI)유입, 국내저축 증가 및 높은 비율의 국내투자 유발 등으로 요약할 수 있다. 그러나 지난 10년 동안의 개혁정책 수행 결과, 이와 같은 목표 중에 어느 것 하나 제대로 달성된 것은 없다. 수출성장률은 과거와 비슷한 수준에 머물고 있다. 제조업 분야에서는 수입품의 대규모 침투로 말미암아 노동집약적인 소규모 기업에 대한 압력이 커졌다. 경제 전체적으로 보면 단기 자본유입에 따른 변동성이 더욱 높아졌다. GDP대비 외국자본 유입은 실질적으로 증가하지 않았다.

〈표10-1〉 수출 및 수입의 연평균 성장률(US달러 기준)

기 간	수출증가율(%)	수입증가율(%)
1970~1980	15.6	23.7
1981~1990	8.3	4.5
1991~2000	9.8	8.6

자료 : RBI, *Handbook of Statistics on Indian Economy*

"수출비관론(export pessimism)이야 말로 인도 경제발전의 기본적 장애요소이다. 수출은 수요에 대한 새롭고 효과적인 자극을 줄 것이며 투자를 진작시킬 것"이라는 주장이 빈번하게 제기되어 왔다. "국내시장 수요가 부진하거나 한계에 부닥친 경우라도, 수출에 보다 중점을 둠으로써 이를 극복할 수 있으며 규모의 경제(economies of scale)를 이용할 수 있다"고 보았다. 자유화정책은 곧 수출에 대한 장애요인을 제거하는 것으로 인식되었으며, 이를 통해 수출이 현저히 증가할 것으로 예상했다. 그러나 실제로 경제자유화 전략은 명백히 실패하고 말았다. 자유화를 통해 수출을 증진시키면서 국내시장의 정체를 막지 못했기 때문이다. 세계 수출시장에서 차지하는 인도 상품의 비중은 증가하지 않았다. 1970년대 초부터 2000년까지의 기간 동안 0.5~0.6% 수준에 계속 머물고 있다. 〈표10-1〉에서 보듯이 1990년대는 수출성장률면에서 1970년대보다 부진했다. 1980년대 보다는 다소 향상되었을 뿐이다. 1970년대 인도는 비교적 '폐쇄'경제에 가까웠지만 미 달러화 기준 수출과 수입은 '개방'된 1990년대 보다 오히려 더욱 빠른 성장을 경험했다.[1] 아울러 수출의 변동성은 더욱 높아졌다.

1990년대는 무역적자가 계속 늘어났다. 1990년대 말까지 연간 100억 달러 만큼씩 증가했다. RBI 통계에서 무역적자는 더욱 크게 나타나고 있다. 세관을 통하지 않는 군수(軍需) 및 기타 정부수입이 포함되었기 때문이다. RBI통계와 세관통계에서 잡힌 무역적자의 차이는 1999/2000년에 가장 크게 벌어져서 170억 달러를 기록하고 있다. 따라서 외환 유입을 통해 충당되어야하는 실질무역적자는 일반적으로 인식되고 있는 규모보다 훨씬 크며, 시간이 흐르면서 점차 증가해가고 있다는 사실을 알 수 있다.

대규모 실질무역적자(actual trade deficit)는 RBI의 적정 외환보유액 판단기준을 변화시켰다. 과거 RBI에 의한 판단기준은 RBI가 커버할 수 있는 수입월수(number of months of import, 輸入月数)기준이었다. 자본흐름이 극도로 제한되고, 변동성이 심한 단기 자본 유출입이 거의 없었던 시기에는 수입월수 기준이 타당했다. 그러나 외국자본 유출입이 자유로워지고, 규모가 급증하게 되면서 필요한 외환보유고 규모는 증가하지 않을 수 없었다. 갑작스런 투기자본의 공격이나 자본이탈에 대비하기 위해서도 더욱 많은 외환보유액이 필요하게 되었다. 실제 수입월수 기준으로 보면 1990년대 외환보유고 수준(6.9개월 치 수입분)은 1970년대(6.1개월 치 수입분)에 비해 크게 늘어난 규모는 아니다. 1990년대에는 무역수지의 갑작스런 변화나 자본유출입 변동성에 대

1) 1970년대에는 달러 인플레이션율이 높았기 때문에 달러 기준 수출성장률이 높게 나타난 것은 사실이다. 그렇지만 달러 인플레만 가지고 70년대의 역동성을 설명하기는 어렵다. 1970년대에는 세계 수출상품에서 차지하는 인도의 비중이 약간 상승한 바 있다.

응해야 한다는 점을 감안하면, 비교적 높은 수준이었던 2001년 말 480억 달러의 외환보유고 자체도 안전하게 환율변동에 대응할 수 있는 충분한 양은 아니었다고 볼 수 있다.

2000년 이후 특히 2001/02년 및 2002/03년에 RBI의 외환보유액이 크게 증가했다. 2002/03년 한 해 동안 200억 달러 이상 증가했다. 일부 논자들은 외환보유고를 현재 경제상태의 활력에 대한 표지로 보고, 외환보유고의 증가를 긍정적인 신호로 받아들이고 있다. "외환보유고의 증가는 국제수지상 경상계정 또는 자본계정의 잉여를 반영하는 것이다. 대규모 외환보유고는 자본이탈 및 통화위기로부터 보호될 수 있는 안전판을 제공한다"고 주장한다.

이러한 내용은 옳지 않으며, 특히 현재의 상황에서 그 주장의 한계는 명확하다. 외환보유고 증가에 대한 판단은 첫째, 어떤 요인들이 외환보유 증대를 초래했는가? 둘째, 통화의 변동성을 제한하거나 방지하기 위해서는 어떤 조치가 필요한가? 라는 두 가지 기준에서 비롯되어야 한다. 과잉 식량스톡의 예와 마찬가지로, 과잉 외환보유는 사전적 투자(ex ante investment)에 대한 사전적 저축초과(excess of ex ante saving)의 경우 발생한다는 사실을 유념해야 한다. 과잉 외환보유액이 존재한다는 것은 경제가 잠재적 수준 이하에서 운영된다는 것이며, 자원의 사용면에서 많은 유휴자원이 존재한다는 것을 의미한다.

외환보유고 증가는 경상계정에서 창출된 잉여를 반영한다. 주요인은 해외진출 인도 노동자들의 해외송금유입(remittance inflows)이 급증했으며, 최근의 자본계정 유입이 크게 늘어났기 때문이다. 자료에 따르면 외환보유고 증가분 중에 많은 부분은 은행자본의 부채 유발성 흐름(debt-creating flow)이며, 나머지는 주로 FDI의 증가(인수도 포함) 및 포트폴리오 자본유입에 의한 것이다. 최근의 외국자본 유입은 인도가 외국인 투자자들에게 더욱 매력적인 투자처로서 인식된다는 것을 암시한다. 여러 개도국에서 진행되는 경제정체 및 불황 때문이기도 하다. 그러나 국내에 유입된 외국자본을 단순하게 외환보유 증가로 해석하는 것은 옳지 않다. 왜냐하면 이렇게 유입된 외국자본은 경제 내에서 투자 증가에 기여할 수 없기 때문이다. 유입된 외국자본을 부적절하게 사용했던 다른 신흥개도국의 경험에 비춰보더라도 앞으로의 국제수지 패턴에 대한 우려가 제기된다.

무역자유화와 수입상품 침투

1990년대에 걸쳐서 대외무역 자유화가 시행되었지만, 자유화 조치가 가속화된 것은 1998년 인도인민당(BJP)정부 이후라고 할 수 있다. BJP 정부는 이전의 어떤 정부보다도 수입상품 개방을 위해 적극적인 조치를 취했다. 수입통제 및 물량제한 철폐뿐만 아니라 수입관세도 지속적으로 인하했다. 대부분의 경우 이와 같은 수단들은 WTO에 가입한 국가들의 수준을 훨씬 초과하는 개방 수준이었다. 특정 부문의 경우 관세율이 150%까지 매겨지는 경우도 있지만 평균 관세율은 80~100%였다. 그러나 2001년 평균 관세율은 추가요금(surcharge)까지 포함해도 40% 이하로 줄어들었으며, 2002년에는 최대 관세율이 35%까지 하락했다. 이와 같은 무역정책으로 인해 국내생산자들은 여러 분야에서 경쟁력을 상실하게 되었다.

무역자유화 및 낮은 수입품 가격은 '생산자'에게는 불리할지 몰라도 '소비자'에게는 유리하다는 주장이 종종 제기된다. 그러나 "공급과 관계없는 순수한(pure) 소비자는 존재하지 않는다" 는 기본적인 사실을 간과한 주장이라 할 수 있다. 소비의 능력은 소득수준에 의존한다. 소득은 고용 및 취업기회에 의존한다. 보다 '개방적인' 무역정책에 의해 고용이 줄어들고, 노동자 · 농민의 실질소득이 줄어든다면 소비자들도 보다 풍부하고 값싼 수입상품을 향유할 수 없게 되는 것이다. 안정적인 직업과 소득을 가지고 있는 부유층만이 이와 같은 무역정책으로부터 이익을 얻게 된다. 결국 인도 대다수 서민들의 생활은 어려워지고 낮은 가격의 필수재(necessary goods)마저 구입하지 못하게 된다. 특히 제조업 분야에서는 생산에 영향을 미치는 비가역성(irreversibility)문제를 고려할 필요가 있다. 특정기업이 수입품과의 일시적 경쟁에 견디지 못하고 문을 닫게 되면, 이후 상대가격이 변화하더라도 쉽게 생산을 재개하기 힘들다. 공장 폐업으로 인한 마이너스의 승수효과는 다른 경제활동에도 영향을 미치게 된다.

그러나 얼핏 보기에, 수입관련 지표에 나타나고 있는 사실들은 이와 같은 걱정은 기우였지 않았는가 하는 의문을 가지게 한다. 1990년대 말 정부 대변인은 인도에서 비석유관련 수입품(non-oil imports)의 달러 가격 오름세가 수그러든 현상을 지적하면서, 이러한 현상은 무역적자를 조절하는 데 기여했다고 설명했다. "수입 자유화가 수입품의 대량유입을 초래할 것이라는 우려는 쓸데없는 걱정이었다. 인도의 생산자들은 국제경쟁에 맞서서 그들의 위치를 지키고 있다"고 주장했다.

이러한 주장은 여러 가지 영역에서 인도 상품의 경쟁력에 대한 전통적 인식과는 상반되는 것이다. 또한 수많은 시장들이 새로운 수입상품이나 수입집약도가 높은 상품들에 의해 장악되고 있는 기막힌 현실과는 동떨어진 내용이다. 달러화 기준, 인도의 총수입액은 1991/92년 낮은 수준에서 출발해서 1990년대를 거치면서 계속 증가한 반면, 수입가격 증가율은 1996/97년 이후 감소했다. 또한 1995/96년 이후 수입가격 성장률 하락이 주로 비석유 관련 수입품 분야에서 나타났다. 이에 따라 동 분야에서 수입이 급증할 것으로 기대되었다.

물론 1995/96년 이후 수입성장률 감소는 공업부문 생산 및 투자의 침체와 관련된다. 제5장에서 보았듯이 1993/94년 경기회복과 더불어 시작된 공업부문의 미니 붐(mini-boom)을 거쳐서 공업성장은 1996년 이후 하락했다. 따라서 주요 부문의 산출량 변동은 자본재 장비, 중간재, 부품 등 공업분야에서 수입에 의존했으며 인도의 수입액 변동을 좌우했다. 그러나 이와 같은 내용은 사실의 단편적인 면만을 보여줄 뿐이다. 1999/2000년에 공업 산출량은 다시 크게 늘어난 반면, 비석유관련 제품 수입은 계속 하락했다. 국내생산의 수입집약도는 1990년대 중반까지 상승했으나, 이후에는 일정 수준에 머무르고 있다. GDP대비 수입은 1991/92년 8.1%에서 1995/96년 11.5%로 상승했으며, 1990년대 말에 약간 하락했다. 수입집약도가 증가하지 않았다는 사실은 성장률의 하락 – 비록 그 결과 수입이 줄었지만 – 그 자체가 1995/96년 이후 수입추세를 설명할 수 있는 적당한 요인이 되지는 못한다는 사실을 보여준다.

총수입 추세는 석유 및 석유관련제품 수입을 포함하고 있기 때문에 수입에 대한 자유화 조치의 영향을 충분히 대변하지 못하는 것은 사실이다. 석유나 윤활유(lubricants)등의 무역자유화 조치 여부 보다는 국내 수요의 변동에 의해 크게 좌우된다. 또한 원유가격의 변동성으로 인한 예측하지 못한 변화에 따라 교역액이 크게 영향을 받는다.

그러나 원유수입을 고려하지 않는다하더라도 국내 상품의 수입집약도 추세는 비록 전체적으로 약간의 변동이 있었지만 크게 경계할 수준은 아니라고 볼 수 있다. GDP 대비 비석유제품 수입 비율은 1990/91년 6.9%에서 1995/96년 10.2%로 크게 증가했으며 이후 1999/2000년 까지 10% 대에 머물렀다. 수입자유화의 영향을 크게 받는 민간부문도 유사한 패턴을 보이고 있다. 등록 제조업 부문에서 국내생산량 대비 수입자본재 비율은 1993/94년 12.3%에서 1995/96년 14%로 크게 올랐지만, 이후 1990년대 말까지 평균 12.7%를 유지했다. 1990년대 중반의 최고치에 크게 못 미치는 수준이다.

결국 1995/96년까지는 수입자유화가 국내생산의 수입집약도를 크게 늘리는 결과를 가져왔지만, 그 이후에는 상황이 변화했다. 우선 성장의 정체는 수입성장률을 하락시켰다. 국내 생산의 수입집약도는 늘어나지 않았으며 일부 제조업분야에서는 1990년대 중반의 최고치에 비해 약간 줄어들었다. 그렇다면 이와 같은 수입집약도 하락은 무엇을 의미하는 것일까? 수입상품에 의해 비록 완전히 유린당하지는 않았더라도 얼마 동안의 대체기간을 겪은 후에, 인도의 생산자들이 수입품의 무차별 공격에 맞서서 그들 자신을 재구조화한 것일까? 관련 데이터를 자세히 관찰하면 이와 같은 낙관적인 해석은 아쉽게도 성립되지 못한다.

사실은 또 다른 중요한 경향이 작동되고 있었다. 수입품 단위가격(unit value)의 급격한 하락이 바로 그것이다. 〈그림10-1〉에서는 1996년 4~6월부터 1999년 4~6월까지 13개 분기에 대한 인도 수입상품의 규모 및 단위가격지수(unit value index)를 나타내고 있다. 인도 수입품의 단위가격지수 또는 단위가격의 가중 평균치는 1996/97년 기간 중에 상승했으며, 1997/98년 1사분기에 513으로 최고치를 기록했다. 이후 33%까지 하락하고 있다. 반면 동 기간 중에 수입품 수량지수(quantum index of imports)는 두 배 이상 증가했다. 1997년 4~6월 이후, 2년간 57% 만큼 늘어났다. 수입품 수량지수 및 가격지수의 변화를 고려하면, 인도 수입상품 총액의 하락은 외국수입상품의 실질유입에 대한 실제 현상을 제대로 설명해주지 않는다는 사실을 알 수 있다. 즉 수입상품 총액(value of imports)의 변화 추세는 수입품과의 경쟁상황 및 국내시장에서 국내생산자들의 교체현상을 제대로 반영하지 못한다는 것이다. 수입총액은 감소했지만 실제 수입된 상품의 양은 크게 늘었다는 사실을 주목해야 한다.

여기서 다음과 같은 세 가지 측면을 관찰할 필요가 있다. 첫째, 원유가격의 변동성이 수입품 단위가격지수 변화의 주요인이었는가의 문제이다. 1997/98년 원유가격은 크게 하락해서 배럴당 10달러라는 전례 없는 인하폭을 보였다. 이러한 원유가격 하락은 인도 수입상품의 평균가격에 적지 않은 영향을 미쳤다. 특히 1997/98년에는 단위가격지수의 하락세가 두드러져서 한 해 동안에만 28%가 떨어졌다. 그러나 원유가격은 이후 크게 상승했다. OPEC에 의한 생산 감축의 결과였다. 1998년 말 이후 원유가격은 배럴당 10달러에서 35달러까지 올랐다. 그러나 인도수입품의 단위가격은 이와 같은 가격상승 움직임을 그대로 반영하지 않았다. 1999/2000년 4월~6월 기간 중에 10% 상승에 그쳤다.

둘째, 수입상품 가격의 변화는 단순히 세계물가의 일반적 추세와 일치하는 것은 아니라는 점이다. 1997년 7월~9월부터 1999년 1월~3월 기간 중에 오일가격은 하락했다가 다시 상승했다. 반면 인도의 순교

〈그림10-1〉 수입량 및 수입단위 가격 지수(1978/79년 = 100)

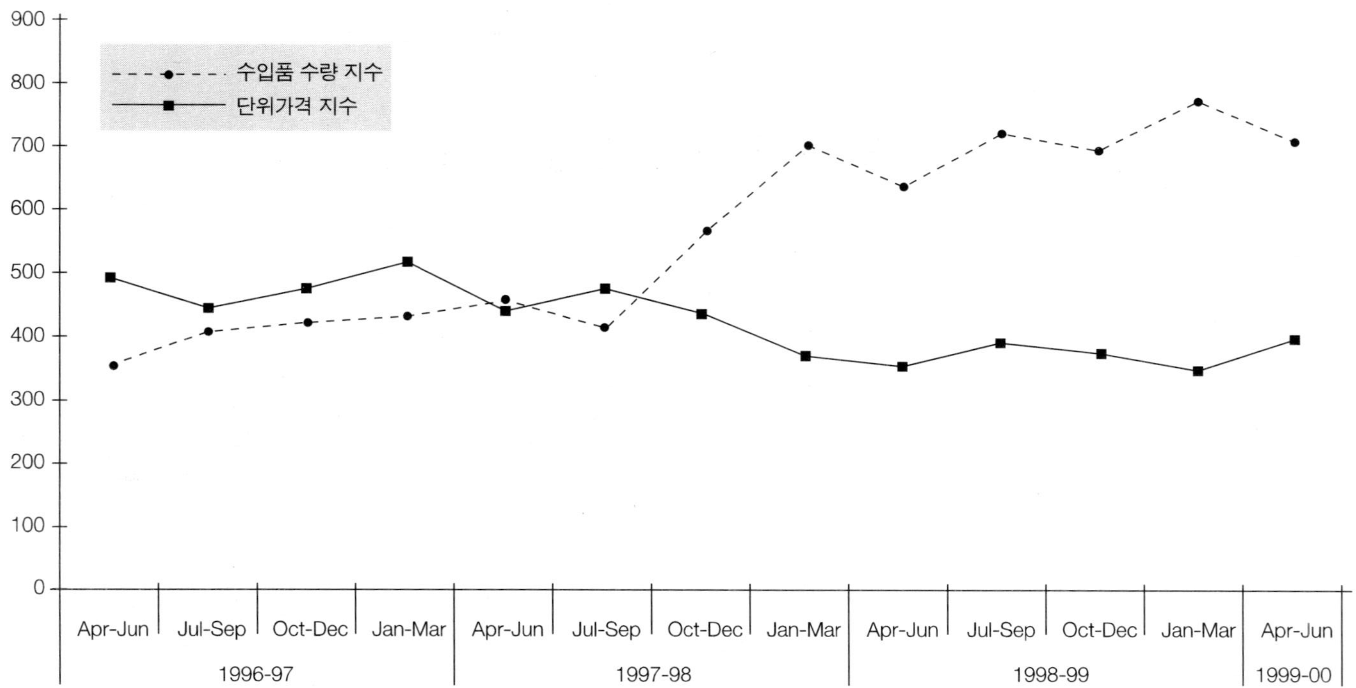

자료 : CSO, *Monthly of Statistics*, 각 년도.

역조건(net terms of trade)은 처음엔 상승했다가 이어서 약간 감소했으며, 이후 다시 개선되었다. 따라서 인도는 원유가격 하락으로 이익을 보았지만, 이후 원유가격의 상승에 의해 손해를 본 것은 아니었다. 인도 수출상품가격의 상승과 수입상품 단위가격지수의 하락으로 인한 결과이다. 이것은 결국 인도의 무역수지에 긍정적 영향을 미쳤다.

셋째, 1990년대 중반 이후 수입상품의 실질적 유입은 수출상품보다 훨씬 많았다. 이러한 현상은 총교역조건(gross terms of trade), 또는 전체 수출량 대비 수입량 지수 비율을 통해 확인할 수 있다. 동 비율은 1998년 1월~3월 분기에 115를 기록한 이후, 1년 후에는 831로 상승했다. 이후 2000년 4월~6월 분기까지 641 수준에 머물렀다.

요컨대 1996/97~1999/2000년 기간 중 수입품 가격은 국내 상품 생산부문 성장률 하락폭보다 크게 하락한 반면, 실제 수입량은 크게 증가했다. 실제 수입량 증가의 총수입액에 대한 영향은, 수입상품 단위가격지수(unit value index)의 하락에 의해 상쇄되었다. 수입상품 단위가격지수는 전반적으로 하락했다. 그 중에서도 특히 식품 및 관련 식품군, 음료 및 담배, 동물성 오일 및 식물성 오일, 기계 및 수송장비 가격이 크게 하락했다.

수입품의 단위가격이 이와 같이 하락하게 된 것은, 다음과 같은 두 가지 이유 때문이다. 첫째, 1996/97~1999/2000년 기간 중에 대부분의 1차 상품 국제가격이 폭락했다. 인도의 수입자유화와 거의 같은 시기에 식용유부터 밀(wheat)에 이르는 대부분의 1차 상품 세계가격이 크게 하락했다. 정부는 수입을 제한하기 위해 관세를 인상했다. 높은 관세에도 불구하고 코코넛, 코코넛 오일, 고무, 차, 커피 등과 같은 1차 상품은 수입품과의 경쟁에 밀려서 가격이 하락했다.[2)]

둘째, 제조업 상품의 경우 국내시장에서의 수요 감소는 1990년대 전반기 중에 인도시장에서 가지고 있던 시장지위를 유지하려는 외국의 생산자들로 하여금 가격인하를 촉발시키는 원인이 되었다. 인도시장에 수출하고 있는 외국의 자본재 생산자의 경우가 이에 해당된다. 왜냐하면 제조업분야 소비재의 경우는 수입품에 대한 수량제한 조치가 1990년대 말이 되어서야 철폐되었기 때문이다. 여기서 고려 대상이 된 1996/97년~1999/2000년 기간 중에 수입품은 주로 자본재, 원료, 중간재 및 다국적기업에 의해 외국으로부터 들여온 부품 등이다. 이들 다국적기업들은 인도산 제조업 설비에 의해 생산된 인도 브랜드를 대체해나갔다. 외국기업들은 부풀려서 알려진 인도의 중간소득층 시장규모에 대한 평가로 말미암아, 실제 필요한 규모보다 훨씬 대규모의 생산 및 조립시설을 갖추게 되었다. 브랜드 상품이나 수입품 또는 수입집약도가 높은 상품 등에 대한 억압된 수요(pent up demand)가 일단 충족되고 난 이후에, 대부분의 국내소비재 수요는 줄어들게 되었다. 따라서 이와 같은 품목의 생산자들 간의 치열한 가격 경쟁이 불가피하게 되었다.

가격인하 경쟁에 기초한 경쟁전략은 당해 기업의 생존이 주식시장에서의 성과에 따라 좌우될 경우 더욱 문제가 된다. 가격인하가 이윤에 영향을 미치고 나아가 기업실적 보고로 연결될 경우, 주식시장에서 투자자의 평가에 영향을 미치게 된다. 영업보고 결과, 주식가격이

2) 여기서 지적할 것은 실제적으로 수입품이 들어올 경우에만, 국내생산자들이 가격을 인하하는 것은 아니라는 점이다. 대부분의 농업 및 제조업 상품의 경우, 단순하게 수입품과의 경쟁해야한다는 위협만으로도 국내생산자로 하여금 상품가격을 낮게 유지시킬 수 있다. 따라서 실제 시장침투 여부에 의해 수입품의 경쟁효과를 판단하는 것은 부적절하다.

폭락하게 되면 기업 상품의 브랜드 이미지에 나쁜 영향을 미치게 된다. 극단적인 경우에는 인수 위험까지 따르게 된다. 따라서 정체된 국내시장에서 시장점유율을 유지하거나 향상시키기 위한 방편으로 원료, 중간재 또는 모기업이나 제3국가의 자회사로부터 공급되는 부품에 대한 이전가격을 인하하게 된다. 전체수입액이 줄어들면서도 수입량은 그대로 유지되거나 늘어나는 중요한 이유 중의 하나일 수 있다. 이는 다국적 기업에 의한 덤핑 관행(dumping practices)과 관련이 있다. 이전가격조작(transfer pricing)에 의해 교역가격 데이터에는 반영되지 않을 수 있다. 이와 같은 가격인하가 인도 소비자들의 후생을 높일 수도 있겠지만, 이들 소비자를 고용하고 있는 인도 생산자들에게는 불리하게 작용하게 된다. 국내시장에서 인도 브랜드가 점차 줄어드는 현상을 보면, 인도 상품의 외국 상품에 의한 대체 가능성을 짐작할 수 있다.

만약 이와 같은 설명이 설득력 있는 것이라면, 앞으로 예측되는 현상은 더욱 곤란한 상황이다. 다국적기업에 의해 주도된 가격인하를 통한 물량공세는 미국경제의 활발한 성장으로 인한 세계시장을 배경으로 한다. 이와 같은 상황은 2000년 이후에 변화했다. 세계경제의 주요 시장에서 명백한 침체 신호가 나타났으며 2001년 말까지 더욱 악화되었다. 세계시장에서 다국적기업들은 늘어나는 과잉설비 부담에 노출되었으며, 종종 해고와 공장폐쇄가 수반되었다.

다국적기업의 입장에서 보면 인도 시장은 매우 중요한 것이기 때문에 물량공세는 더욱 강화되었다. '수입품의 가격하락'과 '수입규모 증가'가 동시에 나타나는 기간이 더욱 길어지게 되었다. 정부 입장에서 이러한 움직임은 경계를 요하는 상황이었다. 미래의 수입 급증을 막고 국내 생산자를 보호하기위해 관세 부과, 반덤핑 관세 및 유사한 조치 등이 강구되었다. 이와 같은 상황에서 수입품 가격과 국내생산자간의 명백한 갈등을 감안하지 않은 채, 단순히 인도의 총수입액이 감소했다는 사실에서 위안을 찾으려하는 태도는 옳지 않다. 국내생산 및 고용측면에서 볼 때, 재앙이 아닐 수 없다.

자본의 흐름

지난 10여 년간 정책입안자들의 과도한 관심과 더불어 1990년대 자본계정은 1980년대에 비해 훨씬 적극적으로 변화했다고 볼 수 있다. 여러 가지의 자본계정 자유화 조치는 자본유입의 현저한 증가를 유도했다. 그러나 〈표10-2〉에서 보듯이 총자본유입의 실제 효과는 기대하는 것 보다는 훨씬 낮다.

〈표10-2〉 총자본 및 순자본 유입액, 순 민간 이전액

(단위: 백만 달러)

기 간	총자본 유입액	순자본 유입액	순 민간 이전액
1970~81	7,239	2,477	9,580
1981~90	44,840	26,202	24,111
1991~99	70,501	29,604	76,372

주 : 순자본유입(net capital flow)은 총자본유입(total capital inflow)에서 이자지급, 이윤 및 배당금을 공제한 금액.

자료 : RBI, *Report on Currency and Finance*에서 계산.

〈표10-2〉는 모든 형태의 외국자본을 포함하는 총자본 유입에 관한 통계를 제공한다. 두 번째 열의 총자본 유입액에는 외국원조, 외국인 직접투자(FDI), 외국인기관투자(FII)형태의 포트폴리오 투자, GDR(Global Depository Receipt) 및 ADR(American Depository Receipt), NRI보유 특별예금, 외국상업차관 등이 포함된다.[3] 〈표10-2〉의 세 번째 열에서는 순자본 유입액 통계를 볼 수 있다. 이자지급이나 이윤 및 배당형태의 투자소득 유출을 제외한 수치이다. 이와 같은 순자본 유입은 총자본 유입보다 현저히 낮으며, 70~80년대 보다는 90년대에 들어와 그 차이가 더욱 크게 나타나고 있다. 순자본 유입 면에서 보면 명목 달러기준으로 보더라도 과거 80년대에 비해 거의 증가하지 않았다. GDP나 총투자 대비 순자본 유입은 감소했다는 의미이다.

사실상 〈표10-2〉에서 발견할 수 있는 가장 중요한 사실은 순자본 유입액 증가가 그렇게 많지 않았다는 점보다는, 순 민간이전액(net private transfer)의 역할이 더욱 중요해졌다는 사실이다. 이는 주로 해외진출 노동자로부터의 개인송금(private remittance)의 형태를 갖는다. 이와는 대조적으로 주로 NRI예금 형태를 갖는 고소득 전문가 계층에 속하는 해외거주 인도인들로부터의 자본유입액 비중은 매우 낮다. 결국 해외진출 노동자의 송금이 가장 중요한 역할을 했다고 볼 수 있다.

1990년대 계속된 국제수지적자 압력에도 불구하고 인도의 국제수지균형을 유지해주고 정책입안자들을 어느 정도 구원해 준 것은 바로 이러한 요인 때문이다. 해외진출 노동자들의 송금유입액은 1990년

3) GDR 및 ADR은 인도기업이 외국시장에서 발행한 주식으로서 포트폴리오 자본 유입의 형태로 볼 수 있다.

대에 급증했으며, 1990년대 말에는 매년 100억 달러에 달했다. 1990년대의 모든 해에 걸쳐서 순민간 이전지출(주로 해외노동자송금에 의한)은 다른 모든 형태의 자본유입을 합한 규모보다 컸다. 순 자본유입액의 2.5배 이상에 달하는 규모이다.

여기서 해외진출 노동자의 송금은, 이에 대한 아무런 특혜나 장려조치가 취해지지 않았음에도 불구하고 유입되었다는 점을 유념할 필요가 있다. 이와는 대조적으로 NRI투자의 중요성은 요란하게 강조되고, 커다란 특혜조치가 수반되었지만 순자본 유입 면에서 보면 훨씬 저조한 수준이었다. 이윤배당이나 이자지급 등의 형태로 부수적인 자본유출이 수반되는 대부분의 자본유입과는 달리 해외진출 노동자의 송금유입은 부수적인 자본유출이 없다는 점도 지적해 둔다.

전체적으로 볼 때 대외금융부문 개혁의 결과, FII의 형태나 NRI투자 및 NRI예금 등의 형태를 갖는 변동성이 높은 단기자본 유출입에 대한 인도 경제의 종속성이 커지게 되었다(Sen 1999). 루피화 가치를 시장의 수요-공급을 통해 결정되도록 허용함으로써 중앙은행이 루피화의 가치에 영향을 줄 수 있는 수단은 중앙은행의 외환 매매로 국한되었다. 이는 결국 루피화 가치의 불확실성을 증폭시키는 원인이 되었다.

나아가 정부지출, 이자율, 환율 등에 대한 국내정책은 그 정책결과가 외국인 투자자들의 변화무쌍한 태도에 어떤 영향을 미칠 것인가에 대한 인식태도에 의해 크게 영향을 받게 되었다. 이는 기본적으로 정부의 정책조정능력을 떨어뜨렸으며, 개혁기간 중에 나타난 여러 가지 문제를 해결하기 위한 정책 경로를 변화시키는 데 장애요인이 되었다.

이와 같은 위험 부담에도 불구하고 전체적으로 자본계정은 크게 영향을 받지 않았으며, 1990년대를 걸쳐 높은 자본유입을 보이지도 않았다. 자본유입의 구조는 〈표10-3〉에서 보듯이 1990년대에 매우 크게 변화했다. 단기 국제상업차관, NRI 은행예금, 인도 주식시장 내 해외기관투자와 같은 단기변동성 자본유입량에 대한 종속성이 심화되었다. 1999/2000년까지 이와 같은 종류의 자본유입은 총자본유입의 70% 이상을 차지했다.

이와 같은 형태의 자본유입은 매우 변동성이 크기 때문에 조직적이거나 안정적인 패턴을 보이지 못한다. 자본유입 특히 포트폴리오 자본유입에 대한 과도한 의존으로부터 야기되는 문제점은 1990년대 몇몇 신흥시장의 극적인 경험을 계기로 잘 알려지게 되었다. 동남아시아 제국 및 러시아, 멕시코, 브라질, 터키, 아르헨티나 등 신흥시장에서의 경험은 발생 가능한 투기성 단기자금유입에 대비하기 위해 어느 정도의 외환보유고를 유지해야 하는지에 대해서 중요한 시사점을 제공해 준다. 나아가 금융위기 기간 중에 자본도피는 미래 평가절하에 대비해서 수입품의 증가와 수출 보류를 수반한다. 1990년대 마지막 3년 동안, 전체 단기대외차입 및 포트폴리오 자본스톡이 외환보유고의 약 $^2/_3$를 차지함으로써 야기되었던 경제적 혼란의 이유를 여기서 찾을 수 있다.

〈표10-3〉 1990년대 자본유입의 형태

(단위: 백만 달러)

	FDI	포트폴리오투자	ECBs	NRI 예금	외국 원조
1990/91	97	6	2248	1536	2210
1991/92	129	4	1456	290	3037
1992/93	315	244	-356	2001	1859
1993/94	586	3567	607	1205	1901
1994/95	1228	3824	1030	172	1526
1995/96	1943	2748	1275	1103	883
1996/97	2938	3025	2848	3350	1109
1997/98	3525	1828	3999	1125	907
1998/99	2380	-68	4362	1742	820
1999/2000	2093	4940	313	2140	901

주 : ECBs(European Central Banks)

자료 : RBI, *Handbook of Statistics.*

확실히 1990년대 경제정책은 대외부문의 기본적 목적달성에 실패했다. 인도경제의 대외적 취약성은 높아졌으며 거시경제정책의 자율성은 크게 제약되었다. 국내 재정금융정책에 주요한 한계가 노정되었으며, 국민들의 가장 큰 관심사인 고용창출정책이나 확장적 경제정책을 수행하지 못했다. 이와 같은 손실들이 순자본 유입에 의해 일부 메워졌지만, 상대적으로 작은 규모였다. 최근 2001/02년 및 2002/03년에 걸친 자본유입증가는 경제의 투자율 증가로 이어지지 못했으며, 단지 외환보유고 증가에 기여했을 뿐이다. 나아가 이와 같은 자본유입은 주로 부채창출적인 은행자본유입(debt-creating banking capital flow)이나 상대적으로 변동성이 큰 외국인 포트폴리오 투자의 형태를 취하기 때문에 위기적 현상이 나타나면 언제든지 상황이 바뀔 수 있는 것이다.

환율 관리

환율정책의 자유화조치와 더불어 자본의 유출입 및 기타 통화거래는 루피화의 대외가치 변동을 초래할 수 있게 되었다. 이는 경제의 불안정 요인이 될 수 있다. 이에 대한 대응책으로 RBI는 단지 공개시장조작에만 개입할 뿐이다. 결국 루피화 가치를 안정시키기 위해 달러를 사거나 파는 행위만 한다는 것이다. 아울러 RBI는 국내시장 내에서 신용을 축소시킴으로써 루피화 판매능력에 영향을 미치게 된다. 1990년대 말 외환시장에서 주기적 변동성에 대한 RBI 대응패턴은 비록 중앙은행이 관료와 국회의 감사 및 영향력으로부터 어느 정도의 독립성을 가지게 되었지만, 동시에 국제금융의 요구 그 자체에 종속되게 되었다. 따라서 RBI는 새로운 자치를 얻은 것이 아니라 새로운 지배자를 만나게 된 것이다.

90년대 중반 이후 외환시장의 변동성이 높아지자, RBI는 루피화 안정을 위해 통화정책을 변경했다. 2000년 7월 RBI는 화폐공급을 늘리고 이자율을 낮추는 정책을 철회했다. 이러한 정책은 국내산업 정체를 완화하기 위해서 2년 전부터 일관되게 추구해오던 정책이었다. 그동안 RBI는 주기적으로 은행제도에 적용되는 현금보유비율(Cash Reserve Ratio: CRR)을 인하했다. 중앙은행의 민간은행 여신이자율도 인하했다. 그러나 4개월도 채 못 되어서 우선순위는 변경되었다. 중앙은행 여신이자율은 1998년 1월 11%에서 2000년 4월 7%로 12번에 걸쳐서 하락했지만, 2000년 7월 21일 8%로 다시 상승했다. CRR도 0.5%가 인상되어서 8.5%로 되었다. RBI는 여신압박을 통해 이자율을 상승시킴으로써 외환시장에서 루피화의 안정을 꾀했다. 이것은 산업성장의 회복세가 갑자기 나타났거나 다른 어떤 원인에 의해 경기둔화경향이 멈췄기 때문에 취해진 것은 아니다. 갑작스런 정책변경의 원인은 점진적으로 하락해오던 루피화 가치가 급격히 떨어졌기 때문이다.

비교적 자유로운 외환시장시스템 하에서 통화가치에 영향을 주는 이자율 상승 및 유동성 압박에는 세 가지 경로가 존재한다. 첫째, 중기에는 경제활동수준에 영향을 미침으로써 통화가치에 영향을 줄 수 있다. 높아진 금융비용과 신용에 대한 접근성의 약화는 투자에 마이너스의 영향을 미치며 경제활동을 침체시키고 수입수요를 하락시킨다. 둘째, 이자율을 인상하고 중앙은행의 시중은행 여신이자율을 높이게 되면 금융투자자들의 소득은 증가하게 되고 외국으로부터 자본이 유입된다. 결국 국내 외환시장에서 달러공급이 늘어나게 되며 루피화의 가치는 상승하게 된다. 셋째, 루피화 자금에 대한 접근을 더욱 어렵게 하고, 높은 비용을 치르게 함으로써 달러 투기를 위해 루피화 자금을 빌리려는 투기자들을 위축시키게 된다. 이러한 투기는 일정 범위 내에서 루피화의 평가절하를 초래하게 된다. 따라서 유동성 압박 및 이자율 인상은 루피화 가치를 높일 수 있게 된다.

여기서 문제는 이와 같은 수단들이 루피화 가치를 일시적으로 안정시킬 수 있겠지만(이 경우도 루피화에 대한 투기적 공격에 직면하고 있지 않은 상황이라면 오히려 바람직하지 않은 것일 수도 있다), 동시에 생산비 및 투자금융비용 면에서 국내 생산자의 비용부담이 늘어나게 된다는 점이다. 이렇게 되면 경제의 침체경향은 더욱 악화될 우려가 있으며 그렇지 않아도 허술한 국내금융 부문을 더욱 취약하게 만들 수 있다. 더욱 심각한 문제는 이와 같은 금융수단들이 국제수지를 안정화시키기에는 역부족이라는 사실이다.

11

외국인 직접투자와 국제수지

11

외국인 직접투자와 국제수지

외국인 직접투자(Foreign Direct Investment, FDI)의 유입 및 운영에 대한 규제완화는 1990년대 경제개혁 프로그램의 핵심이었다. FDI 유입 노력이 정당화되는 근거는 다음과 같다. 첫째, FDI는 국내저축을 보완할 수 있으며 국내투자율이 국내저축률을 초과할 수 있도록 유도하는 역할을 한다. 둘째, 기술수준이 높은 새로운 영역에 대한 FDI는 인도의 수출 증진에도 기여하게 된다. 외국인 투자자들은 세계시장을 지향하는 상품생산을 위한 유리한 공장입지를 찾고 있다. 무역과 투자 간의 선순환 고리는 인도에 대한 순 외환유입(net foreign exchange inflows)을 증가시키며 인도의 국제수지를 지탱해 준다는 입장이다.

중국의 경험에 의해 고무된 인도 정부는 1990년대 이후 계속해서 연간 100억 달러 정도의 FDI 유입을 목표로 삼아왔다. 이러한 목표를 달성하기 위해서 외국인 소유지분 상한은 느슨해지고, 많은 경우 100% 지분까지 인정되었다. 여러 산업 분야에서 FDI가 자동 승인되었다. 외국인 투자촉진위원회(Foreign Investment Promotion Board, FIPB) 예고 조치의 일환이었다. 외국인 투자자들에 대해 우호적임을 증명하기 위해 여러 가지 수단을 동원했다.[1)]

이와 같은 노력에도 불구하고 FDI 유입 실적은 기대에 훨씬 못 미치는 수준이다. FDI 유입은 2000/2001년, 23억 달러를 기록했다. 목표치 100억 달러에 크게 못 미칠 뿐 아니라, 1997/1998년의 36억 달러보다도 작은 규모이다. 1990년대 말에 나타난 FDI 유입의 감소 현상은 외국인 포트폴리오 투자액 대비 FDI 비중이 감소했음을 암시한다. 1993/94년 16%에서 1997/98년 195%까지 증가한 이후, 2001/01년 85% 만큼 하락했다. 비록 FDI 유입 수준이 목표치에는 크게 못 미치는 상태이지만, 과거와 비교해 볼 때 1990년대 FDI 유입이 현저하게 증가한 것은 사실이다. 1990/1991년 1억달러 미만이었던 FDI는 1994년/1995년 10억 달러를 넘어섰으며 이어서 3년간 거의 세배 정도 증가했다.

이러한 유입은 1998~2001년 기간 중 줄어들었지만, 2001년에 수행된 외국인 주주에 대한 규제완화 및 민간부문에 대한 인센티브 정책을 계기로 1997/98년의 FDI 유입액을 능가할 수 있었다. FDI 유입액이 늘어났다는 점에서 제한적이나마 성공이었다는 점을 부정할 수는 없다.

1) 모든 제조업 분야에서 100% FDI가 허용되었다. 다만 예외적으로 게이트웨이(gateway), 무선호출, 사용자간 정보전달기능을 갖춘 ISP(Internet Service Provider), 및 비은행금융회사(non-banking financial company, NBFC) 부문의 각종사업을 포함하는 텔레컴 서비스 부문에는 74% 지분까지 허용되었다. 2001년에는 주택, 상가, 호텔, 리조트, 모든 도시의 사회기반시설을 포함하는 복합도시 개발 분야에 대해 100%까지 FDI를 허용하는 법안이 통과되었다. 모든 도시에서 고속 대량수송 시스템에 대한 FDI도 100%까지 자동 승인되었다. 인도 민간부문의 국방부문 참여가 100%까지 허용되었으며 FDI는 26%까지 허용되었다. "FDI inflow up 40 pc in first nine month", *Business Line*, 25. Dec. 2001

〈표11-1〉 FDI 유입액

(단위: 백만 달러)

	1990/91	1991/92	1992/93	1993/94	1994/95	1995/96	1996/97	1997/98	1998/99	1999/00	2000/01
(1)	(2)	(3)	(4)	(5)	(6)	(7)	(8)	(9)	(10)	(11)	(12)
A. 해외직접투자	97	129	315	586	1,314	2,144	2,821	3,557	2,462	2,155	2,339
a. 정부 (SIA, FIPB)	—	66	222	280	701	1,249	1,922	2,754	1,821	1,410	1,456
b. 중앙은행 (RBI)	—	-	42	89	171	169	135	202	179	171	454
c. NRI	—	63	51	217	442	715	639	241	62	84	67
d. 주식취득 (Acquisition of Shares)*	—	—	—	—	—	11	125	360	400	490	362
B. 포트폴리오 투자	6	4	244	3,567	3,824	2,748	3,312	1,828	-61	3,026	2,760
a. GDR 및 ADR#	—	—	240	1,520	2,082	683	1,366	645	270	768	831
b. FIIs**	—	—	1	1,665	1,503	2,009	1,926	979	-390	2,135	1,847
c. 해외펀드, 기타	6	4	3	382	239	56	20	204	59	123	82
Total(A+B)	103	133	559	4,153	5,138	4,892	6,133	5,385	2,401	5,181	5,099

* FEMA 5항에 의거 NRI에 의한 인도기업주식 취득 (1996년 1월 이후 FDI에 포함됨).

\# GDR(Global Depository Receipts) 및 ADR(American Depository Receipts)을 통해서 인도기업에 의해 조달된 투자액.

** FIIs(Foreign Institutional Investors)에 의한 자본 순유입.

자료 : *Reserve Bank of India Bulletin*

FDI 유입의 원천을 조사해보면 1990년대 초기 FDI 유입의 직접적 기여 요인이었던 NRI 투자가, 중반 이후 계속 현저히 감소했다는 사실을 알 수 있다. NRI들의 관심이 줄어들었거나, NRI 자본이 기업체를 통해 흘러들어갔다고 예상할 수 있다. 이것은 NRI 창구를 통해 제공되는 특혜조치를 이용하지 않은 자금의 흐름이라고 볼 수 있다. 이에 비해 산업인가국(Secretariat of Industrial Approval, SIA), FIPB, RBI 등록 등을 통해 유입되는 투자의 비중이 훨씬 컸다. 이러한 투자 모두가 신규투자 프로젝트라고 할 수는 없다.

외환규제법(Foreign Exchange Regulation Act, FERA)상 외국인 주식소유 상한이 기존의 40%에서 상승함에 따라, 많은 인도 기업들은 외국인 투자자들에 대한 신규주식발행을 통해서 납입자본(paid-up capital) 중 외국인 소유비중을 높였다. 신규발행 주식의 액면가격은 시장가격보다 낮았기 때문에 비교적 작은 규모의 외국자본 유입만 가지고도 외국인 지분이 현저하게 늘어나는 결과를 초래했다.

2001년 1월~9월 사이에 실제 FDI 유입액은 40%만큼 증가해서 전년도 동 기간 중 25억 8,490만 달러에서 36억 2,370만 달러로 늘어났다. 그러나 이와 같은 급격한 증가세가 나타난 원인 중의 하나는 많은 다국적 기업들이 인도 자회사를 통해 국내 주주들에게 발행한 주식을 사들였기 때문이다. 이와 같은 금액도 FDI 통계로 잡히며 FIPB 승인이 요구된다. 동 기간 중 30여개의 외국기업들은 인도 자회사의 지분을 100%까지 늘리기로 결정했으며 주식시장 상장 항목에서 제외시켰다.[2)]

2) "Delisting plans push up FDI inflow 40%", *The Economic Times*, 25. Dec, 2001.

이러한 목적을 위한 외국기업들의 경비지출액은 20억 달러로 추정된다. 같은 기간 중 전체 FDI 유입액의 55%에 달하는 금액이다. 외국인 투자자 이외의 주주들이 가지고 있는 주식을 모두 매입하지 않은 채 다국적기업의 지분을 높이는 경로를 감안하면, 이러한 비용은 매우 큰 규모의 FDI유입에 해당될 것으로 보인다.

코카콜라(Coca Cola)가 대규모 음료회사인 파레 엑스포트(Parle Exports)를 인수했던 예에서 볼 수 있듯이, 많은 다국적 기업들이 인도기업을 인수하는 사례가 빈번하게 나타났다. FERA 29조에 의거한 NRI의 인도기업주식 취득을 통한 자본유입 관련 통계는 1996년 1월 이후부터 구할 수 있다. 〈표11-1〉에서 보듯이 1990년대 말로 들어오면서 크게 증가하고 있다. 1999/2000년 23.0%, 2000/2001년 15.5%의 비중을 차지하고 있다.

FDI 유입이 언제나 신규 투자프로젝트의 증가세를 반영하는 것은 아니라는 사실은 매우 중요하다. FERA가 외국인지분상한을 40%로 제한했던 시기에 세워진 외국기업들과, 수입대체적 전략을 통한 인도산업화 단계에서 설립된 인도 기업들은 거의 모두 인도의 내수시장을 주요 목표시장으로 삼았다.

수량제한(quantitative restriction) 및 높은 관세부과는 외국기업으로 하여금 관세장벽을 넘고, 현존 시장을 지키면서 국내 관세영역 내에서 생산을 늘리기 위해 모기업이나 제3국 자회사로부터 수출함으로써 국내시장에 기여할 수 있었다(Chandra 1991, Sen 1999). 국내 생산자들에 대한 각종 보호조치를 통해 넓은 국내시장이 제공되었다. 정부의 투자 및 경비지출을 통해 국내기업들로 하여금 지역시장을 살리는데 필요한 새로운 토착기업 설립을 유도했다. 이러한 배경에서 국내시장은 확대되었다.

이와 같은 보호는 수출에 비해 국내 판매로부터 얻을 수 있는 더욱 큰 이윤마진을 보장해주었으며, 인도 기업들로 하여금 내수시장을 지향하는 생산에 주력할 수 있도록 북돋아 주었다. 정부의 보호정책에 의해 부분적으로 창출된 이와 같은 경향을 누르기 위한 아무런 조치를 취하지 않았다.

기업들의 내수지향은 단지 정부의 보호조치 때문만은 아니다. 외국기업들도 국내 설비에 투자하거나 국내기업에 대해 기술을 제공했다. 모기업이나 제3국 자회사의 지원을 받는 국제시장에서 인도 시장의 점유율을 높이는 데 큰 관심을 두지 않았다. 인도 기업들은 거대한 인도시장에 상품을 공급하는데 사실상 얽매여있었다. 1950년대 및 60년대 제조업분야 세계상품시장이 급속한 속도로 팽창한 시기에도, 인도에 진출한 외국기업 및 국내기업들은 세계시장에서 거의 그 존재를 찾을 수 없었다.

이러한 기업들의 성장 배경을 감안하면, 인도 내 합작기업에서 외국인 투자자 지분의 증대나 국내기업에서 지분 매입이 증대하더라도 기존의 지향 목표를 쉽게 변화시키지 않을 것으로 예상된다. FDI 기업들은 주로 인도시장에서 벌어들인 이윤으로부터 이익을 취하려 한다. 그 결과 이와 같은 외국인투자가 국내 설비의 근대화를 수반하는지의 여부와 상관없이 FDI 유입은 수출의 현저한 증가를 반영하지 않는다. 이러한 현상은 경제개혁 옹호자들의 주장과 정면으로 배치된다. 경제개혁 옹호자들은 글로벌 환경 하에서 FDI의 유입은 세계시장 생산을 위한 최적지를 찾는 대규모 국제기업의 필요성을 반영하며,

궁극적으로 FDI와 수출 간의 선순환을 유도한다고 주장해왔다 (Chandrasekhar 1997).

1990년대 중후반에는 전력 및 텔레콤 등과 같은 사회기반설비에 대한 FDI 유입이 증가했다. 높은 기대수익에 의한 자본 유입이었으며, 몇몇 분야에서 환율기준으로 공적으로 보장된 수익률에 의해 확인되었다. 이와 같은 수익률 보장의 기본적 논리는, 초기착공(first-track)전력프로젝트와 같은 영역에 대한 적절한 투자를 제공하는 것은 국내에서 조달될 수 없다는 것이다. 투자의 외환 비용이 무시될 경우 필연적으로 문제가 따른다. 이에 대해서는 많은 비판이 제기되었다. 아무튼 대부분의 사회기반설비 프로젝트는 비교역서비스(non-tradable service) 또는 수출될 수 없는 서비스를 생산하게 된다. 따라서 사회기반설비가 외국인 투자에 의해 조달된다면, 동 프로젝트는 외부비용을 갚는데 필요한 외환을 벌어들이지 못하게 된다. 따라서 국제수지 관점에서 마이너스 효과가 있다.

그럼에도 불구하고 이러한 사회기반설비 프로젝트에 대한 정부의 태도는 외국인 투자에 대한 정책방향에 관한 주요 시그널이 되었다. 그 전형적인 예가 다볼 전력 프로젝트(Dabhol Power Project)로서 거대 다국적 기업인 엔론사(Enron)가 투자하고, 정부가 외환기준 16%의 수익률을 보장해주었던 사례이다. 다볼 프로젝트에 대해서는 매우 논란이 많았다. 개혁 옹호자들은 다볼 프로젝트가 실패한다면 외국인 투자자들의 자본유입이나 유지가 곤란해지기 때문에 프로젝트는 반드시 지원되고 이행되어야 한다고 주장했다. 이들은 비판 의견을 모두 무시했다. 프로젝트에 소요되는 자본비용이 과다하게 계상되었다. 전력 생산비용이 높아서 국내의 전력 분배가 어려웠을 뿐 아니라, 소비자들도 감당하기 어려운 비용이었다. 엔론이 주도한 다볼 전력프로젝트는 큰 실수였음이 곧 명백하게 되었다. 마하라슈트라주 전력위원회(Maharashtra State Electricity Board : MSEB)는 다볼 전력회사(Dabhol Power Company : DPC)에 대한 지급의무를 이행할 수 없음을 인식했다. MSEB의 지급불능사태는 엔론의 전력 공급으로부터 얻는 수입이 다볼 전력회사(DPC)에 지급되는 비용보다 적었기 때문에 야기된 결과이다. 한 연구에 의하면 2001년에 비해 지불된 비용은 수입의 33%에 달했다.

엔론과 체결한 전력구매 협약에 따르면 MSEB가 지불하는 가격은 DPC가 90% 설비가동률 하에서 발전한 전력의 가치에 해당되는 금액이었다. 전력의 단위는 미리 정해놓은 달러기준 내부수익률 기준으로 계산되었다. 설비요금 및 가변비용 요소를 포함한 전력가격은 1993년에 2.30루피 였음에 비해 1995년 기준년도 하에서, 단위당 4.8루피로 상승했다. 따라서 MSEB가 DPC에 의해 제공되는 높은 비용의 전력구매 의무를 충족하자면 거의 파산지경에까지 놓이게 될 형편이었다. 다볼 전력회사는 주정부 및 중앙정부에서 제공하는 법률적 보장을 현금화하려는 것이 아닌가라는 의혹이 제기되었다. 이러한 가능성을 차단하는 길은 엔론에 대해서 몇 가지 의무를 이행하지 않았다는 구실로 지급동결을 선언하는 수밖에 없었다. 이러한 조치는 개혁 옹호자들로부터 비판을 받았다. 다국적기업 관련기준 협약을 어기는 것이며, 결국 인도에 대한 미래의 FDI를 가로막는 처사라는 비판이 제기되었다. 이러한 거대 다국적기업에 대한 맹목적인 지지는 엔론사가 사기와 불투명한 금융관행으로 말미암아 도산하고 나서야 비로소 잠

잠해졌다. 엔론사는 정부의 도움과 특혜를 얻기 위해 엄청난 양의 자금을 낭비했다. 인도 납세자의 희생이 수반된 것은 물론이다.

국제수지에 대한 영향

1991년 이후 유입된 FDI가 외환을 벌어들이지 못한 것은, 보다 자유화된 배경 하에서 외국기업의 운영과 성격이 명확히 변했기 때문이다. 경제개혁 하에서 FDI 유입에 대한 통제완화는 외국기업 운영에 관한 규제의 자유화 및 무역자유화를 수반했기 때문이다. 개방된 국제무역환경에서 수입 투입재, 로얄티, 기술료, 배당이윤의 대규모 본국송금 등으로 인한 외환 경비증가가 수반되었다.

경제자유화의 당연한 귀결이다. 외국기업들은 무역자유화와 규제완화를 통해 국제적 브랜드명을 사용하게 되었다. 보호주의 단계에서는 제한되었으며, 외국시장에서나 구입할 수 있었던 혁신적 상품에 대한 부유층의 억압된 수요(pent up demand)로부터 이익을 얻고자 했다. 신상품 시장의 규모는 작았지만 이러한 상품들은 수입중간재 및 수입부품의 조립생산에 대한 비교적 작은 규모의 투자를 가지고도 국내시장에서 제조되고 판매될 수 있었다. 수입품에 대한 규제완화는 이전가격조작(transfer pricing)이나 높은 가격이 적용되는 조세피난처(tax haven)에 입지한 제3국 자회사나 모기업으로부터의 수입을 증가시키게 된다. 이윤은 낮은 조세지역에 입지한 기업으로 '이전'된다. 결국 국내생산의 외환비용을 더욱 높이고자하는 인센티브를 제공하게 된 셈이다.

〈표11-2〉 주요 외국인 직접투자기업(Foreiogn Direct Investment Companies, FDICs)의 성과지표

주요 FDICs의 성장률(%)										
	1990/91	1991/92	1992/93	1993/94	1994/95	1995/96	1996/97	1997/98	1998/99	1999/00
매출 성장률	—	20.1	11.1	16.5	16.4	22.6	15.1	4.7	8.1	9.9
총고정자산 성장률	—	15.4	13.3	13.2	13.7	18	33.9	18.1	10.2	7.4
국내생산의 수출 및 수입 집약도(%)										
수출집약도	9.10	9.63	9.20	10.38	9.73	9.21	9.50	10.42	9.39	9.29
수입집약도	7.65	6.36	8.60	8.37	10.43	12.81	17.03	11.57	11.54	10.44
원료, 부품 및 보조품의 원천(%)										
수입재	18.1	14.8	17.7	17.7	18.2	19.2	20.4	17.2	18.7	16.8
국내생산	81.6	85.2	82.3	82.3	81.8	80.8	79.6	82.8	81.3	83.2
기업당 외환의 유입-유출 비율(십만 루피)										
기업수	321	275	241	241	268	268	284	284	334	334
외환유출액 대비 순외환유입	14,223	66,505	1,824	52,870	-18,571	-156,845	-328,131	-25,375	-148,600	-133,008
기업당 외환흐름	44.31	241.84	7.57	219.38	-69.29	-585.24	-1155.39	-89.35	-444.91	-398.23

자료: *Reserve Bank of India Bulletin*, 각 년도.

로얄티나 기술료와 같은 더욱 명시적 이전의 형태로 많은 지급액을 계상하고자 하는 경향으로 말미암아, 외국기업의 운영은 대규모 외환 유출을 야기했다. 이와 같은 경향은 국내시장으로부터의 이익추구에 초점을 둔 투자와 연계되었다. 국내 생산자의 시장점유율은 국제적으로 유명한 브랜드에 의해 침식되었다. 국제수지에 대한 마이너스 효과를 메울 수 있는 외환 유입의 길이 막히게 되었다. FDI 유입이 국제수지에 미친 순효과는 마이너스로 나타났다. 외국인 직접투자기업에 대한 RBI 통계는, 이러한 외국기업들이 인도 외환유출의 주요한 원인이 되고 있다는 사실을 보여 준다.[3)]

〈표11-2〉에서 보듯이 이들 기업들의 국내시장 의존도는 매우 높다. 국내시장에서 자유화 이후의 경기호황기였던 1993/94~1996/97년 기간 중 판매액 및 고정자산형성의 급격한 증가를 기록한 사실에서도 이를 확인할 수 있다. 그러나 이러한 성장세는 시장이 침체기에 들어서면서 꺾이게 되었다. 성장기에는 FDICs에 의한 국내생산의 수입집약도가 급격히 높아졌다. 매출액 대비 수출비율은 1990년대를 통해서 9~10%에 머무른 반면에, 매출액 대비 수입비율은 1996/97년까지 크게 증가했으며, 경기침체 기간 중에 하락했다. 개혁의 극적적인 영향은 외국기업으로하여금 보다 새롭고, 수입집약적인 상품을 제공함으로

3) 인도중앙은행(RBI)는 1990년대에 몇몇 기간에 대해 주기적으로 해외직접투자기업(Foreign Direct Investment Companies, FDICs) 및 10% 이상의 지분을 소유한 비거주 외국인 투자자를 가진 기업들에 대한 금융관련 통계를 발표해왔다. 이러한 기업들은 외국인 지분소유와 더불어, 인도중앙은행 금융통계의 공공부문 및 민간부문기업에 관한 대규모 샘플에 포함되고 있다. 물론 이러한 자료들은 FDICs에 대한 포괄적 센서스에는 미치지 못하며, 동일한 기업에 대한 일관된 샘플은 아니다. 하지만 1990/91년~1999/2000년 기간 중 샘플 기업은 241~334개였으며, 이들 기업 중 대부분은 기계부문(100~139개사)이나 화학부문(51~67개사)의 현대적 기업이었다. 따라서 이들의 성과는 인도 내에서 운영되는 외국기업을 광범위하게 대변해주고 있다고 볼 수 있다.

써 국내시장의 억압된 수요를 이용할 수 있도록 유도했다. 이러한 사실은 총경비 중 수입원료, 부품, 보조품 등의 비중 증가에서 확인할 수 있다.

1991/92년 수입 억제기에는 15%~18%정도 되었던 수입원료 및 부품 비중이 1996/97년에는 20% 가까이 육박했다. 경기침체기에 약간 하락했을 뿐이다. 비수입경비(non-import expenditure)도 크게 증가했지만, 경비자체가 작은 규모이기 때문에 외환유출에 대한 영향력은 거의 없다. 기업운영과 관련된 외환유출입 변화의 순효과는 〈표11-2〉에서 확인할 수 있다.

기업당 순외환 흐름을 보면 1990/91년 440만루피, 1993/94년 2,190만루피의 유입을 기록했지만, 1994/95년에 690만루피의 유출로 돌아섰다. 순외환유출은 1996/97년까지 1,200만루피로 상승했다. 엔지니어링이나 화학 분야 기업은 1990/91년에도 이미 대규모 외환유출을 기록하고 있었다. 동 부문은 FDI 개방기간 중 많은 투자가 이뤄진 분야이다. 1993/94년까지 순유입을 기록한 이유는 차(tea), 섬유, 가죽 등 전통적 부문에서의 외환유입 덕택이라고 볼 수 있다. 요컨대 자유화 기간 중 유입된 FDI는 인도의 외환을 늘리는 방향으로 작용했다기보다는, 오히려 외환 유출을 조장하는 역할을 한 셈이다.

개혁옹호자들은 이러한 기업들의 운영으로 인한 외환 유출은 주식자본의 형태를 가진 외환 유입에 의해 상쇄되고 남는다고 주장할 수 있다. 이와 같은 주장은 해외직접투자로 인한 즉각적인 유입과 장기적 FDI 유입의 지속가능성을 혼동한 것으로 볼 수 있다.

개도국에서 합작기업에 대한 외국자본유입은 기업설립을 위한 일회성 자본유입의 성격을 가진다. 또는 외국의 파트너에 대한 이윤유지로 인한 '사실상(in effect)' 소규모의 유입을 수반하는 기업의 확장으로 나타난다. 일단 설립되면 대부분의 기업확장은 국내시장으로부터의 차입을 기반으로 수행된다. 액면가치 이상으로 추가적 주식을 발행하는 경우도 있다. 이와 같은 추가발행은 기업내에서 주주의 지분이 훼손되지 않도록, 현재 주주에 대한 추가적 주식발행을 통해서 보유자금의 자본화를 꾀하게 된다.

예를 들어 RBI샘플에서 FDICs의 경우, 총고정자산형성으로 사용된 펀드의 비율은 1991/92년 33.9%에서 1993/94년 42.2%, 1996/97년 66.1%에서 1999/2000년에는 50.7%를 유지하고 있다. 동 기간 중 펀드의 대외적 원천의 비율은 전체자금의 60~70%를 차지하고 있다. 대부분 국내시장 차입에 의존하고 있다. 이러한 확대는 고정자산의 증가, 판매 및 이윤의 증가로 나타났으며, 수입으로 인한 외환유출 및 판매액과 연계된 로얄티 등의 비수입 외환비용으로 반영되었다.

따라서 수출이 크게 증가하지 않는다면, 또 추가적 외환수입을 수반하지 않는다면, 한때 순유입이 플러스였던 상황에서부터 단기간내에 마이너스로 변하게 된다. 인도에 대한 FDI의 성격을 감안해 볼 때, 자유화 기간 중 인도에서 전개되었던 상황도 이와 크게 다르지 않다.

이와 같은 결론은 중요한 함의를 가진다. 글로벌리제이션의 특성은 거대한 유동자본이 세계시장 생산을 위한 적절한 입지를 찾아다님으로써 나타나는 것이다. 자유화의 논리도 이와 같은 가정에 기초하고 있다. 모든 개도국들이 일정한 비교우위를 가지고 있다면 무역자유화와 외국인 투자촉진정책을 통해 이러한 자본을 유치하게 된다. 외국자본은 적절한 설비를 개도국에 배치하고, 세계시장을 위한 생산기지로 사용하게 된다. 투자흐름은 무역의 흐름을 수반한다. FDI는 국제수지 관점에서 선악이 구분된다.

자본이동성에 대한 개방론자들의 논의는 이론적으로 명확치 못하다. 세계적인 생산불평등을 완화하는 자유로운 자본의 흐름을 왜곡할 수 있기 때문이다. 또한 여러 개도국에서 경험적으로 검증된 것도 아니다. 통계자료에 의하면, 이러한 현상은 자유화 기간 중 인도에서도 타당하지 않은 것임을 보여주고 있다.

12

고용의 추세

12 고용의 추세

인도 경제에서 생산적 고용기회 창출은 지속적 경제성장의 요건이며, 나아가 빈곤 완화와 평등한 소득분배를 위해서도 필요한 과제이다. 충분한 고용창출을 달성하지 못한 점, 전체적 노동생산성을 개선시키지 못한 점은 지난 수십 년간 인도 경제 발전과정에서 나타난 명백한 실패 요인이다. 이들 요인으로 인해 절대적 빈곤이 만연하고 인간개발지수 개선이 지체되고 있다. 실업은 경제건설에 필수적인 인적자본의 엄청난 낭비라는 면에서 볼 때, 단순한 복지문제 만은 아니다. 인도의 거대한 노동력 풀이 생산적으로 활용될 수만 있다면 성장은 더욱 빠르고, 보다 공평하게 될 수 있다.

1990년대에 들어와서 신자유주의 비판론자들 사이에서 '혼합경제계획기반 전략(mixed economy planning-based strategy)'이야말로 느린 고용성장률의 근본 원인이라는 주장이 빈번하게 제기되었다. 주장의 요지는 다음과 같다.

"수출비관론 및 내수지향적 수입대체전략으로 말미암아 고용집약적 수출 생산이 위축되었으며, 고비용 자본집약적 생산이 불가피해졌다. 경제의 다른 분야에 대한 연관효과가 낮아지게 되었으며 노동력의 효율적 활용이 불가능하게 되었다. 경제를 개방하고 보다 자유로운 대외무역과 외국인 투자유치를 통해 기존의 경제패턴을 바꿀 수 있다. 산출성장률의 증대뿐만 아니라 무역을 통해 보다 노동집약적 경로로 생산구조를 변화시킬 수 있으며, 나아가 대규모 고용창출을 유도할 수 있다."

1990년대 시장주의적 개혁이 직접적으로 고용부문에 개입한 것은 아니다. 다만 시장자유화, 외국인 투자운영 및 진입조건 완화, 농업부문에서 수출 촉진 등의 정책들은 보다 나은 고용창출에 기여할 것으로 보았다. 특히 1980년대 농촌 고용의 확대 및 다양화는 농촌빈곤 완화를 가져왔다는 사실에 비춰볼 때, 개혁정책에 의한 고용창출은 빈곤의 경감을 가져올 것으로 기대했다.

경제자유화 정책이 시행된 지 10년 이상이 흘렀다. 이제는 인도 경제에 대한 개방론자들의 주장이 과연 옳았는지를 평가해 볼 수 있다. 고용 및 실업에 대한 제55차 국가표본조사(National Sample Survey's 55th Round)와 2001년 센서스 데이터를 결합해보면 인도에서 고용추세가 어떻게 변화해왔는지 알 수 있다. 매우 놀랍게도 인도의 농촌 및 도시부문의 고용증가율이 크게 하락했다. 고용성장률의 급격한 하락은 1990년대 성장패턴의 타당성에 대해 강한 의문을 가지게 한다.

NSS 55차 자료에서 나타난 전체인구 대비 고용률 변화를 통해, 1993/94년 대규모 샘플조사 이후 도시 및 농촌지역의 전체적 고용성장률을 알 수 있다. 〈표12-1〉에서는 2001년 센서스 결과를 통해, 도시 및 농촌인구 고용성장률을 보여주고 있다.

〈표12-1〉 고용성장률

(단위 : %)

기 간	농 촌	도 시
1983~1987/88	1.36	2.77
1987/88~1993/94	2.03	3.39
1993/94~1999/2000	0.66	2.27

주 : 여기서 취업이란 모든 근로자를 포함 (정규 및 비정규 근로자)

자료 : NSS취업률 및 센서스 인구통계

〈표12-1〉을 보면 농촌 및 도시지역에서 취업률이 크게 떨어지고 있음을 알 수 있다. 연간 농촌 고용성장률은 1993/94~1999/2000년 기간에 0.66%로 하락하고 있다. 이것은 1987/88~1993/94년 기간 중, 농촌 고용성장률의 $^{1}/_{3}$에도 못 미치는 수준이다. 동 기간 중 노동력 성장률(rate of growth of the labour force)의 $^{1}/_{2}$이하로 감소했다. 독립 이후 가장 낮은 고용성장률이다. 도시 지역의 고용성장률도 이전 기간보다 현저하게 낮아졌다.

농업부문과 비농업부문 소득격차의 증대는 농촌부문에서 불충분한 생산적 고용창출로 인해 야기된 현상이다(농업부문에 종사하는 근로자 소득대비 비농업부문 국내근로자 소득비율은 1950년대에 2배에서 1990년대 4배로 늘어났다). 도시지역에서 고용추세도 중요한 역할을 했다. 도시 이주(migration)나 송금(remittances)은 농촌지역에 소득을 확산시키는 중요한 통로이다. 사실상 독립 이후 전체 기간 동안, 도시인구는 농촌 인구에 비해 더욱 빠르게 증가했다. 그러나 같은 기간 중에, 고용증가율은 도시부문에서 단지 1~2%에 머물렀다. 더욱 중요한 사실은 1991~2001년 동안 도시부문 고용증가율은 0.77%에 불과했다는 점이다. 1990년대 기간 중에 도시 지역에서는 이주율(rate of migration)증가를 가져오기에 충분한 '고용의 동학(employment dynamism)'이 결여되어 있었다.

농촌부문 고용

1980년대에 걸쳐 많은 논의가 있었던 농촌고용 창출 정책의 특징은 농업 및 1차 산업 활동에서 벗어나서, 2차 부문 및 서비스부문 고용을 지향하는 고용의 다양화 전략이다. 이러한 전략은 인도 대부분의 지역에서 전반적인 농촌고용의 증대를 가져왔으며 빈곤수준도 완화시켰기 때문에 긍정적 정책으로 받아들여졌다. 1970년대 중반~1980년대 말 기간 중, 농촌 고용창출의 주된 원천은 농촌경제 내부의 동인보다는 오히려 국가의 외부기관에 의한 것이라는 뚜렷한 증거가 제기된다.[1)]

사실상 동학적 농업의 역할은 펀잡 주나 하리아나(Haryana)주와 같이 농업소득이 일정한 최소 수준을 초과하고, 노동흡수력(labour absorption)의 증대보다는 노동 교체(labour displacement)에 의해 농업 산출량을 증가시킬 수 있는 지역에서나 눈에 띄게 나타날 수 있다. 두 주를 제외한 나머지 지역에서 이와 같은 고용증가를 위한 견인요인은 주로 외부적 자극을 통해 제공된다.

일부 특정지역에서, 예를 들면 봄베이-뉴델리, 봄베이-방갈로로 고속도로를 따라서 공업 발전 및 서비스 부문 성장이 나타난다. 3차 산

1) 이러한 주장은 Sen and Ghosh (1993) 및 Ghosh (1999)에서 제기된 바 있다.

업뿐만 아니라 소규모 공업부문에서 새로운 고용을 창출함으로써, 농촌사회에 대한 발전 통로를 제공하고 있다(Bhalla 1991). 아울러 공업이나 상업이 발달된 지역의 배후 도시에서는, 농촌지역에 거주하면서 도시지역으로 통근을 하는 근로자가 늘어나고 있다. 이와 같은 추세는 조직부문에서 정규노동자보다는 임시노동자를 선호하는 경향에 따라 더욱 늘어나고 있다.

도시 지역의 집세는 상승하고 도시 인프라는 열악해지는 반면, 교통비 부담은 상대적으로 낮아졌다. 이러한 현상은 노동자들의 주거 선택에 영향을 미쳤다. 하지만 현대 공업 및 상업분야에 직접 연결되는 지리적 확산이 제한되고 있는 점을 감안해 보면, 대부분의 지역에서 농촌의 농외고용(non-agricultural employment) 증가는 정부지출 확대에 의한 것이라고 볼 수 있다.

제2장에서 언급했듯이 1980년대는 정부로부터의 각종 보조금이나 이전지출이 급격히 증가했으며, 주정부 및 중앙정부로부터 대규모 경비지출 증가가 있었다. 1980년대 기간 중에는 정치적 지형 변화가 농업부문에 더욱 큰 권력을 부여하는 구조가 되었다. 또한 역사적으로 볼 때 농촌지역에 혜택을 주는 정부지출 비중이 낮았기 때문에, 이와 같은 배경에서 개선을 요구할 수 있는 분위기가 허용되었다. 농촌지역에 대한 경비지출 비중 증가를 과장해서는 안 되겠지만, 1980년대 신정부에서 창출한 고용의 60% 정도는 농촌지역에 배정되었다. NSS 통계에 의하면 전체 농촌고용 평균의 약 5% 정도의 낮은 기여도이지만, 1987/88년 전체 농촌 농외고용에 대한 정부기여율의 $^1/_5$에 해당하는 크기이다. 1977/78~1987/88년 기간 중, 전체 도시고용의 증가분과 동일한 크기이기도 하다. 농촌지역에서 농외 분야 정규직 노동자의

약 $^2/_3$는 정부에 의해 고용되었으며, 80년대 정규직 창출의 약 $^4/_5$에 해당한다.

정부자원(public resources)의 농촌 지역에 대한 유입 규모는 매우 큰 편이었다. 자원 유입은 크게 두 가지 형태를 가지고 있다. 첫째 명시적인 재분배 목적을 가진 '농촌개발계획(rural development scheme)'의 대규모 추진이다. 이 계획은 다양한 농촌고용계획 및 IRDP(Integrate Rural Development Program; 종합농촌개발프로그램) 뿐만 아니라, 다양한 '목표그룹(target group)'의 구제를 위한 여러 가지 특별 계획으로 구성되어 있다. 이러한 프로그램은 물론 완전하게 성공적이었다고 평가하기는 힘들다. 거대한 관료주의가 야기되었으며 '분배 연합(distributive coalition)' 정치의 중핵적 요소가 되었다. 이와 같은 누출요인으로 인해 수혜의 범위가 줄어들긴 했지만, 이러한 프로그램은 농촌지역에 거대한 '순 이전(net transfer)'효과를 낳았다.

정부 공공자원의 농촌지역 유입에 대한 두 번째 통로는 정부지출의 다양한 혜택에 대한 농촌엘리트들의 보다 큰 접근가능성을 통한 유입이다. 부분적으로 보다 나은 교통 인프라로 인한 향상된 이동성의 결과이다. 또한 동 시기의 정치적 지형과 관련된다. 정부(특히 주정부)가 직업뿐만 아니라, 다양한 형태의 대리업무나 계약을 추진하기 위해서는, 더욱 자주 분배기회를 가져야 한다. 이러한 과정에서 농촌지역이 보다 큰 분배 몫을 가지게 된다. 그 결과 자원의 흐름 및 농촌수요의 창출은 농업부문 및 비농업부문에서 자영업의 다양성을 위한 기회를 만들어 냈다. 물론 정부의 장기고용에 대한 직접적 접근 및 다른 많은 자원에 대한 접근은 주로 농촌사회의 부유층 및 권력층에게 몰릴 수 있다. 보다 나은 고용이나 자원에 대한 접근 기회가,

여성 근로자보다는 남성 근로자에게 더욱 넓게 열려져 있는 것이 사실이다.

이러한 현상과 더불어 15~29세 인구 집단의 증가가 현저하게 나타났다. 이들은 노동력 대열에 합류하는 경우보다는 계속해서 교육을 받는 경우가 많다. 또한 남성들이 주로 혜택을 받게 되지만 여성의 경우도 비록 크기는 작더라도 고용 증가 현상은 명백하게 나타난다. 농업분야에서 부분적으로 노동자 및 농촌부유층 출신 잠재노동자에 의한 노동이동 현상이 발생했다. 상대적으로 여유 있는 부농 출신들이 농촌을 떠나서 주로 서비스부문에서 정규고용의 기회를 갖거나 비농업분야에서 자영업에 종사하는 경로를 밟는 경우가 나타났다. 이러한 현상으로 말미암아 상대적으로 빈곤한 농가구성원들이 노동기회를 얻는 것이 용이해졌다. 아울러 일정한 형태의 농촌서비스 및 산업에 대한 수요를 창출했다.

노동자마다 상당한 상황의 차이가 존재한다. 지역별로 틀리며, 상대적으로 특권을 가진 계층인지 아닌지의 여부에 의해서도 차이가 난다. 비록 고용과 임금의 증가는 가장 빈곤한 농업노동자들의 상태를 향상시켰지만, 농업부분에서 노동 사용(labour use)의 전반적 경향을 고려해 볼 때, 농외 취업의 다양화는 여러 가지 고통스러운 과정을 수반한다. 경제적 생존(economic survival)을 위해 농업분야 뿐만 아니라 농업 이외 분야에서 임시노동에 종사하고 있다. 비 농업분야에서 주된 고용의 형태는 건설, 광산, 제조업 등과 같은 2차 산업 분야이다. 여기서 농촌고용 및 소득창출계획은 부분적으로 국가기구가 고용효과 면에서 중요한 역할을 한다고 볼 수 있다. 1987/88년 비 농업분야 전체 임시노동일수(casual labour day)의 22.35%는 정부의 공공사업계획에 의해 제공되었다(1977/78년 17.7%, 1983/84년 14.9%). 공공사업의 확대는 춘궁기 소득과 농업노동의 교섭력을 높여주는 데 중요한 역할을 했다.

1990년대에 들어와서는 80년대 농촌지역의 고용증진 및 빈곤완화에 기여했던 각종 공공정책들이 중단되었다. 1991년 이후의 거시경제 정책수행과 더불어 조직부문 고용창출의 지속적 정체, 공공부문 고용의 감소 현상이 나타났다. 특히 농촌부문 고용창출과 관련해서 농촌개발(농업계획 및 농촌고용, 반 빈곤전략)에 대한 1인당 중앙정부 지출액이 삭감되었다. 농촌지역에 영향을 미치는 공공인프라 및 에너지 투자 부문에 대한 비용 삭감이 두드러졌다. 주정부 교부금의 삭감은 주요한 재정 압박의 원인이 되었으며, 주정부 지출은 필연적으로 줄어들었다. 특히 1980년대 공공부문 고용의 중요한 원천을 제공했던 교육, 건강, 위생시설 등에 대한 사회적 경비지출이 삭감되었다. 또한 금융자유화 수단들은 농촌 신용의 가용성(availability)을 축소시켰으며 결국 농촌기업(rural enterprise) 발전의 가능성을 가로막았다.

55차 NSS자료(1999/2000년 통계)에서는 이전에 나타났던 농촌지역으로부터 탈피하는 고용 다양화(employment diversification) 경향이 바뀌게 될 것으로 예상되었다. 그러나 실제로 나타난 NSS 데이터는 예상과 달랐다. 이러한 다양화 경향의 역전 현상이 1987/88~1993/94년에 나타난 이후에, 인도 농촌의 1차 부문 고용으로부터의 회피현상은 1990년대 말에 더욱 뚜렷하게 나타났다. NSS에 의하면 1993/94~1999/2000년 기간에 농촌에서 1차 부문 고용이 남녀 모두 감소했으며, 특히 남성 고용이 크게 줄었다. 반면 3차 부문의 남성 노동자 고용은 현저히 늘었다.

겉으로 보기엔 농업부문에 대한 의존이 줄어들고, 농촌 경제가 고용 기회의 다양화 추세를 보이는 현상이 바람직하게 해석될 수도 있다.[2] 그러나 이러한 현상은 경제활동참가율의 저하와 총고용 창출률 하락 현상과 함께 고려해야 한다. 전체적인 경제활동참가율은 크게 하락했으며, 농촌의 상시고용인구 비율은 1990년대에 계속 하락했다. 1999/2000년에는 지난 30년 기간 중 가장 낮은 수준으로서, 남성 53%, 여성 30%를 기록했다. 물론 연소자 그룹 중에 학생인구 비중이 증가한 것은 사실이지만, 이것은 경제활동 참가율의 실질적 하락을 설명하는데 충분하지 않다. 아무튼 1983~1992년 사이에 교육을 받는 학생 수는 크게 늘었고, 이후 실질적인 정체 상태가 계속되었다.

더욱 중요한 사실은 농업 및 비농업부문에서 고용창출률의 실질적 감소현상이다. NSS자료 중에 소규모 샘플을 이용하고, 1990/91년을 신자유주의 경제정책이 도입된 해라는 측면에서 하나의 기준년도로 삼으면, 농외고용은 크게 줄어든 반면 농업분야 고용성장률은 증가했음을 알 수 있다. 한편 GDP성장은 상반된 움직임을 보이고 있다. 이와 같은 배경에서 1993/94~1999/2000년 기간 중에 1차 부문 고용 비중의 하락은 농촌부문 전반의 생산적 고용기회 붕괴의 반영이라기보다는 농촌부문의 다이너미즘이 줄어드는 신호라고 볼 수 있다. 신자유주의적 거시경제 정책 변화가 농업부문에 미쳤던 마이너스 영향을 감안해 볼 때, 이와 같은 현상은 당연한 귀결이라고 볼 수 있다.

2) 사실 Sundaram(2001)을 비롯한 몇몇 연구자는 이러한 견해를 주장하고 있다. "농업부문 고용 비중의 하락은 긍정적으로 받아들여야 하며, 55차 NSS 통계에서 고용성장률의 하락은 과장되었을 가능성이 있다. 왜냐하면 부분적으로 현재 교육을 받고 있는 연소자 그룹의 증가를 반영하고 있기 때문"이라고 주장하고 있다.

도시부문 고용

〈표12-1〉에서 볼 수 있듯이, 도시 지역에서 고용성장률은 특히 1990년대에 급격하게 하락했다. 남성 경제활동참가율은 50~53%대의 좁은 범위에서 움직이고 있으며 뚜렷한 추세는 없다. 이러한 사실로부터 적어도 인지된 고용기회 면에서 현격한 증가는 존재하지 않는다는 사실을 알 수 있다. 여성노동자의 경우, 경제활동참가율상의 변화는 존재하지만 전반적 추세는 하락세를 보이고 있다. 이와 같은 하락세를 시점 간(point-to-point) 증가율 기준으로 보면 1990년대 기간 중에 15.6%에서 11.4%로, 4% 이상의 하락을 보이고 있다. 매우 흥미로운 변화이다. 1990년대 초, 특히 수출 지향적 제조업부문에서 경험했던 '고용의 여성화(feminization of employment)'현상은 여성의 경제활동참가율 하락세를 메울 수 있을 정도로 충분하지 못했다는 점을 나타내주고 있다.

1990년대 인도 도시부문에서 여성 경제활동참가의 성격에 대해서는 자세히 살펴볼 가치가 있다. '고용의 여성화'는 1990년대의 경제이슈로 부상했다. 동아시아 수출 붐과 관련해서 여성 노동의 역할이 광범위하게 인식되었다. 다른 수출지향형 생산국과 유사하게 인도에도 더욱 많은 여성을 고용했다. 여성노동자를 선호하게 되는 이유는 주로 그들의 열등한 지위를 이용하려는 동기에서 비롯된다. 낮은 임금수준, 열악한 근로조건 수용, 언제든지 고용하거나 해고할 수 있는 취약한 근로계약 체결이 가능하기 때문이다. 그러나 이와 같은 고용창출 과정은 여성의 지위와 상대적인 사회적 권력에 변화를 가져왔으며, 여성의 시장기반 경제활동참여는 경제적 권한 강화(economic empowerment)를 위한 중요한 수단이 되었다.

이러한 아이디어는 비단 인도뿐만 아니라 1990년대 중반~1990년대 말의 동남아시아 전체에 적용된다. 최근 입수 가능한 1990년대 후반 자료에 의하면 노동의 여성화 현상은 퇴보하거나 역전되고 있으며, 1997년 외환위기 이전에 이미 감소현상이 발생했다. 제조업 고용에서 여성의 비중은 1994년까지 혹은 그 이전에 대부분의 국가에서 하락하기 시작했다. 여성고용의 증대는 임금상승 압력으로 이어졌고 임금의 성별 격차는 줄어들게 되었다. 여성노동자의 근로조건 향상에 대한 사회적 요구는, 고용주의 입장에서 볼 때 여성노동자 고용의 메리트를 손상시키는 것이 되었다. 결과적으로 '고용의 여성화' 유인은 사그라지기 시작했다.[3)]

인도에서 1990년대 기간 중 증가세를 보이고 있기는 하지만, 공식적인 '고용의 여성화' 경향은 상대적으로 덜 진행된 편이다. 여성노동의 증가가 현저한 분야 중 주목할 것은, 하청 노동망(subcontracting network)의 일부로서 가정기반 노동(home-based work)이다. 종종 다국적 기업을 비롯한 대기업 및 하청기업에서 여성에게 낮은 임금단위의 개수급(piece rate basis)을 지급하고 있다. 여성 노동자들이 여전히 가계의 '보조적 소득원(subsidiary earner)' 지위에 있으며 불완전취업이 만연하고 있기 때문에, 아무리 낮고 불합리한 보수라도 가난한 도시가계에서 물질적 생존전략 수단의 하나로서 노동공급 유인이 존재하게 된다.[4)]

3) 이와 관련된 논의는 Ghosh(1999, 2001)을 참조할 것.

4) 인도 여성 노동자들이 직면한 경제적 조건의 의미에 대해서는 Jayati Ghosh(2001, 2002) 참조.

조직부문 고용의 하락 및 정체는 1990년대에 나타난 경제적 어려움 중의 하나이다. 대부분의 조직노동자들이 고용되고 있으며 국민소득 성장의 가장 동학적인 요소라 할 수 있는 서비스 부문 및 공업부문 산출량이 몇 배로 증가한 점을 고려해 보면 더욱 심각한 문제임을 알 수 있다. 그럼에도 불구하고 조직부문 고용성장률이 80년대보다 하락했음은 물론이며, 남성노동자들의 절대적인 숫자도 줄어들었다. 공공부문 고용감소로 인한 결과이다. 이러한 감소현상이 곧 '효율(efficiency)'의 증가라고 믿는 경제개방론자들에 의해 크게 환영되었다. 1990년대 후반 공공부문 고용은 줄어든 반면, 민간 조직부문 고용은 완만하게 증가했다. 그러나 이러한 증가는 공공부문 고용 하락을 메울 수 있는 수준은 아니었다. 따라서 공공부문의 전체적인 남성고용은 1990년대에 걸쳐 약간 하락했다.

1990년대 남성 노동자 임시고용은 현저하게 증가했다. 농촌 · 도시를 막론하고 인도에서 전혀 새로운 현상은 아니지만, 90년대의 평균은 과거 어느 때보다 훨씬 높았다. 이와 같은 경향을 노동시장에서 보다 큰 유연성의 증가로 해석해서 환영하는 입장도 있겠지만, 전체적인 추세에 비춰보면 남성 노동자의 경우 근로조건은 점차 취약하고 불안정해진다고 볼 수 있다. 더욱이 이러한 임시화 경향에도 불구하고 도시부문 고용창출은 과거 기간에 비해 다이나믹스가 하락하고 부적정한 상태로 변화했다.

여성 노동자의 경우, 전체 공식부문 고용에서 공공부문 및 민간부문 모두 약간의 상승을 보였다. 물론 과거에 비해 1990년대의 전체 조직부문 고용은 현저히 하락했다. 여성 노동자의 경우 2차 부문 고용비중이 1990년대 약간의 감소세를 보인 바 있지만, 어느 정도 안정적인 수준을 유지하고 있다. 여성 노동자 중 자영업 비중은 감소하는 경향이 있는 반면, 임시고용 및 정규고용에서 증가세를 보였다.

주지하듯이 인도와 같은 나라에서 일반적 실업률 통계는 취업가능성의 실제 수준을 가늠하는 지표로서 부적당하다. 물질적 환경 및 공적 사회보장 시스템의 결여로 말미암아 대부분의 노동자들은 보수가 아무리 작더라도 일자리를 골라서 선택할 여지가 거의 없는 상황이다. 비록 측정하기는 어렵지만 불완전취업 및 위장실업(disguised unemployment)이 일반적 경향이라고 볼 수 있다. 도시지역의 실업률은 노동시장에서 잉여노동을 위장하기가 그렇게 쉽지는 않다. 그러나 서비스 부문에서 비공식 부문의 확산으로 말미암아, 불완전 취업의 실제 크기를 가려주고 있다. 따라서 인도와 같은 나라에서 서비스 부문 고용에 관한 데이터를 취급할 때, 보다 주의를 기울일 필요가 있다.

이와 같은 특성에도 불구하고 1990년대 남성 · 여성 노동자의 실업률에 대한 NSS통계에 의하면 '주간 노동상태(weekly status)' 정의에 따른 실업률이 남성의 경우 7%, 여성의 경우 10%에 이르고 있다. 여기서 지적해 둘 점은 90년대 후반의 이와 같은 실업률이 경제활동 참가율의 전반적 하락현상을 설명하기에 충분치 않다는 사실이다. 다만, '실망노동자 효과(discouraged worker effect)'는 실업률이 높게 나타나는 선진국에서 충분히 나타날 수 있는 현상이지만, 인도와 같이 실업수당이나 실업보험 등이 거의 갖춰지지 않은 나라에서도 90년대 후반에 들어오면 이와 같은 경향이 어느 정도 감지된다.

이상의 내용에서 1990년 성장패턴은 도시지역에서도 충분한 고용을 창출하지 못했음을 알 수 있다. 이러한 사실은 1990년대 개방경제 정책을 추진했던 사람들의 예측과 상반된다. 정책입안자들은 규제완화와 무역자유화는 고용집약적(employment-intensive) 경제활동에 대한 적정한 유인을 제공할 것으로 기대했다. 이러한 결과가 초래된 것은 90년대 추진했던 경제정책으로 인한 것이다(개방경제정책에도 '불구하고' 고용사정이 악화된 것이 아니라, 개방경제정책 '때문에' 고용이 악화했다).

90년대 경제정책은 대부분의 소규모 생산자에 대해 불리하게 작용했다. 인도에서 소규모 생산자들은 도시부문 생산에서 가장 노동집약적인 형태를 가지며 도시 제조업 부문 고용의 지배적인 원천이다. 소기업에 대한 우선적 신용배분이 줄어들고, 금융투자의 주요 대상이 은행으로부터 소기업들이 쉽게 접근할 수 없는 주식시장으로 옮겨감에 따라, 또한 소규모 수출업자들에게 지급되던 다양한 수출보조금이 없어짐에 따라, 소기업들의 활력과 수익성에 마이너스 영향을 미치게 되었다. 도시의 주요 인프라에 대한 공공투자는 현저하게 감소했다. 공공부문의 '비용삭감'으로 인해 인프라에 대한 접근성 및 효율성이 감소되었다. 이러한 요소들은 모든 생산자에 대한 중요한 애로 요인일 뿐만 아니라 전반적 비용부담을 가중시킴으로써 경제 활력에 마이너스 영향을 미쳤다.

그 중 가장 중요한 것은 새롭게 자유화된 수입품이, 낮은 관세율 부과로 인해 국내시장의 압력요인으로 작용하게 된 사실이다. 이러한 수입품과 경쟁한다는 것은 특히 소규모 생산자에게 크게 불리하게 작용했다. 유통망에 대한 대기업의 장악뿐 아니라, 대기업 및 다국적 기업들의 엄청난 광고비에 대응한다는 것은 불가능하기 때문이다. 수입품 유입으로 인해 중소기업들의 활력이 저하되고, 결과적으로 특히 도시부문 고용이 저하된 점은 주목해야 할 사실이다.

제조업 분야 수출업자들은 점점 더 어려워지는 국제적 환경에서 살아남기 위해 다양한 수단을 동원하지 않을 수 없었다. 과거보다 더욱 낮은 임금과 불안전한 노동환경 하에서, 더욱 '유동적'인 노동을 고용하게 되었으며 세계시장에서 요구되는 상품의 질과 지속성을 위해서 보다 자본집약적 신기술을 채택하게 되었다. 결국 이러한 분야에서 생산의 고용탄력성은 지속적으로 하락했으며 더 이상 잠재적 고용창출의 거대한 기반 역할을 기대할 수 없게 되었다.

인도의 소프트웨어와 IT관련 서비스의 성장이 인도 낙관주의의 원천이 되었다. 최근의 추세를 보면 도시지역에서 교육받은 노동력 그룹의 실업률이 떨어지는 현상을 볼 수 있다. 이것은 특히 IT 관련 서비스 분야에서 고용이 증가한 결과라고 판단된다. GDP 성장에 대한 IT 부문의 기여는 7.5% 정도로 추정된다. 수출기여도는 현재 5%에서 30% 까지 늘어날 것으로 예상한다. 소프트웨어 산업의 경우, 1997/98년 18만 명에서 2008년에는 220만 명으로 고용이 증대될 것으로 기대된다. 1990~1998년 기간 중 조직부문 공기업 및 민간기업의 고용증가 181,300명보다 훨씬 큰 규모이다. 하드웨어 부문의 간접고용 및 직접고용의 크기도 각각 160만 명 및 320만 명의 증가를 보였다. 2008년까지 전체 IT분야의 고용이 700만 명에 달할 것으로 예측된다. IT 기반 서비스 노동자 – 자료입력 및 처리, 의료처방전 작성 및 다국적 기업 하청에 의한 백오피스(back office) – 고용은 제외한 수치이다. 이들을 포함하면 고용은 더욱 증가하게 된다.

하지만 이와 같은 통계를 분석할 때, 몇 가지 주의할 점이 있다. 첫째, 디지털 격차(digital divide)와 관련된 문제이다. 컴퓨터 하드웨어에 대한 접근성 및 가용성, 최소한 기본적 수준의 기술사용에 필요한 교육수준면에서 발생하는 디지털 격차현상이다. 인도를 비롯한 남아시아에서 개인용 컴퓨터의 보급률은 세계에서 가장 낮은 수준이다. 전화보급률도 많이 증가했지만 아직도 매우 낮은 편이다. 2008년 까지 IT 성장에 대한 낙관적 전망에 입각해도, PC 보급률은 1,000명 당 20대, 전화보급률은 1,000명당 100대 정도로 추산된다. 결국 IT 발전의 국가경제에 대한 영향은 매우 미미한 크기에 불과하며, 주로 인도의 도시 지역에 국한된다고 볼 수 있다(Chandrasekhar 2000).

기술을 사용하는 능력은 전적으로 교육수준에 의해 결정된다. 오늘날에도 국가 인구의 절반 정도는 읽거나 쓸 줄 모른다(7세 이상 인구 중 여자 61%, 남자 36%가 문맹이다). 30% 이하의 남자들만이 8학년까지 수료했다. 6~14세 어린이 중 $^{1}/_{3}$(남자 어린이 2,300만명, 여자 어린이 3,600만명)은 학교에 다니지 않는다(The Probe Team 1999). 또한 IT 분야에서는 대부분의 업무가 영어로 진행되기 때문에, 소프트웨어 및 IT 기반 서비스 분야의 고용창출은 보다 부유하고 영어교육을 받은 도시부문, 특히 수도권 출신에 집중되어 있다. 다른 남아시아 국가에서도 사정은 비슷하다.

IT분야에 일정한 전망이 있는 것은 사실이다. IT관련 활동에서의 고용기대, IT기반 서비스는 확실히 교육받은 층에 대해서는 고용을 창출하는 효과가 있으며 경제에 좋은 영향을 미치는 것도 사실이다. 그러나 이것이 반드시 국가 전체 노동생산성의 향상이나, 지역에서 노동자들의 고용조건 상승을 수반하는 것으로 해석해서는 곤란하다.

이러한 고용창출은 도시지역이든 농촌지역이든 빈곤, 식량, 노동자들의 물질적 조건 등과 필연적인 관련을 맺고 있다. 이 주제는 13장에서 다루기로 한다.

13

빈곤과 식량

13

빈곤과 식량

무릇 빈곤이란 다차원적 현상(multi-dimensional phenomenon)이다. 소득이나 소비지출의 측정에 기반을 둔 데이터들로부터는 기껏해야 부분적인 단면만을 볼 수 있을 뿐이다. 개도국에서 가장 일반적인 정의는 물질적 소비(material consumption) 및 특정한 최소 칼로리 섭취의 영양학적 요구량을 충족시키기 위해 필요한 경비라는 측면에 입각하고 있다. 물론 소득결여나 생산적 자산의 결여 등의 요소 이외에도 높은 사망률(mortality), 이환율(罹患率, morbidity), 기초적 위생조건의 결여, 최소한의 보건서비스 결여, 주택 결여, 부적절한 주거환경, 비위생적이고 불안전한 환경, 교육의 결여, 사회적 · 정치적 배제 등의 특성은 빈곤과 밀접한 연관을 맺고 있다.

사실상 개도국에서 빈곤은 더욱 포괄적인 현상이며, 물질적 결핍뿐만 아니라 무권력성(powerlessness)과 한계화(marginalization)로 요약된다. 단지 소득빈곤(income poverty)에 기초한 측정은 실제로 가난한 사람들의 낮은 생활의 질 뿐만 아니라, 단순히 식량소비기준(food consumption norm)에서 빈곤선(poverty line) 바로 위에 있는 사람들의 다면적이고 실질적인 빈곤 특성을 과소평가하게 된다.

빈곤을 보다 광범위하게 정의하는 것도 나름대로 어려움이 있다.

빈곤문제의 다차원적 성질을 파악하는 것은 중요하다. 또한 정책수단도 역시 다면성을 가져야 한다. 그러나 단일한 차원의 빈곤개념은 광의의 빈곤개념으로는 측정할 수 없는 강력하고 편리한 측정도구를 가지고 있다. 빈곤선(poverty line)과 같은 보편적 측정수단에 의하면 경비지출 면에서 빈곤선 이하에 존재하는 사람들은 절대적으로 빈곤한 것으로 파악할 수 있다.

인도에서는 음식 칼로리 섭취 권장량(recommended food calorie intake)을 얻는 데 필요한 식량의 가격을 정하고, 이와 같은 칼로리 기준을 충족시키는 식량 소비(식량이외 항목도 포함됨)를 하는 가계의 평균소비지출수준을 기준으로 빈곤선을 정하고 있다. 물론 이러한 측정은 어느 정도 임의적인 측면이 있으며 음식물 에너지 요구량(food energy requirement)의 결정 문제, 기준칼로리 요구량(normative nutrition requirement)에 관한 비용계산문제 등을 둘러싼 논란이 수반된다. 측정상 나타나는 중요한 문제로서 가계나 개인이 빈곤선을 통과하자마자 바로 풍족한 삶을 영위하는 그룹으로 뛰어넘었다고 볼 수 있는지 여부에 대한 논란이 존재한다. 여러 가지 문제점에도 불구하고, 빈곤선 접근은 시간에 걸친 '소득 빈곤의 귀착'에 대한 동향을 알 수 있게 해준다는 점에서 중요한 수단으로 받아들여진다.

빈곤에 대한 공식적 측정은 NSS에 의해 수행된 '대규모 가계소비지출조사(large-scale household surveys of consumption expenditure)자료를 이용해왔다. NSS자료는 1950년대부터 5년 마다 수행해왔으며, 1987~1997년 기간에 대해서는 소규모 샘플에 입각한 유사 자료를 연간 단위로 볼 수 있다. 물론 이와 같은 데이터베이스도 역시 문제점과 한계를 가지고 있는 것은 사실이다.

NSS데이터는 소득 기준이 아닌 소비지출 기준을 사용하기 때문에, 빈곤층에 속한 사람들이 재산을 처분하거나 돈을 꿔서 소비에 충당할 경우 실제의 빈곤 수준이 과소평가될 수 있다. NSS자료는 월별 1인당 소비지출액에 대한 측정치를 제공하고 있다. 가족구성원의 연령이나 성별기준을 별도로 분류하지 않은 채 가계구성원 수로 나눠서 측정된다. 이와 같은 측정결과는 소득수준에 따라서 어느 정도 변화하게 되며 측정치에 대한 실제 빈곤의 범위에 영향을 미칠 수 있다. 또한 NSS조사의 경우 조사자 및 관련요인들로 인한 본질적 편의(natural bias)로 인해 소비분포상의 양 극단에 위치한 집단의 소비지출을 과대평가할 수 있다. 가장 높은 경비지출 그룹에 대해서는 과소평가하는 반면, 가장 낮은 경비지출 그룹에 대해서는 소비지출을 과대평가하는 경향이 있다는 점에 대해 많은 지적이 제기되어 왔다.

NSS조사에 기초한 빈곤 측정이 가지고 있는 조사기간에 대한 신뢰성 문제도 제기될 수 있다. 이러한 문제는 특히 NSS중 가장 큰 샘플에 대해서 조사했던 55차 자료에 대해 제기된다. 55차 조사에서는 소비 항목에 대한 조사기간이 과거에 비해 크게 달라졌다. 55차 NSS자료에서는 소비지출 수준이 과거보다 훨씬 높게 측정되었다. 이에 따라 1999/2000년 농촌지역의 경우 빈곤선 이하 인구는 27%, 도시지역은 23.7%로 매우 낮게 나타났다. 하지만 이러한 측정은 그 결과에 영향을 미칠만한 조사 성격상 중요한 방법론적 변화를 내포하고 있다.[1] 이와 같은 측정 방법상의 변화는 빈곤에 대한 공식적 통계를 발

1) 소비지출의 측정 및 빈곤측정에 대한 변화와 함의에 대해서는 Sen(2000), Sen(2001)에서 자세하게 논의되고 있다. 기본적으로 55차 조사에서는 '과거 365일' 동안 소비한 의복, 신발, 교육비, 보건, 내구재 구입에 대한 지출액을 조사하고 있다. 반면 과거 NSS조사자료에서는 식량, 담배, 술 등에 대해 지난 '30일' 및 '한 주간' 기준으로 조사해

표하는 계획위원회(planning commission)에 의해서도 심각하게 취급되고 있다. 아울러 통계 발표 시, "이 내용은 과거의 빈곤 통계와 직접적으로 비교되지 못할 수 있다(*may not be strictly comparable to earlier estimates of poverty*)"라는 중요한 단서조항을 달고 있다.

빈곤추세에 관한 평가는 불명료하고 복잡하게 나타났다. 인도빈곤추계에 대한 기준을 형성하는 공식적 소비자지출조사(NSS)에서 채용한 방법의 변화로 인한 결과이다. 이러한 이유 때문에 과거의 빈곤자료와 최근의 조사자료 간 비교가 불가능하게 되었다(소비항목에 대한 '준거기간'의 범위에서 기본적인 변화가 있었다. 30일 기준에서 7일 기준으로, 또 30일 기준에서 365일 기준으로 바뀌었다. 이와 같은 변화는 소비지출액의 과대평가를 초래할 수 있다. 1993/94년에 관한 데이터에서 명확히 나타난다. 이러한 측정은 실제 소비에 대한 보다 정확한 반영일 수도 있지만 문제는 과거의 조사 자료와 비교할 수 없으며, 따라서 추세의 측정이 불가능하다는 점이다).

왔다. 특히 빈곤계층의 경우 과거의 측정기준과 비교를 할 수 없도록 유도함으로써 높은 소비지출수준으로 측정될 수밖에 없었다는 이유를 여기서 찾을 수 있다. 55차 NSS데이터는 3가지 서로 다른 빈곤지표를 측정하고 있다. 1999/2000년 소비자 조사에서 '지난 30일' 기준 조사에 의한 측정은 훨씬 낮은 빈곤수준을 나타낸다. 그러나 동일 조사에서 7일 기준을 사용했을 경우, 과거 기간보다 1999/2000년에 높은 빈곤율이 나타나게 된다. 또한 55차 고용조사 자료로부터 빈곤 측정이 가능하다. 소비자조사에서는 7일 기준 및 과거 30일 기준을 사용한 반면, 식량 소비조사에서는 30일 기준만을 사용하고 있다. 식량소비 조사에 의하면 빈곤율은 농촌 34%, 도시29%로 소비자 조사에 비해 각각 높게 측정된다. 이러한 결과는 의복, 내구재 등 에 대한 '과거365일 소비기준'에 의한 측정을 어느 정도 교정할 수 있다. 이에 따르면 1999/2000년 빈곤 수준은 1993/94년 보다 높아진 것으로 나타난다(Sen 2001).

〈표13-1〉 인도의 빈곤추세 (빈곤선이하의 인구비율)

(단위 : %)

	도시			농촌		
	계획위원회 추정	방법1	방법2	계획위원회 추정	방법1	방법2
1977~78	45.2	45.2		53.1	53.1	
1983	40.8	40.8		45.7	45.6	
1987~88	38.2	38.2		39.1	39.1	
1993~94	32.4	32.6	27.9	37.3	37	31.6
1999~2000	23.6		24.8	27.1		28.4

주 : 방법1은 과거의 방법대로 준거기간이 '30일' 및 '365일'일 경우를 측정하는 방법이며, 방법2는 새로운 패턴의 조사방법에다 '7일'기준을 함께 고려한 것으로서 특정상품의 경우 서로 다른 준거기간(reference periods)을 갖는다.

자료 : *Economic Survey*, GOI

〈표13-1〉은 빈곤에 대한 공식통계와 과거방법 및 신규방법에 기초한 빈곤통계를 제공하고 있다. 여기서 보면 기간 간 자료(data across period)를 비교하는 것이 곤란해 보이지만, 개별적 빈곤수준이 1970년대 중반부터 1990년까지 감소해왔으며, 이러한 감소추세는 이후에 정체되거나 멈췄음을 알 수 있다.

빈곤의 귀착

빈곤의 결정요인이라는 측면에서, 또 장기 구조적 관점에서, 지역 내 각 사회적 그룹에 대한 빈곤, 각 지역 간의 빈곤의 범위를 결정하는 명백한 요인이 존재한다. 빈곤한 국가의 총노동생산성(aggregate productivity of labour)은 매우 낮게 나타난다. 이렇게 낮은 총노동생산성은 노동을 비롯한 여러 가지 가용자원을 완전하게 사용하지 못하는 생산시스템, 환경조건 및 발전의 결여 등 다양한 원인에서 비롯된 결과라고 볼 수 있다.

빈곤은 직업의 형태, 고용의 생산성, 재산 정도 및 토지소유 여부, 교육정도, 문자해득률, 성, 카스트, 가족규모 등에 크게 영향을 받는다. 가계 소유재산이 빈약하거나 불안정한 임금노동, 낮은 교육수준, 높은 부양률(dependency ratio) 등은 빈곤 상태로 연결되는 주요 요인이다.

인도에서는 지정부족민(scheduled tribes) 및 지정카스트(castes)와 같은 특정 사회적 그룹에서 빈곤이 만연되고 있다. 또한 여성 및 여자어린이가 남성 및 남자 어린이보다 절대적으로 빈곤한 경향을 보인다. 여성 가장을 둔 가족의 빈곤수준이 훨씬 높으며, 여성의 비율이 높을수록 빈곤수준은 높다. 빈곤한 가계 내에서도 여성들은 남아시아의 문화적 배경 하에서 상대적으로 더욱 불리한 위치에 있게 된다. 반면 빈곤에 대한 미시적 분석에서는 가정 내 자원배분에 관한 한, 빈곤 계층이 보다 나은 성적 평등(gender-egalitarian)을 가진다는 것을 보여주는 사례도 있기는 하다.

이러한 조건들은 일반적으로 낮은 생산성과 발전수준 하에서 발생하며 빈곤의 수준을 결정한다. 경제성장 패턴은 빈곤의 범위를 변화시킨다. 시간에 따른 빈곤 추세를 설명해주는 다른 요인들로서는 전체인구비율, 지역 및 사회 계층 분포, 기타 생활조건 등을 들 수 있다. 경제정책효과에 대한 고려는 타당하고 필요한 절차이다. 경제정책 및 이에 따른 경제적 발전과정은 중요한 빈곤 결정요소가 될 수 있기 때문이다.

〈표13-2〉 인도의 빈곤에 대한 측정(전체인구 비율)

NSS 회차	해당기간	도시 Datt	도시 Gupta	도시 Tendulkar Sundaram	농촌 Datt	농촌 Gupta	농촌 Tendulkar Sundaram
27	Oct.72~Sept.73	55.4	NA	57.2	45.7	NA	47.0
28	Oct.73~Sept.74	55.7	56.4	56.2	48.0	49.0	49.2
32	July77~June74	50.6	53.1	54.5	40.5	45.2	42.9
38	Jan.7~Dec.83	45.3	45.6	49.0	35.7	40.8	38.3
42	July86~June87	38.8	NA	45.2	34.3	NA	35.4
42	July87~June88	39.2	39.1	44.9	36.2	38.2	36.5
43	July88~June89	39.1	NA	42.2	36.6	NA	35.1
44	July89~June90	34.3	33.7	36.7	33.4	36.0	34.8
46	July90~June91	36.4	35.0	37.5	32.8	35.3	35.0
47	July91~Dec.91	37.4	NA	40.1	33.2	NA	34.8
48	Jan.~Dec.92	43.5	41.7	46.1	33.7	37.8	36.4
49	Jan.93~June93	NA	NA	44.2	NA	NA	38.9
50	July93~June94	36.7	37.3	39.7	30.5	32.4	30.9
51	July94~June95	41.0	38.0	43.6	33.5	34.2	34.1
52	July95~June96	37.2	38.3	40.1	28.0	30.0	28.7
53	Jan.~Dec.97	35.8	38.5	38.3	30.0	33.9	31.0
54	Jan.98~June98	NA	45.3	44.9	NA	34.6	31.6

자료: Ozler, Datt and Ravallion(1996), Datt(1999), Gupta(1999), Sundaram and Tendulkar(2000), Sen(2000)에서 재인용.

1990년대 시장주의적 경제개혁은 경제성장과 '효율'에 중점을 둔 나머지, 빈곤 완화를 위한 적극적 노력은 기울이지 않았다. 경제자유화는 외국 투자자들의 진입 및 운영을 수월하게 하고, 특히 농업부문의 수출을 북돋음으로써 더 많은 성장과 고용창출에 기여할 것이며, 궁극적으로 파급효과를 통해 빈곤을 경감시킬 것으로 보았다. 1990년대의 경험은 이러한 예측과는 상반된 것이었다.

〈표13-2〉는 NSS소비지출자료에 기초한 소득빈곤의 장기적 추세를 보여준다.[2] 1950년대부터 1970년대 중반까지는 실질적인 변동은 있었지만 장기적 추세는 존재하지 않았다. 1970년대 말부터(보다 정확히 1977/78년부터), 1986/87년까지 빈곤수준의 급격한 감소현상이 나타났으며, 1989/90년까지 완만한 속도로 빈곤수준이 낮아졌다.

1990년대의 상황은 전혀 달랐다. 농촌지역에서 빈곤 감소 추세는 역전되거나 정체되었으며, 도시지역에서도 유사한 경향이 나타났다. 특히 농촌의 빈곤수준이 크게 높아졌다. 1973/74~1989/90년 기간 중, 농촌 및 도시에서 빈곤율은 지속적으로 했으며, 전반적인 빈곤완화 추세를 보였다(사실상 인도에서 빈곤완화 추세는 동 기간 중에 시작된 것이다). 그러나 1990년대에는 이러한 빈곤완화 현상은 더 이상 지속되지 못했다.

1990년대에는 인도 전체의 농촌 및 도시 간 빈곤격차가 발생했다는 사실을 주목할 필요가 있다. 농촌 빈곤(전체인구비율 기준)은 1989/90~1998/99년 기간 중 현저하게 증가했다. 이는 1970년대 이래 계속되어 온 빈곤완화 추세가 멈춤과 동시에 역전되었음을 의미한다. 이와는

2) 비록 측정도구는 다르지만, 인도 전체 빈곤의 전반적인 변화 추세는 거의 동시에 움직인다는 점을 주목하라. 빈곤 귀착의 변화는 빈곤의 강도(severity)와 연관되어 움직이고 있다.

대조적으로 도시의 빈곤 수준은 하락하고 있다. 이러한 사실은 국민소득 통계에서 나타난 내용과 일치한다. 1990년대 도시와 농촌의 1인당 소득격차는 크게 벌어졌다.

빈곤수준은 일반적으로 자산의 분배 상태(특히 농촌지역에서는 토지소유정도) 및 노동생산성 수준에 의해 결정된다. 빈곤 귀착의 변화는 전반적인 경제성장, 생산적 고용기회 창출, 식량의 상대가격과 같은 거시경제지표의 변화와 밀접한 연관을 맺고 있다. 결국 전체적인 빈곤 귀착은 1990년대 신자유주의적 경제정책 및 이에 따른 거시경제 과정과 밀접하게 연관되어 있다.

1990년대의 신자유주의 정책은 농촌 지역발전 및 식량안전시스템 분야의 투자에 소홀했다. 농업성장은 정체되었다. 농촌의 고용기회는 감소했으며 곡물가격은 급등했다. 이러한 현상들은 농촌 빈곤의 만연과 빈곤 심화로 연결된다. 1980년대 빈곤율 하락의 주요 원인이 도시 및 농촌지역 비숙련노동자에 대한 실질임금 소득증가라는 사실을 감안하면, 1990년대 농촌 빈곤층(rural poor)의 소비 수준을 하락시켰던 주요 원인은 고용기회의 현저한 감소 때문이라고 볼 수 있다(Sen and Patnaik, 1997).

농촌빈곤과 관련해서 인도 경제학자들은 두 가지 변수에 대한 분석에 집중해왔다; ①농업부문 실질산출량 및 생산성 성장률 ②농산물가격 및 식량 가격, 전반적 인플레이션율과 같은 가격변수. 이와 같은 변수들의 상대적 중요성 및 측정방법에 대해 많은 논쟁이 있어왔다. 최근 한 연구에서는, 식량의 상대가격이 더욱 중요한 변수라고 주장되었다(Sen, 1996). 농업 성장의 배경에 대해서는 논의가 진행 중이다.

세계은행(World Bank)을 중심으로 발표되는 연구에서는 "농업 성장이야말로 빈곤문제 해결의 중요한 열쇠"라고 주장한다. 비록 식량 가격의 높은 상승을 동반할지라도, 농업 성장을 지향하는 거의 모든 정책들을 지지한다. 그러나 이 경우 문제는 더욱 복잡해진다. 1인당 농업생산량 수준 및 성장률은 농업에 기반을 둔 지역사회의 물질적 기초에 영향을 미치는 중요한 요인임은 틀림없다. 그러나 빈곤의 정도는 불평등 증가를 수반하는 농업성장, 기타 농업소득의 원천 및 그 변화 등에 의해서도 영향을 받게 된다.

바로 이와 같은 점은 1970년대 말부터 80년대 말 기간 중에 인도에서 경험한 바 있다. 거의 인도 전체의 주에서 농촌지역의 소득빈곤이 현저히 감소했다. 빈곤의 감소는 1인당 농업소득의 현저한 증가가 수반되지 않았음에도 불구하고 나타난 현상임을 주목할 필요가 있다(일부 지역에서의 녹색혁명 효과도 포함된다). 사실상 대부분의 주에서 1인당 농업성장률과 농촌빈곤 감소 간에 통계적 연관성이 매우 약하게 나타난다. 더욱 중요한 사실은 동 기간 중 1인당 농업산출량은 감소했으며, 농업고용창출 역시 감소했음에도 불구하고 농촌지역의 빈곤수준이 하락했다는 점이다. 정상적으로 이와 같은 상황이라면 당연히 실질임금의 하락은 가속화되고 농촌빈곤은 증가할 것으로 예상할 수 있다. 그러나 실제 농업부문의 실질임금은 1970년대 중반~1980년대 말 기간 중 대부분의 지역에서 크게 상승했다. NSS통계에 따르면, 동 기간 중 전반적 고용수준의 증가는, 빈곤 완화의 주요한 원인이었다는 점을 알 수 있다.

이와 같은 모순된 현상의 배후요인에 대해서는 이미 앞장에서 다룬 바 있다. 빈곤의 관점에서 보면 농외고용 및 정부지출의 직접 · 간접적 효과로 인한 소득 증가뿐 아니라, 상대적 가격 변화(relative price change)도 중요한 역할을 하게 된다. 동 기간 중 농산물가격(agricultural price)이 일반 물가수준보다 훨씬 빠르게 증가한 반면, 곡물가격(cereal price)은 보다 완만하게 증가했다. 실질임금 상승은 이에 따른 임금재(product wage = wage goods) 증가를 수반하지 않고도 가능했다. 이러한 점은 1980년대의 빈곤 경감에 기여한 중요한 요인이라고 볼 수 있다. 그러나 1990년대에는 고용을 늘리고 빈곤을 줄여주었던 여러 가지 공공정책들이 반대 방향으로 역전되었다. 농촌부문에서 식량가격의 상승 및 고용기회의 감소라는 측면에서 볼 때, 1990년대 개혁 이후의 거시경제정책은 빈곤을 오히려 심화시켰다.

도시지역의 사정은 다소 나아진 반면, 농촌 및 도시소득 간 격차는 더욱 벌어졌다. 그러나 도시지역의 경우에도 빈곤수준은 전체인구의 30%로 매우 높은 수준에 있으며, 광의의 빈곤개념에서 보면 열악한 생활조건 하에 있다. 임시노동은 높은 빈곤수준과 밀접한 연관을 맺고 있다. 수십 년 간 계속되어온 도시 및 농촌에서 '노동의 임시화(casualization of labour)'추세가 가속적으로 증가하고 있다. 도시 생활조건의 악화 및 빈곤계층 소비자에 대한 식량가격 상승도 발생했다.

도시지역 사회기반설비 조건의 악화는 통계적으로 파악되하기는 힘들지만 도시지역의 저소득층에 매우 불리한 영향을 미치고 있다. 인프라 건설을 위한 경비지출이 부족했으며, 도시거주민을 위한 주택이 턱없이 모자랐다. 과거 정부에 의해 제공되었던 재화 및 용역의 공급시스템이 많은 도시에서 중단되었다. 그 결과 인구혼잡, 위생 악화, 열악한 생활환경, 환경파괴 등의 현상이 도시지역에서 나타났다. 그 결과, 이환율이 높아졌으며 호흡기질환 및 이질·설사 등의 위장

관련 질병 등이 증가하게 되었다. 1990년대 많은 도시지역에서, 공공보건 관련 시스템이 사실상 붕괴했다.

1990년대 말 까지 사회정책면에서 가장 중요한 관심영역은 식량의 공적배분에 관한 부적절한 조달 문제 및 급격하게 악화되어가는 공중보건및 위생 관련 인프라 부문이었다. 이러한 부문은 특히 여성들의 주요 관심사항이었다. 왜냐하면 어린이를 돌보는 일이나, 노약자를 돌보는 일, 가계에서의 조달에 관한 일 등에 대한 일차적 책임을 여성이 짊어지고 있기 때문이다.

도시 및 농촌의 기본적 요구(basic needs)관련 지표들이 경제개혁 이후 대부분 악화되었다. 다만 한 가지 중요한 예외로서 교육을 들 수 있다. 교육기회는 실질적으로 넓어졌다. 다른 항목에 대한 대폭적 공공지출 삭감의 배경에서 볼 때 교육 및 계몽프로그램에 대한 상대적 보호는 흥미롭다. 이러한 사실은 인도의 정치 경제나 세계은행과 같은 융자기관 선호의 변화를 반영하고 있다. 1990년대에는 학교등록률이 상승했다. 다만 실제 학교출석률은 저조했으며 등록률의 증가세는 90년대 내내 정체현상을 보이고 있다. 교육에서 성별 격차는 다소 줄어들고 있지만, 격차는 아직도 매우 크게 나타나고 있다. 초·중등 공공교육 시설 등은 필요한 수준에 훨씬 미달하고 있는 실정이다.

식량 안전

식량에 대한 접근성은 빈곤 귀착의 중요한 요소이기 때문에, 보다 상세히 살펴볼 가치가 있다. 1990년대 경험한 가장 당혹스러운 현상은 두 개의 모순된 과정의 공존이다; ①국민 대다수가 값싼 식량에 대한 접근성이 떨어지게 된 점 ②공공부문에 의해 보유되고 있는 거대한 규모의 증가하는 과잉식량 스톡(excess foodgrain stocks)이다. 이러한 어처구니없는 모순된 상황은 정부의 대내외적 정책 및 거시경제적 과정으로 인한 것이다.

인도에서 식량에 대한 근대적 공적분배제도(Public Distribution System: PDS)는 1965년에 수립되었다. 여러 가지 목적을 달성하기위한 식량관리정책의 일환이다. 식량 관리의 목적은 다음과 같다; ①소비의 지속적 성장, 1인당 식량 가용성(food availability)의 안정적이고 지속적인 증가, 연간 변동 폭 축소 ②공정가격에 의한 분배, 늘어나는 저소득가계에 대한 공정가격 적용 ③잉여의 사회화(socialization of surplus), 시장 잉여의 증가분에 대한 정부의 할당과 분배 ④자급자족, 수입 의존도 축소.

PDS의 원래 목적은 특히 수확이 저조한 시기에 식량 결핍지역에 대한 적절한 물리적 배분을 통해서 시점간 · 지역간 소비자 유통가격 차이를 억제하는 것이다. 가격 격차는 교역 및 수송비용의 차이, 또는 지역적 독점에 의해 야기된다.

정책 목표들은 단지 부분적으로만 충족되었다. 1970년대 중반에는 전체 인구 대비 절대적 빈곤이 지속되고, 식량에 대한 접근이 어려운 상황에서 식량의 자급(self-sufficiency)이 가능하게 되었다. PDS에 의해

배분된 식량은 늘어나는 인구에 비해 매우 적었다. 지난 20년간 PDS에 의한 식량의 전체 조달규모는 총생산의 10% 수준이었다.

PDS는 농민들로부터 식량을 조달하기 위해서 인도식량공사(Food Corporation of India, FCI)를 직접적 조달기관으로, 정미업자(miller) 및 중간상(trader)을 간접적 조달기관으로 이용한다. 정부가 조달한 식량은 공정가격 상점(fair-price shop)에서, 정부 고시가격에 의해 판매한다. 고시가격은 조달가격에 수송·보관비용을 더한 가격보다 낮게 매겨진다. 그 차액은 국가 보조금에 의해 메워진다. 1990년대 말에는 PDS하에서 일정하게 할당된 양의 기본적 식량(쌀·밀·설탕·식용유) 및 등유(kerosene), 석탄, 표준화된 통제가격이 매겨진 의류와 같은 항목들을 농촌 및 도시 주민들에게 제공했다. 이와 같은 제도는 주로 농촌지역에서 시행되고 있으며, 그것도 특정 주에 국한되고 있다.

PDS에 대해서는 다음과 같은 문제점이 지적되고 있다. ①단지 일부 빈곤층에게만 혜택이 돌아간다는 점(Parikh 1994) ②많은 곡물이 자유시장(open market)으로 유출된다는 점(Ahluwahlia 1993) ③ 도시지역에 국한되어 있으며 그것을 가장 필요로 하는 농촌 빈곤층에게 효과적으로 침투되지 못한다는 점, ④ 인도식량공사(FCI)의 비효율성을 증가시켰다는 점(Government of India, 1991).

이상과 같은 비판들은 일정한 타당성을 가지지만, 각 항목의 부작용들이 그렇게 심한 정도는 아니었다. 빈곤층에 대한 혜택이라는 측면에서 보더라도 NSS소비데이터를 조사하면 PDS는 빈곤층 식량구입량의 8%~20% 정도를 제공하는데 그쳤으며 나머지는 자유시장 구입을 통해 조달되었다. 그러나 이러한 정도의 보조만 가지고도 국민의 곡물소비에 결정적인 영향을 미쳤으며, 특히 기근 및 농한기에 제도의 혜택이 명백히 나타난다. 한편 도시지역에 편중되었다는 비판은 시간의 흐름에 따라, 특히 1980년대 들어와서는 그 타당성이 희박해졌다.

1971~1991년 사이에 공정가격 상점(fair price shop)은 3배 정도 증가해서 40만개가 되었으며, 특히 농촌지역에 많은 상점이 개설되었다. 안드라 프라데쉬(Andhra Pradesh), 케랄라(Kerala), 타밀 나두(Tamil Nadu), 서벵갈(West Bengal), 트리푸라(Tripura), 잠무 · 카시미르(Jammu and Kashmir)와 같은 주에서는 농촌지역에 PDS를 중점적으로 확대해나갔다. 1975~1990년 동안 PDS를 통해 곡물 공급을 지속적으로 늘려나갔다. 1990년까지 FCI는 상품화된 곡물 거래의 45%정도를 취급했으며, 나머지는 민간중개상들이 유통했다. 그럼에도 불구하고 PDS가 부적합하게 보이는 이유는 비하르(Bihar), 우타 프라데쉬(Uttar Pradesh), 마드야 프라데쉬(Madhya Pradesh), 오릿사(Orissa) 등 대규모 빈곤인구를 가지고 있는 주에서 PDS를 적극적인 방향으로 수행하고 있지 않기 때문이다. 해결책은 1990년대 초에 제기된 PDS 관련 예산의 삭감이 아니라, 오히려 PDS를 확대시키는 정책이라고 할 수 있다.

사실상 거대한 규모의 식량보조금 예산이 지속적으로 FCI에 투입되고 있다. 주로 PDS 곡물의 취급 · 저장 · 분배와 관련된 비용이다. 많은 논자들은 FCI의 역할이 축소되어야 하며, 민간거래자들에게 기능을 이양해야한다고 주장한다. 그러나 FCI 운영상의 비효율 및 부패가 존재한다 해도, FCI 곡물의 경제적 비용은 대부분 도시지역에서 시장가격보다 낮은 수준이다. 1993/94년 NSS표본조사로부터 계산된 가격과 FCI 비용을 비교한 결과이다(Swaminathan 1999). 이러한 사실은 식량 잉여 지역에서 도시지역으로의 곡물수송에서, 민간부문이 오히려 비효율적이라는 사실을 암시해준다. 식량 결핍지역이라 할지라도 농촌의 식량가격은 도시지역의 식량가격에 비해 10~20% 가량 낮게 책정되어 있다. 결국 민간 거래자들은 두 지역 간의 재정거래(arbitrage)역할을 제대로 하지 못한다는 것이다.

FCI를 민간 중개업자로 대체할 경우, 자동적으로 식량의 분배 유통망이 향상된다는 주장은 타당치 않다. 오히려 식량의 분배 시스템을 악화시킬 우려가 있다. PDS의 기본적 한계점은 위에서 제기한 4가지 문제점이라기보다는, 오히려 PDS의 적용 범위가 지속적으로 제한되어 있으며 포괄적인 접근이 불가능하다는 점이다. PDS의 포괄 범위와 정책효과는 주별로 매우 다르게 나타나며 주정부의 수행능력에 따라 크게 좌우된다.

1990년대 후반, 3억 5천만 인구가 최소식량요구량조차 소비하지 못하는 절대빈곤 상태에 있었음에도 불구하고, 식량조달 및 분배과정상에서 나타난 혼란으로 인해 FCI는 어쩔 수 없이 많은 양의 곡물스톡을 보유하게 되었다. 1990년대 말, 농민들에 대한 높은 수준의 최저지지가격(minimum support price)지급으로 인해 곡물의 조달 규모가 크게 증가했다. '목표 공적분배제도(Targeted Public Distribution System : TPDS)' 및 정부의 식량 공급가격 상승에 의한 것이다. TPDS란 빈곤선 이하에 있는(Below the Poverty Line: BPL) 가계의 범위를 정의하고, 동 그룹에 대해서는 보다 많은 보조금을 지급하는 제도로서 빈곤층에 대해 식량보조를 집중적으로 제공하려는 취지에서 1997년 채택되었다. 한편 곡물에 대한 중앙정부의 설정가격은, 전반적인 식량보조금 예산을 억제해야 한다는 논리와 함께 계속 인상되었다. 그러나 이러한 정책은 완전히 실패하고 말았다. TPDS하에서, 1998~2001년 기간 중 빈곤선 위에 있는(Above the Poverty Line : APL)가계 식량보조금 비용을 크게 증가시켰다. 곡물재고량의 보관 비용이 엄청나게 증가했기 때문이다. 일반시장에서 곡물가격 급등과 곡물시장가격 상승은 빈곤계층에게 커다란 타격을 입혔다. 빈곤층이 필요로 하는 곡물의 반 이상은 일반 시장에서 구입해야 했기 때문이다. 1999/2000년 예산에서 식량 고시가격을 높임으로써 식량보조금에 대한 예산 비용을 줄이려는 시도는 완전히 잘못된 방향이었다. 당시 정부는 '빈곤선 위에 있는(APL)' 가계에 대해서는 FCI의 '경제적 비용'과 동일한 수준의 PDS를 제공함으로써 APL가계가 부담해야 하는 곡물가격을 15개월 동안 2배로 상승시켰으며, 심지어 빈곤선 아래(BPL)에 있는 가계에 대한 곡물가격도 80% 상승했다.

2001년 말까지 FCI창고에 쌓인 곡물 재고는 6,200만 톤에 달했다. 이러한 재고량은 적정 수준의 3배 이상에 달하는 양이다. 과거 몇 년간 조달량이 누적되고, 곡물가격의 상승에 따른 재고 방출 감소로 인한 결과이다. 과도한 정부식량 스톡의 존재에도 불구하고 국민들의 식량소비량은 계속 줄어들었다. 1인당 평균 식량소비량은 1991년 510그램에서 2000년에는 458그램으로 하락했다.

여기서 슬픈 아이러니(sad irony)는 정부의 엄청난 곡물 조달에도 불구하고 인도 농민들의 생활은 향상되지 못했다는 사실이다. 오히려 어떤 시기에는 평균 생활수준이 하락했다. 2000년에 들어서면서 농부들은 값싼 수입농산물과 경쟁해야만 하는 상황에 놓이게 되었다. 수입농산물 가격이 매우 낮은 반면, 인도 농민들이 부담해야 하는 경작비용은 계속 상승했다. 연료비상승, 비료가격 상승, 전기세 및 수세(水稅) 상승 등이 그 요인이다. 정부의 조달시스템 및 적정가격에 의한 공적배분제도 확보를 통한 경작지원 시스템이 붕괴됨에 따라, 농민들의 부담은 더욱 가중되었다.

몇 가지 잘못된 정부정책의 복합적 결과라고 볼 수 있다. 첫째, 농업시장 개방은 인도의 농산물 가격을 국제가격수준으로 하락시켰다.[3] 둘째, 곡물가격 인상을 통해 식량보조금을 줄이려는 정책으로서, 정부는 '빈곤선 위(APL)'에 있는 시민들에게 PDS를 시행함과 동시에 곡물가격을 인상한 바 있다. 셋째, PDS를 철폐하려는 움직임과 더불어, FCI 조달 수준을 훨씬 초과하는 밀과 같은 특정 곡물의 최저지지가격(minimum support price)를 인상함으로써 농민세력을 위안하고자 하는 정부정책을 들 수 있다. 이러한 사실들은 정부가 더 이상 기본적 농업가격정책의 목적, 즉 농산물가격을 안정시키고, 빈곤층들을 예기치 않은 식량가격 상승으로부터 보호함과 동시에 생산자들에게 인센티브를 제공한다는 목적을 충족할 수 없게 되었음을 나타낸다.

정부의 식량스톡은 계속 증가할 것으로 예상된다. 물론 이와 같은 곡물 재고는 그것이 만약 인프라 설비를 유지하거나 창출하는 공공사업프로그램 수행을 위한 식량으로 사용될 수 있다면 매우 중요한 경제성장 원천이 될 수 있다. 특히 농촌지역 고용창출에 기여하고, 빈곤가계에 대해 식량을 제공할 수 있으며 필요한 인프라를 구축할 수 있다. 그러나 이와 같은 대안적 정책은 많은 요구에도 불구하고 정부에 의해 선택되지 않았다. 다만 매우 제한적 규모의 식량스톡만

3) 농산물의 국제가격은 선진국에서 시행하는 높은 수준의 직접 · 간접적 농업보조금으로 인해서 매우 낮은 수준을 유지한다(GATT의 농산물협정 중 'Green Box' 및 'Blue Box' 규정에 의한 정책이다). 보조금 정책은 농산물 수요가 침체되고 있는 세계경제 환경에서 계속 시행되고 있다. 인도 정부가 광범위한 농산물 및 농업기반 수입품에 대한 양적 제한조치를 해제하고 수입관세를 크게 축소시켰던 시기에도 선진국에서 수행된 바 있다.

이 이와 같은 목적을 위해 주정부가 사용한 바 있다. 이러한 사례는 인도에서 희소한 자원의 범죄적 남용임과 동시에 중요한 기회의 상실이었다고 평가할 수 있다.

2002년 및 2003년에 정부는 FCI에서 관리되고 있는 식량재고를 줄이려는 시도를 했다. 그러나 식량스톡을 고용프로그램 등과 같은 생산적 용도에 사용하지 않았으며, 분배개선에 초점을 두지 않은 채 수행되었다. 2002/2003년에 정부는 1,200만 톤의 식량을 BPL가격으로 수출함으로써, 인도 빈곤층을 돕기는 커녕 외국의 소비자들에게 보조금을 지급한 셈이 되었다. 설상가상으로 계속된 가뭄과 PDS로부터의 대량 재고 출하로 인해서 식량스톡은 줄어들었다. 2003년 7월 정부의 재고는 3,900만 톤으로 줄었다.

1인당 식량 소비는 1990년 1일 476그램에서, 2001년에는 1일 418그램으로 감소했다.[4] NSS자료에 의하면 1인당 전체 칼로리 소비량도 1987/88년 2,200칼로리에서 1999/2000년 2,150칼로리로 줄어들었다. 소수 계층의 생활양식 개선 및 전체적인 성장률을 감안할 때, 칼로리 섭취량 감소는 소득분배의 현저한 악화를 의미한다. 이러한 사실은 NSS데이터에서도 확인된다. 한편 정부에 의한 자본적 경비지출의 감소로 인해 인프라 설비는 열악해졌으며, 기초적인 공공 서비스조차도 현저히 악화되었다. 고용률의 악화, 서민들의 식량 접근성 약화, 공공서비스의 범위 축소와 질적 하락 등은, 특히 서민 여성들의 생활을 더욱 어렵게 만들었다.

4) 물론 이와 같은 식량 소비량 감소가, 생활수준의 향상에 따른 소비의 다양성으로 인한 긍정적 효과를 반영한다는 주장도 제기될 수 있다. 그러나 일반적으로 전체적인 식량 소비는, 식량의 간접적 소비로 인해서는 줄어들지 않는 경향이 있다(이를테면 고기나 가금류 생산품은 이를 생산하기 위한 곡물이 역시 필요하다). 아무튼 모든 식품을 포함해서 전반적인 식량 소비의 감소는 낙관적 전망을 가로막는 요인이라고 할 수 있다.

14

새로운 개혁을 위해서

14 새로운 개혁을 위해서

우리는 본서를 통해서 1990년대 초 이래 인도의 신자유주의적 개혁 경험은 개혁논자들의 기대와는 상반된 결과였다는 점을 주장해왔다. 한마디로 '시장은 실패했다(the market failed).' 개혁전략이 필연적으로 포함하게 되는 대외적 취약성을 정당화시켜줄 경제성장 및 '효율(efficiency)'을 달성하는데도 실패했다. 특히 사회기반설비의 건설이나 고용 창출, 식량 시스템과 같은 분야에서 실패는 두드러지게 나타났다. 그렇다면 과연 대안은 존재하는가? 존재한다면 무엇인가? 본장에서는 이에 관해 살펴보도록 한다.

대안적 전략

무릇 경제정책이란 진공상태에서 수행되는 것은 아니다. 신자유주의 경제정책의 효과는 현재 인도 경제의 특징을 이루고 있는 대외적 취약성과 세계시장에 대한 깊숙한 통합이라는 측면에서 벗어날 수 없다. 그렇다고 해서 이와같은 종속적 구조에 굴복해서, 최선을 위한 희망을 가질 수 있는 방법이 전혀 없다는 것은 결코 아니다. 오히려 이러한 대외적 취약성을 염두에 두면서 보다 나은 국가 경제정책을 모색할 필요가 있다. 정책가용성(manoeuvability)의 축소가, 정책가용성의 부재를 의미하는 것은 결코 아니다.

우선적으로 생각할 수 있는 정책대안이라면 경제성장 및 소득재분배를 가속화시키기 위해 정부가 이용할 수 있는 기회를 이용하는 방법이다. 대규모 식량스톡(foodgrain stock)과 공업부문에 존재하는 대규모 비활용 생산능력(unutilized capacity), 안정적인 외환보유고(comfortable foreign exchange reserve) 등을 종합적으로 결합하는 방법을 생각할 수 있다. 이러한 환경적 요소들의 배합을 통해 실업 감소, 도시 및 농촌 인프라 건설을 위한 대규모 식량동원 계획을 통한 정책을 수행할 수 있다. 효과적인 정책실현을 위해서는 재정지출의 확대가 요구된다. 이러한 정책수행의 결과, 인플레보다는 산출성장 및 고용증가가 나타날 것으로 기대할 수 있다.

개혁옹호론자들은 이러한 정책을 사용할 경우 재정적자가 증가하고, 이미 지속불가능한 높은 수준에 있는 공채 규모를 증가시킬 것이므로 본 정책에 반대할 것이다. 개혁론자들의 주장에 대해서는 세 가지 면에서 오류를 지적할 수 있다.

첫째, 식량 스톡이 정부에 의해 관리되는 한, 정부의 지출은 가중될 것이다. 이러한 지출은 노동을 위한 식량동원 계획(food-for-work programme)에서 발생할 수 있는 비용의 크기에 버금간다고 볼 수 있다. 결국 정부가 식량스톡을 보관하고 있다는 것 자체가 재정적 부채상황과 다름없다. 둘째, 이와 같은 프로그램이 식량을 사용하지 않는 재정적 요소를 포함하는 경우에도 추가적인 비용은 정부의 조세수입 및 비조세수입의 증가를 통해 메울 수 있다. 이렇게 되면 산출 및 수요의 증가가 발생하게 된다. 셋째, 인도에서 GDP 대비 낮은 조세수준을 감안해 볼 때 정부는 확실히 과세율을 인상할 수 있는 위치에 있으며, GDP 대비 조세비율을 증가시키기 위해서 세원(tax base)을 확대할 수 있는 상태이다. 이러한 수단들은 경비지출에 대한 재원마련에 사용될 수 있다.

위의 세 번째 논점은 신자유주의 개혁과정과 연관된 추세, 즉 'GDP 대비 조세의 장기적 감소추세'를 멈추게 하고 역전시키기 위해 요구되는 정책수단을 포함하고 있다. 만약 조세를 늘리고 정부의 적자재정 증가를 허용하게 되면 외국자본들은 긴장하게 될 것이며, 특히 국제 금융자본으로부터 경고가 수반될 것이다. 이와 같은 조치들은 국제 금융주체들이 원하는 바가 아니며 결국 자본유입을 줄이게 되고 급기야 금융위기를 초래할 수 있는 자본도피(capital flight)가 발생할 수 있다. 이러한 점은 개혁론자들의 주장에 근거를 제공해준다.

그렇다고 해서 국내경제의 균형 회복을 위한 적절한 경제정책을 채택하고자하는 노력을 포기해서는 안 된다. 오히려 인도에 대한 외국 금융자본의 유입 및 운영은 통제될 필요가 있다. 최소한의 유예기간(minimum lock-in periods), 단기 및 중기 투자에서 발생한 자본이득과세(capital gain taxation)의 차별적 부과, 토빈세(Tobin-tax)[1]류의 거래세가 부과될 필요가 있으며, 외국자본에 의한 변동성을 줄이고 국경을 넘나드는 금융흐름에 대한 국가의 의존도를 줄여나갈 필요가 있다. 이러한 정책은 오랫동안 브레튼우즈(Bretton Woods)제도를 따르던 칠레와 같은 국가에서도 채택하고 있다. 정부에 의해서 합법적으로 취할

1) 미국의 경제학자 제임스 토빈(James Tobin)은 모든 외환 거래에 약간의 조세를 부과할 것을 제안했다. 이렇게 되면 대부분의 실물부문 거래의 이윤에는 거의 영향을 미치지 못하겠지만, 단기 투기성 자본의 흐름을 방지할 수 있게 된다.

수 있는 정책대안이라고 할 수 있다. 아울러 대외적 취약성을 없애나가는 것이 합리적인 국가경제목표를 달성하기 위한 전제조건이다.

전후 시기에는 대외적 취약성의 극복이 하나의 발전적 의제가 될 수 있었다. 이제는 더 이상 적절한 정책이라고 할 수는 없다. '가용외환수입(available foreign exchange earnings)'을 적절히 사용하면서 펠드만-마할라노비스(Feldman-Mahalanobis)류의 전략을 따르는 것이 적당하다. 이러한 모델에서는 사실상 외환규모를 늘리는 것에는 별로 신경을 기울이지 않는다.

장기적 목표를 가진 정책으로 구성되는 개입주의적 정책 대안을 고려해보자. 우선 대안적 전략은 '국내시장을 위한 생산' 과 '수출을 위한 생산' 간의 이분법을 뛰어 넘어야 한다. 국제적 불평등은 '수출비관론(export pessimism)'으로 이어진다. 따라서 이분법적 사고에서는 국내 시장에 기초를 둔 공업화를 외국시장 진출을 염두에 둔 공업화와 구분하게 된다. 산업혁명을 이끌었던 자본주의에 대한 이행 논쟁에서, 한 분파는 자본주의 이행에서 시장의 성장과 공업화의 영향과 같은 외부적 요소들이 아닌, 구조변화 형태의 순수한 '내부' 요인의 상대적 역할을 중시한다.

이러한 산업혁명의 주요 결정요인에 관한 주장들이 가지고 있는 장점이 무엇이든 간에, 우리가 주목해야 할 한 가지 중요한 요소가 있다. 성공적인 자본주의적 공업화는 세계시장과 단절되어서는 도저히 이룩될 수 없지만, 성장전략의 일환으로서 이러한 시장에 신중하게 개입될 것이 요구된다.

여기서 '개입(engaging)'이라는 용어를 조심스럽게 사용해야 한다. 세계시장이란 관용적이지 않으며 제3세계의 효율적인 산업화를 추동

해주는 우호적인 세력은 아니다. 오히려 세계 시스템의 모든 불평등한 특징들을 강화시키는 역할을 한다. 따라서 개도국들이 불평등한 세계시장에 개입해서 밀폐된 시장을 헤집고 들어가려면 개도국이 보유하고 있는 수단들을 모두 동원해야 한다. 이러한 수단에는 국가의 힘, 국내시장에서 제공하는 기반, 일부 다국적 기업들의 기술 통제를 통한 지배를 뛰어넘기 위한 개인의 과학적 · 기술적 능력, 후발주자의 이익 등이 포함된다.

특히 잠재적인 대규모 국내시장을 가진 나라의 경우, 국제경쟁에 뛰어들어서 경쟁력 수준을 갖추기 위해서는 적시적소에 국내자본 공급이 수반되어야 한다. 이러한 정책에는 선별적이고 잠정적인 단계별 수입통제, 중요한 자본재에 대한 접근, 원료 및 중간재 등에 대한 접근이 허용되어야 한다. 일련의 최종재 국내생산을 위한 일정한 공간을 마련해 주어야한다.

여기에는 명백한 두 가지 원칙이 존재한다. 첫째, 인도는 가능한 한 최대로 국내 생산을 보호해야 한다. 둘째, 관세를 낮은 수준으로 유지하기 위해 수입관세를 낮추거나 현실화하는 조치는 과감히 포기해야 한다. 소비재 수입의 자유화를 최소화시킬 수 있는 차별관세가 필요하며, 자본재 생산자가 개방조치로부터 마이너스 영향을 받지 않도록 하는 수입관세 구조가 정착되어야 한다.

이러한 원칙에서 다음 논점으로 넘어갈 수 있다. 성공적인 성장전략은 행동주의적 국가(activist state)에 기초를 두어야 한다. 이러한 국가는 경제적 자급자족(autarky) 또는 절연성(insularity)과는 무관하다. 인도와 같은 나라에서 수입대체시기에 대한 타당한 비판으로서, 수출을 무시했다는 점을 제기할 수 있다. 물론 수출만으로 인도와 같은 거대한 개도국에서 성장의 기반을 조성할 수는 없다. 그러나 상호 의존적인 세계에서 수출의 촉진없이는 성장과정에서 요구되는 수입에 대한 재원을 마련할 수 없다. 성공적인 후발산업국가 – NIEs(Newly Industrialized Economics) – 들은 '중상주의적 수출정책(mercantilist export policy)'을 추구했으며 어떤 비용을 치르더라도 수출을 강조했다. 양적·질적인 측면에서 경제시스템의 생산적 기반을 계속적으로 조정해 나갔다. 이를 위해서는 기술과 투자가 필요했다.

투자는 두 가지 점에서 중요하다. 첫째, 투자규모가 증가할수록 팽창(expansion)이 아닌 현대화(modernization)에 투입되는 몫이 더욱 커지게 된다. 둘째, 자본-산출량 비율(capital-output ratio)의 증가 및 투자의 증가는 높은 성장과 연결되며, 설비확장(capacity expansion)은 새로운 기술의 결합을 허용할 수 있는 속도로 진행된다. 이러한 배경에서 경제의 '제조업 수출 성장률'은 '투자율'에 의존하게 된다.

초기 단계의 발전경제학에서는 투자를 성장의 핵심 요소로 파악했다. UN의 성장측정 논문(1951)으로도 유명한, 루이스(Arthur Lewis)에 의해서 주도된 유명한 발전경제학자들은 후진국 발전을 위한 초석으로서 투자율 증가를 권장했다. 투자에 대한 강조는, 60년대 말 신고전학파 논자들의 비판에 의해 다소 방향이 바뀌게 되었다.[2)]

점차 주류이론이 된 신고전파학자들은 '자원이용의 효율성(efficiency of resource use)'을 강조했다. 경제정책이 자원이용의 효율성 달성에 공헌하는가의 여부와는 상관없이, 어떤 경제정책 하에서 발전이 진행되는 것인가가 중요하다고 보았다. 신고전파 논의에서는 투자율에 대

2) 신고전파 비판(neo-classical critique)에 대한 대표적인 연구로서는 Little, Scitovsky and Scott(1970) 참조.

한 주제는 일절 취급되지 않았다. 관심의 초점이 발전과정의 배경을 이루는 거시적 이슈에서 미시적 이슈 및 시장주의 입장으로 바뀌고 있음을 알 수 있다. 한마디로, 관심을 집중시켰던 주요 현상에서 투자율이라는 이슈는 사라지게 되었다.

경제적 분석(economic analysis)에서는 투자율과 성장 간의 관계를 무시 할 수 있는 반면, 경제적 현실(economic reality)은 양자의 관계를 강조한다. 이러한 사실은 투자율(investment ratio), 산출성장률(output growth rate) 및 수출성장률(export growth rate)간 관계에 대한 각국 조사를 통해 확인할 수 있다. 25개 국가에 대한 20년 간의 자료에 기초한(1968~88)조사에 의하면 산출성장과 투자율 또는 소득에 대한 투자 비율간의 밀접한 상관관계를 보여준다(Patnaik and Chandrasekhar, 1996). 마찬가지로 산출 성장과 수출 성장 간에는 매우 밀접한 연관이 존재한다. 만약 산출성장을 유도하는 요인이 투자라면, 산출성장과 수출성장 간에 높은 상관관계는, 투자율과 수출성장률 간의 높은 상관관계로 나타날 수 있다.

다른 조건들이 일정하다면(ceteris paribus), 높은 투자율이 높은 수출성장을 유도한다는 이론적 근거가 존재한다. 서로 다른 상품의 국제무역은 시간에 걸쳐 서로 다른 비율로 나타난다. 세계무역의 성장률을 감안할 때, 특정한 저개발국가의 수출성장은 생산구조에 크게 좌우되며, 구조가 변화하는 속도에 따라 다르게 된다. 특히 저개발국의 경우, 대부분 세계무역에서 상대적으로 뒤로 밀려난 상품에 특화하는 생산구조를 가지고 있다. 따라서 저개발국의 수출 성공여부는 세계무역에서 성장해 나가는 상품분야로 생산구조를 빠르게 전환시키는 능력에 달려있다. 이와 같은 전환의 속도는 투자율과 관련된다. 투자율이 높을수록, 생산구조의 변환이 빠를수록, 세계무역에서 빠르게 성장하는 분야에 참여할 수 있는 능력이 클수록, 수출성장률은 높아질 될 것이다.

행동적 국가라면 투자율을 높일 뿐만 아니라, 수출 촉진과도 연계시켜야한다. 동아시아 국가의 경험에서도 이와 같은 연계는 중요하다는 것을 알 수 있다. 시장에서 결정되는 비교우위보다는, 중상주의적 산업정책이 국제시장에서 기반을 구축하는데 필요하기 때문이다. 비록 패턴은 서로 조금씩 다르지만, 일본·한국·대만 등은 경쟁력 강화를 위해서 전략적이고 선행적인 산업정책을 수행한 바 있다. 1990년대 말, 외환위기로 말미암아 이들 국가의 산업정책들이 큰 타격을 입게 되었다. 민간 기업가들에 의해 높은 투자율이 실현되는 경우에도, 정부는 투자의 적절한 부분을 수출촉진 분야로 선정된 산업에 배정해야 하며, 기술을 향상시켜야 한다. 아울러 국제경쟁력을 제고하기 위해 공장규모를 확대해야 한다.

수입대체기간 중에는 보호된 시장에 의해 제공되는 경제적 공간을 이용해서 국내산업 기반을 형성하는 정책을 실시하게 된다. 이 경우 국가정책은 부적절한 경쟁으로 인한 경제력 집중이나 독점적 가격설정·비경제적 규모·왜곡된 생산패턴 등의 형태로 나타나는 바람직하지 못한 경제를 통제하는 방향으로 수행된다. 오늘날에는 국가의 개입이 새로운 형태를 가진다. 협력적이고 계획된 수출 촉진을 위한 미시경제적 투자 결정과 부합되는 정책을 추구하게 된다.

새로운 형태의 목적을 실현시키기 위해 주로 사용하는 국가개입 수단은 통화정책이다. 수출 촉진분야로 선정된 기업에 대해서 이자율을 차별적으로 적용해주는 정책이 유용한 도구로 사용될 수 있다. 금융자유화 하에서는 차별이자율 제도가 허용되지 않는다. 후진적 은행 시스템 하에서는, 차별이자율 적용 정책을 오용할 수 있다. 따라서 금융시스템 개혁을 통해 자본의 적정성 기준을 부과하고 투명한 절차를 확보해야 한다.

이와 같은 조치를 확보하기 위한 두 가지 실행원칙이 존재한다. 첫째, 행동적 국가는 산업 계층(industrial class)을 통제하는 위치에 있어야 한다(Wade 1990, Amsden 1989). 둘째, 전략 수행을 위해 국가에 의한 적절한 자원동원이 요구된다(Singh 1995).

산업 계층을 통제해야 하는 이유는 비록 수입대체기간 중에 경험한 세부적인 물리적 통제와는 구분되겠지만, 새로운 국가전략의 수행을 위해서는 광범위한 전략적 목표 설정 및 국가의 조정이 요구되기 때문이다. 한편으로는 인센티브 제공을 통해, 또 한편으로는 복종 강요를 통해 정부는 미시적 경제 레벨에서 기업의 투자 결정에 영향을 줄 수 있는 위치에 있어야 한다. 국가의 조정기관은 목표로 설정된 세계시장 내의 특정 부문에 대해서 상품 · 기술 · 생산규모 · 가격결정 등에 영향력을 행사할 수 있어야 할 것이다.

물론 이와 같은 통제를 위해서는 사회의 다른 집단, 이를테면 대안적인 제3의 길을 걷는 집단의 지지가 필요하다. 공공의 니드에 대응하고 책임을 질 수 있는 강력한 국가에 대한 사회적 지지는 어디로부터 나올 수 있는가? 주로 국가의 토지개혁(land reform)에 의해, 특정 지배 엘리트 계층에게 제공된 기반이 해체된 사회에서 이러한 사회적 지지가 도출될 수 있다. 토지개혁의 필요성은 성공한 동아시아 자본주의 경제에서도 과소평가되고 있다. 특히 동아시아 국가에서 수행한 전후(post-war) 토지개혁은 성공의 주요 요인이라고 할 수 있다.

토지개혁이 단순히 정치적 지지를 동원할 수 있는 도구로서 필요한 것이 아니다. 토지재분배의 추진과 농촌지역에 대한 사회 경비지출의 확대는 내수시장을 즉각적으로 넓히는데 필요하며, 농업 산출의 급속한 증가를 위해 필요하며, 직접·간접적 고용창출의 잠재력을 높이는데 필요하다. 분권화된 지방조직(인도의 판차야트)에 의해 지원되는 경우에는 더욱 필요하다. 토지개혁은 관개, 수자원 관리 및 기타 농촌 사회기반 설비 등 산업성장의 가속화를 가능하게 해주는 농업부문 투자를 수반해야 한다(West Bengal 사례 참조). 전형적으로 이와 같은 제도적 변화는 다른 정책에 비해 고용을 증가시키며, 경제에서 고용창출을 용이하게 한다. 발전의 기반을 넓혀줄 뿐 아니라, 성장동력 창출에 필요한 권한 이양을 통한 의사결정구조의 형성에 기여한다. 아울러 통제기관으로서 국가에 필요한 책임성을 강화시켜 준다.

세계화는 기본적으로 집중화 추세에 있으며 개별 경제를 끌어들여서 소수 몇몇 의사 결정자에 의해 통제되는 세계의 소용돌이 속으로 몰아간다. 세계시스템으로 통합시키는 경제의 집중화 현상을 야기하며, 개방경제와 시장주의 전략을 지지하는 강력한 국내 이익집단을 만들어 나간다. 국내적 이해관계를 위해 국내의 공간을 보호하는 전략보다, '통합주의적 전략(integrationist strategy)'에서 보다 큰 경제적 이익을 찾으려 하는 사람들에게 '국민국가(nation state)'라는 개념은 더 이상 의미 있는 것이 아니다.

사실 1950년대에는 보호주의 및 국가의 개입을 옹호했던 일부 세력들도 지금은 자유주의적 경제정책을 지지하고 있다. 이러한 통합주의적 전략의 문제점은 개발도상국에서 다수를 차지하고 있는 소외계층 서민들을 더욱 한계화시킨다는 점이다. 집중화경향으로 말미암아 국민국가가 약화됨으로써 이미 열악해진 생활수준 개선을 위한 대다수 국민들의 도전 기회가 좌절된다. 여기서 맹목적인 시장주의(blind marketism)에 대한 대안을 찾을 수 있다. 이와 같은 대안은 세계화의 바람직하지 못한 결과를 극복하기 위한 노력을 정당화시킬 수 있는 사회적 기반을 조성한다. 정치적 · 경제적 의사결정이 분권화될 필요가 있으며, 무절제한 시장주의에 대한 대안이 필요하다고 믿는 사람들이 제 목소리를 낼 수 있게 된다.[3] 어떠한 대안적 전략도, 대안에 대한 지지를 강화하기 위해 즉각적으로 그들의 기본적 요구(basic needs)를 표출해야 한다는 것을 의미한다.

대안적 성장전략(alternative growth strategy)은 비록 신자유주의적 시장주의 정책은 아니지만 일정한 경제적 '개혁'을 포함하게 된다. 대안적 개혁의 목적은 국내시장을 넓혀 나가는데 집중되어야 한다. 또한 적절한 구조 변화를 통해, 발전을 위한 넓은 기반을 제공해야 한다. 시장확대를 위한 자극책이 없이 단순히 시장을 넓히는 것은 비생산적인 정책이다. 거시경제적 불균형에 직면한 주에서는 이와 같은 자극책을 제공하지 못할 수 있다. 높은 세수적자에 의한 거시 경제적 불균형 현상은 직접 과세 및 필수적이지 않은 경비 축소를 통해 교정해야 한다. 과세 강화 · 조세법 개정 · 일부 면세조항 철폐 · 고소득층에 대한 세율조정 등을 통해 세수를 증가시켜야 한다.

직접세 비중을 더욱 높임으로써, 간접세 중심의 세수 의존 경향을 변화시킬 수 있으며, 관리가격의 상승도 막을 수 있다. 반(反)인플레

3) 이러한 입장은 특히 정치적 좌익 정당에서 공유된다. 주정부 계획의 일부를 지역에서 선출된 기관에게 이양하는 것을 포함한 민주적인 분권화를 비롯한 케랄라(Kerala)주의 경험을 다룬 Issac(2000)의 연구를 참조할 수 있다.

이션 수단(anti-inflationary measure)으로 사용할 수 있다. 또한 인플레이션의 영향으로부터 빈곤층을 보호해야 한다. 이러한 보호는 공적분배제도(PDS)의 확대를 통해 가장 효과적으로 달성할 수 있다. 혜택을 받을 수 있는 농촌지역의 지리적 범위를 넓히고, 제공하는 곡물 종류의 범위도 늘릴 필요가 있다.

인도와 같은 개발도상국에 만연해 있는 거시경제적 불균형 요소, 이를테면 국제수지 경상적자 등은 직접적으로 취급할 필요가 있다. 소득 및 수출의 성장은 개방 경제정책 추구 여부에 달려 있는 것이 아니며, 국가 행동주의의 부수적 결과라고 볼 수 있다. 선별적이면서도 강력한 수입 통제 및 수출 촉진, 그 자체가 국제수지 불균형을 교정시켜 줄 것이다. 또한 광범위한 기초를 가진 발전전략에서, 경제성장은 국제금융에 대한 접근성 여부에 의해 좌우되는 것은 아니다. 국내시장에 의해 부분적으로 제공되는 발판을 이용해야 한다. 경제성장과 대외적 취약성 간의 직접적 연결고리, 또는 핫머니(hot money)에 대한 종속을 끊어버려야 한다. 대안적 전략의 주요 목표를 달성해야 한다.

대안적 정책의 중요한 특징은 국내시장 확대이다. 국내시장 확대를 통해 고용을 창출하고, 적절하고 지속가능한 서민 생활 보장에 중점을 두고 있다. 제조업자들이 국내 거대시장을 지향해서 생산하는 경우, 사치재 생산보다는 높은 노동집약도를 가진 상품을 생산하도록 유도해야 한다. 복지 및 평등의 측면에서 매우 필요하다. 이러한 발전정책이 결여된 상태에서 세계화의 불평등한 효과가 정치적·사회적 긴장을 유발시키는 경우, 그것을 억누르기는 무척 어려울 것이다.[4)]

이와 같은 종류의 정책 대안들은 공평의 측면을 고려한 경제성장을 촉진시켜 줄 뿐만 아니라, 외국 금융에 대한 의존심화 및 정체적 성장률 간의 연결고리를 끊어줄 것이다. 금융에 대한 어떤 접근이든 최소한의 수준을 초과하는 성장률을 달성할 수 있도록 해줄 것이다. 아울러 국제금융자본에 대한 종속 심화로 인한 대외적 취약성의 불확실성으로부터 벗어날 수 있다. 개도국들이 금융자본에 대한 지배강화를 통해 얻을 수 있는 기회는, 국제시장에 참여할 수 있는 계기로 삼을 수 있다. 이러한 배경에서 선순환 과정이 시작될 수 있다. 행동주의적 국가는 재화와 용역이 거래되는 국제시장에 진입해서 국제자본시장에 참여하는데 필요한 자금을 제공하고, 불평등한 국제시장을 개척해 나갈 수 있는 또 다른 무기로 사용해야 한다. 이러한 국가는 두 가지 준비 조치가 필요하다. 첫째, 국제금융에 의해 부과된 요구조건으로부터 일정한 자치권을 보장하는 대안적 전략을 채택해야 한다. 둘째, 이러한 노력에 대한 지지 및 사회적 기반을 창출할 수 있는 진보적 구조개혁(progressive structural reform)을 추진해야 한다. 인도는 이와 같은 국가의 출현을 기다리고 있다.

4) 위와 같은 점은 주류 정치경제학자인 Dani Rodrik(1999)에서도 인식되고 있다. 로드릭은 이 연구에서 세계화에 반대하는 일반적 정치운동은, 세계화가 가져온 심각한 사회적 결과를 고려하지 못했기 때문에 나타난 결과라고 지적하고 있다.

참고문헌

Acharya, S. S. and D. P. Chaudhri (eds.) (2001). *Indian Agricultural Policy at the Crossroads: Priorities and Agenda*, New Delhi: Rawat Publications

Akyuz, Yilmaz (1993). 'On Financial Openness in Developing Countries', UNCTAD Discussion Paper, Geneva: UNCTAD

Amsden, Alice H. (1989). *Asia's Next Giant: South Korea and Late Industrialization*, New York: Oxford University Press

Asthana, M. D. and Pedro Medrano (eds.) (2001). *Towards Hunger Free India: Agenda and Imperatives*, New Delhi: Manohar

Bagchi, A. K. (1971). 'Theory of efficient Neocolonialism', *Economic and Political Weekly*, Vol. 6, No. 30, p. 1669

Bagchi, A. K. (1986). 'Foreign Cillaboration in Indian Industry', *Economic and Political Weekly*, Vol. 21, No. 21, p. 915

Bagchi, A. K. and N. Banerjee (eds.) (1981). *Change and Choice in Indian Industry*, Calcutta: K. P. Bagchi

Baksi, Soham (1998). 'Some Aspects of Major Public Enterprise Reform in India.' unpublished M. Phil. Dissertation, Jawaharlal Nehru University, New Delhi

Bello, Walden, Nicola Bullard and Kamal Malhotra (eds.) (2000). *Global Finance: New Thinking on Regulating Speculative Capital Markets*, London: Zed

Bhaduri, Amit and Deepak Nayyar (1995). *An Intelligent Person's Guide to Economic Liberalization*, New Delhi: Penguin

Bhagwati, J. N. and P. Desai (1970). *India: Planning for Industrialisation*, Oxford: Oxford University Press

Bhalla, G. S. and G. Singh (2001). *Indian Agriculture: Four Decades of Development*, New Delhi: Sage Publication

Bhalla, Sheila (1991). *Report of the Study Group on Employment Generation*, National Commission on Rural Labour, New Delhi: Government of India

Baradwaj, Krishna (1974). *Production Conditions in Indian Agriculture*, Cambridge: Cambridge University Press

Baradwaj, Krishna (1994). *Accumulation, Exchange and Development*, New Delhi: Sage Publication

Chakravarty, Sukhamoy (1987). *Development Planning: The Indian Experience*, Delhi: Oxford University Press

Chandra, Nirmal K. (1986). 'Modernization for Export-Oriented Growth: A Critique of Recent Indian Policy', *Economic and Political Weekly*, Vol.21, No.29, p.1263

Chandrasekhar, C. P. (2000). 'Information Technology and the Developing Countries: An Indian Case Study', background paper prepared for UNDP, Human Development Report 2001, mimeo

Chandrasekhar, C. P. (1997). 'The Trade-Investment Nexus and Industrialization: An Assessment Based on the Asian Experience', in Deepak Nayyar (ed.), *Themes in Economics: Trade and Industrialization*, New Delhi: Oxford University Press

Chandrasekhar, C. P. (1996). 'Explaining Post-reform Industrial Growth', *Economic and Political Weekly*, Vol.31, No.35, p.2537

Chandrasekhar, C. P. (1994). 'The Macroeconomics of Imbalance and Adjustment', in Prabhat Patnaik (ed.), *Themes in Indian Economics: Macroeconomics*, New Delhi: Oxford University Press

Chandrasekhar, C. P. and Jandhyala B. G. Tilak (eds.) (2000). *India's Socio-Economic Database: Surveys of Selected Areas*, New Delhi: Tulika

Chaudhuri, Sudip (1979). 'Financing of Growth of Transnational Corporations in India', *Economic and Political Weekly*, Vol.14, No.33, p.1431

Dasgupta, Biplab (1998). *Structural Adjustment, Global Trade and the New Political Economic Development*, London and New Delhi: Zed and Sage-Vistaar

Delhi Science Forum (various years). *Alternate Economic Survey and Indian Economy: An Alternative Survey*

Dhar, Biswajit (1984). 'Factors Influencing Technology Selection: Case Study of Thal Vaishet and Hazira Fertiliser Projects', *Economic and Political Weekly*, Vol.19, No.31, p.1385

Dreze, Jean and Amartya Sen (1999). *India: Economic Development and Social Opportunity*, New Delhi: Oxford University Press

Ghosh, Arun (1992a). *Planning in India; The challenge for the Nineties*, New Delhi

Ghosh, Arun (1992b). *India in Transition: Economic Policy Options*, New Delhi: Wheeler

Ghosh, Jayati (2002). 'Globalization, Export-Oriented Employment for Women and Social Policy: A Case Study of India' in S, Razavi and R. Pearson (eds.), *Globalization and Women's Employment*, forthcoming Palgrave

Ghosh, Jayati (2001). 'Urban Indian Women in Informal Employment: Macro trends in the nineties', in Kundu and Sharma (eds.), *Informal Sector in India*, New Delhi: IHD

Ghosh, Jayati (1999). 'Trends in Economic Participation and Poverty of Women in the Asia-Pacific Region', UN-ESCAP Bangkok

Ghosh, Jayati (1998). 'Liberalization Debates', in Terry Byres (ed.), *The Indian Economy: Major Debates Since Independence*, Oxford: Oxford University Press

Ghosh, Jayati (1997). 'India's Structureal adjustment: An assessment in Comparative Asian Context', *Economic and Political Weekly*, Vol.32, No.20, p.1113

Ghosh, Jayati (1995). 'State Involvement in the Macroeconomy', in Prabhat Patnaik (ed.), *Themes in Indian Economics: Macroeconomics*, New Delhi: Oxford University Press

Ghosh, Jayati and C. P. Chandrasekhar, eds. (2003). *Work and Well-being in the Age of Finance: Muttukadu Papers I*, New Delhi: Tulika

Ghosh, Jayati and C. P. Chandrasekhar (2001). *Crisis as Conquest: Learning from East Asia*, New Delhi: Orient Longman

Government of India, Ministry of Agriculture (2000, 2001). *Reports of the Commission for Agricultural Costs and Prices*, New Delhi: Ministry of Agriculture

Government of India, Ministry of Finance, Department of Economic Affairs (May 1997). *Government Subsidies in India: Discussion Paper*, New Delhi: Ministry of Finance

Government of India, Ministry of Finance, Department of Economic Affairs (various issues). *Economic Survey*, New Delhi: Ministry of Finance

Isaac, T. M. Thomas, with Richard Franke (2000). *Local Democracy and Development: People's Campaign for Decentralized Planning in Kerala*, New Delhi: LeftWord

Jha, Praveen (1997). *Agricultural Labour in India*, New Delhi: Vikas Publishing House

Kaldo, Nicholas (1982). *The Scourge of Monetarism*, Oxford: Oxford University Press

Kalecki, Michal (1976). *Essays on Developing Economies*, Brighton Sussex: Harvester Press

Khanna, Sushil (2002). 'The Indian Experience with financial Liberalization', paper presented an IDEAs Conference on 'International finance and Macroeconomic Policies of Developing Countries', December, Muttukadu, Tamil Nadu.

Khanna, Sushil (1999). 'Financial Reforms and Industrial sector in India', *Economic and Political Weekly*, Vol.34, No.45, p.3231

Krishnaji, N. (1990). 'Agricultural Price Policy: A Survey with Reference to India Foodgrain Economy', *Economic and Political Weekly*, Vol.25, No.26, p.A-54

Krugman, Paul (1994). *Rethinking International Trade*, Cambridge, Mass: MIT Press

Kurien, C. T. (1994). *Global Capitalism and the Indian Economy*, Delhi: Orient Longman

Lewis, W. Arthur (1955). *The Theory of Economic Growth*, Irwin Publishers

Little, I. M. D., T. Scitovsky and M. F. G. Scott (1970). *Industry and Trade in Some Developing Countries: A Comparative Study*, Oxford University Press

Mitra, Ashok (1977). *Terms of Trade and Class Relations*, London: Frank Cass

Nayyar, Deepak (ed.) (1994). *Industrial Growth and Stagnation: The debate in India*, Bombay: Sameeksha Trust and Oxford University Press

Ozler B., G. Datt and M. Ravallion (1996). 'A Database on Poverty and Growth in India', World Bank, January

Papola, T. S. and Alakh N. Sharma (eds.) (2001), *Gender and Employment in India*, New Delihi: Vikas Publishing House

Patnaik, Prabhat (2001). *Whatever Happened to Imperialism?* New Delhi: Tulika

Patnaik, Prabhat (2000). 'On Some Common Macroeconomic Fallacies', *Economic and Political Weekly* Vol.35, No.15, p.1220

Patnaik, Prabht(1997). *Accumulation and Stability Under Capitalism*, Oxford: Clarendon Press

Patnaik, Prabht(1997a). 'On the Concept of Efficiency', *Economic and Political Weekly*, Vol.32, No.43, p.2807

Patnaik, Prabht(1986). 'Public Debt as a Mode of Financing Public Expenditure', *Economic and Political Weekly*, Vol.21, No.35, p.1545

Patnaik, Prabht(ed.) (1995). *Macroeconomics*, New Delhi; Oxford University Press

Patnaik, Prabht and C. P. Chandrasekhar (1996). 'Investment, Exports and Groeth: A Cross-Country Analysis', *Economic and Political Weekly*, Vol.31, No.1, p.31.

Patnaik, Prabht and Chandrasekhar C.P. (1995). 'Indian Economy under Structural Adjustment', *Economic and Political Weekly*, Vol.30, No.47, p.3001s

Patnaik, Prabht and Jayati Ghosh (1991). 'Deindustrialization Without an Import Surplus: A Theoretical Note in the Context of a Stylised Colonial Economy', *Economic and Political Weekly*, Vol.26, No.11, p.649

Patnaik, Utsa(1999). 'The Costs of Free Trade: The WTO Regime and the Indian Economy', *Social Scientist*, Vol.27, Issue11-12, p.3

Patnaik, Utsa(1996). 'Export-Oriented Agriculture and Food Security in Developing Countries', *Economic and Political Weekly*, Vol.31, No.35, p.2429

Patnaik, Utsa(1986). 'The Agrarian Question and the Development of Capitalism in India', *Economic and Political Weekly*, Vol.21, No.18, p.781

Planning Commission, Government of India (2001). *Approach to the Tenth Five Year Plan*, New Delhi

Raj, K. N. (1976). 'Growth and stagnation in Indian development', *Economic and Political Weekly*, Annual Number

Ramachandran, V. K. and Madhura Swaminathan, (eds.)(2002). *Agrarian Studies*, New Delhi: Tulika

Rao, C. H. Hanumantha(1994). *Agriculture Growth, Rural Poverty and Environmental Degradation in India*, Delhi: Oxford university Press

Rao, Mohan and Servaas Storm(1998), 'Distribution and Growth in Indian Agriculture', in Terry Byres (ed.), *The Indian Economy: Major Debates Since Independence*, Oxford: Oxford University Press

Reserve Bank of India (2000,2001). Annual Report, Mumbai

Rodrik, Dani (1998). *Has Liberalization Gone Too Far?*, Washington, D.C.: Institute for International Economics.

Sen, Abhijit (2002). 'Agriculture, Employment and Poverty: Recent Trends in Rural India' in Ramachandran and Swaminathan (2002)

Sen, Abhijit (2000). 'Estimates of consumer Expenditure and its Distribution: Statistcal Priorities After NSS 55th Round', *Economic and Political Weekly*, Vol.35, p.4499

Sen, Abhijit (1996) 'Economic Reforms, Employment and Poverty: Trends and Options', *Economic and Political Weekly*, Vol.31, No.35 p.2459

Sen, Abhijit (1994). 'Rural Labour Markets and Poverty', *Indian Journal of Labour Economics*, Vol.47, No.4 p.575

Sen, Abhijit (1994a). 'Economic Liberalization and Agriculture in India', *Social Scientist*, Vol.20, No.11 p.4

Sen, Abhijit and Praveen Jha (2001). 'Rural Employment: Patterns and Trends From the National Sample Survey', mimeo, CESP, JNU, New Delhi

Sen, Abhijit and Utsa Patnaik (1997). 'Poverty in India', CESP Working Paper, JNU, Delhi

Sen, Abhijit and Jayati Ghosh (1993). 'Trends in Rural Employment and the Poverty Employment Linkage', ILO-ARTEP Working Paper, New Delhi

Sen, Sunanda (1999). *Trade and Dependence*, New Delhi: Sage

Serven, Luis and Andres Solimano (1993). *Striving for Growth after Adjustment: The Role of Capital Formation*, Washington D.C.: The World Bank

Singh, Ajit (1995). 'How did East Asia Grow so Fast? Slow Progress Towards an Analytical Consensus', UNCTAD Discussion Paper No. 97

Steindl, Josef (1964). *Maturity and Stagnation in American Capitalism*, New York: Monthly Review Press

Stiglitz, Joseph (1994). Annual Bank Conference on Development Situation in the Nineties: Some Result from NSS 55th Round Survey', *Economic and Political Weekly*, March 17

Swaminathan, Madhura (1996). 'Structural Adjustment, Food Security and System of Public Distribution of Food', *Economic and*

Political Weekly, Vol. 31, No. 26, p. 1665

Swaminathan, Madhura (1999). 'Understanding the Costs of the Food Corporation of India', *Economic and Political Weekly*, Vol. 34, No. 52, p. A-131

Swaminathan, Madhura (2000). *Weakening Welfare: The Public Distribution of Food in India*, New Delhi: LeftWord

The Probe Team (1999). *Public Report on Basic Education in India*, New Delhi: Oxford University Press

Vaidyanathan, A. (1995). *The Indian Economy: Crisis, Response and Prospects*, Delhi: Orient Longman

Wade, Robert (1990). *Governing the Market: Economic Theory and the Role of Government in East Asian Industrialization*, Princeton: Princeton University Press

Zevin, Robert (1993). 'Are World Financial Markets More Open? If So, Why and with What Effects?' in Tariq Banuri and Juliet B. Schor (eds.), *Financial Openness and National Autonomy: Opportunities and Constraints*, Delhi: Oxford University Press

INDEX

ㄴ

ㄷ

ㄹ

ㅁ

ㅂ

ㅅ

ㅇ

ㅈ

ㅊ

ㅋ

ㅌ

◈ 저자소개

• **찬드라세카(C.P.Chandrasekhar), 고쉬(Jayati Ghosh)**

인도 네루대학교 Centre for Economic Studies and Planning(CESP)교수

[대표 공저]

Crisis as Conquest : Learning from East Asia (Orient Longman, 2001)

◈ 역자소개

• **박종수(朴宗洙, Jongsoo Park)**

경희대학교 경제학과 및 동 대학원 경제학과(경제학 박사)
인도 네루대학교 CESP 박사과정 수료
행정고시 23회
현재 경상대학교 경제학과 교수

[주요저서 및 논문]

『인도 경제의 이해』, 경상대학교 출판부, 1998.

"Korean Perspective on FDI in India: Hyundai Motors' Industrial Cluster", *Economic and Political Weekly*, Vol 39, No. 31, July 31. 2004외 논문 다수

(홈페이지: http://nongae.gsnu.ac.kr/~india93)

• **김영화(金英和, Yeonghwa Kim)**

경상대학교 경영정보학과 박사과정 수료
현재 경상대학교 경영정보학과 강사

인도 경제개혁의 그림자

2008년 8월 29일 초판 인쇄
2008년 9월 5일 초판 발행

공저자 찬드라세카 · 고쉬 공저
역 자 박종수 · 김영화
발행인 추일재
발행처 비즈프레스

저자와의 협의하에 인지생략

서울시 강동구 천호동 359-23
E-mail : bizperss@hanmail.net
등록 : 2006년 11월 27일 제324-2006-0044호

정가 16,000원
ISBN 978-89-92730-12-9(93320)